卓越涉外法治人才培养系列教程

丛书主编 ◎ 苗连营

涉外刑事
案例教程

主　编 ◎ 张　阳
副主编 ◎ 李淑娟

知识产权出版社
全国百佳图书出版单位
—北京—

图书在版编目（CIP）数据

涉外刑事案例教程/张阳主编；李淑娟副主编. —北京：知识产权出版社，2024.12. —（卓越涉外法治人才培养系列教程/苗连营主编）. —ISBN 978-7-5130-9661-4

Ⅰ. D925.205

中国国家版本馆 CIP 数据核字第 2024F9J190 号

责任编辑：李芸杰　　　　　　　　　责任校对：潘凤越
封面设计：戴　鹏　　　　　　　　　责任印制：刘译文

卓越涉外法治人才培养系列教程

涉外刑事案例教程

主　编◎张　阳
副主编◎李淑娟

出版发行：	知识产权出版社有限责任公司	网　　址：	http://www.ipph.cn
社　　址：	北京市海淀区气象路 50 号院	邮　　编：	100081
责编电话：	010-82000860 转 8739	责编邮箱：	liyunjie2015@126.com
发行电话：	010-82000860 转 8101/8102	发行传真：	010-82000893/82005070/82000270
印　　刷：	三河市国英印务有限公司	经　　销：	新华书店、各大网上书店及相关专业书店
开　　本：	787mm×1092mm　1/16	印　　张：	15.75
版　　次：	2024 年 12 月第 1 版	印　　次：	2024 年 12 月第 1 次印刷
字　　数：	336 千字	定　　价：	69.00 元
ISBN 978-7-5130-9661-4			

出版权专有　侵权必究

如有印装质量问题，本社负责调换。

本书编委会

■ **主　编**

张　阳　郑州大学法学院教授、博士生导师；编写第四章、第三章案例二

■ **副主编**

李淑娟　郑州大学法学院副教授、硕士生导师；编写第二章、第六章案例三

■ **编　委**（按照编写章节顺序排序）

许桂敏　郑州大学法学院教授、硕士生导师；编写第一章

毛乃纯　郑州大学法学院讲师、硕士生导师；编写第三章案例一、四、九，第六章案例四

吴林生　郑州大学法学院副教授、硕士生导师；编写第三章案例三、五、六、七、八，第五章案例三、四，第六章案例五、六

王立志　郑州大学法学院教授、博士生导师；编写第五章案例一、二、五

杜炳富　北京大成（郑州）律师事务所主任、高级合伙人、一级律师；编写第六章案例一

于　猛　河南省高级人民法院法官、法学博士；编写第六章案例二

李采薇　郑州大学法学院讲师；编写第七章

郑佳宁　郑州大学法学院硕士研究生；负责本书的校对与核对

杨雨浩　郑州大学法学院硕士研究生；负责本书的校对与核对

总　序

习近平总书记指出："加强涉外法治建设既是以中国式现代化全面推进强国建设、民族复兴伟业的长远所需，也是推进高水平对外开放、应对外部风险挑战的当务之急。"涉外法治工作不仅是全面依法治国的重要组成部分，也是统筹"两个大局"在法治领域的具体体现。作为中国特色社会主义法治体系的重要组成部分，涉外法治事关全面依法治国的实现，有利于更好地在法治轨道上全面建设社会主义现代化国家。

涉外法治人才在涉外法治建设中具有源头性、基础性和战略性的地位和作用。涉外法治的建设离不开涉外法治人才的培养。党的二十届三中全会通过的《中共中央关于进一步全面深化改革　推进中国式现代化的决定》更进一步强调，加强涉外法治建设，建立一体推进涉外立法、执法、司法、守法和法律服务、法治人才培养的工作机制，完善以实践为导向的法学院校教育培养机制。教育部高等教育司《关于开展2024年度普通高等学校本科专业设置工作的通知》也支持高校面向涉外法治领域布局相关专业，有的放矢培养国家战略人才和急需紧缺人才。加强涉外法治人才培养是系统工程，高校是人才培养的主阵地，要充分发挥高校在涉外法治人才培养中的"主力军"作用，大力推进涉外法治人才培养的教育改革和要素配置，加强制度设计和资源协同。学科体系、教学体系、课程体系和教材体系是涉外法治人才培养的核心要素，这些要素解决的是培养什么样的涉外法治人才的问题，需要合理配置，统筹考虑。

郑州大学法学院一直以来高度重视涉外法治建设和涉外法治人才培养。特别是2023年12月入选全国首批涉外法治人才协同培养创新基地（培育）名单后，学院打破学科院系壁垒、整合相关校内外资源，重构人才培养方案，联合共建单位的特色涉外法治资源，组织出版这套"卓越涉外法治人才培养系列教程"。该系列教程坚持以实践为导向，以其独特的编纂理念与方法，力争为涉外法治人才培养的困境提供破局之策。该系列教程以精炼的知识要点为引领，化繁为简，有效帮助学生搭建所学知识的思维框架。采用经典案例，通过介绍基本案情，提炼存在的主要法律问题及其法律依据，同时对案例进行理论和实操分析，以针对性地回应所学知识，并设置思考题，鼓励、启发学生持续性学习。一些具有丰富实践经验的涉外实务部门专家也参与了该系列教程的编写，所选案例均改编自司法实践中的真实案例。

当今世界正经历百年未有之大变局，我国正以前所未有的广度和深度参与国际竞争和全球治理。无论是推动贸易和投资自由化、便利化，建设更高水平开放型经济新体制，还是积极参与全球治理体系改革和建设，都对涉外法治人才的实践能力和综合素质提出了更高要求。郑州大学法学院将以该系列教程的出版为契机，致力于培养出一批政治立场坚定、专业素质过硬、通晓国际规则、精通涉外法律实务的涉外法治人才，为中国式现代化的稳健前行筑牢人才基石，为全球法治的进步与发展中的中国智慧、中国方案贡献郑大力量。

需要说明的是，由于编者的能力和水平有限，教程中的错讹之处在所难免，敬请诸位方家批评指正。

是为序。

苗连营

郑州大学法学院院长、教授

2024 年 8 月 23 日

前 言

涉外法治是中国特色社会主义法治体系的重要组成部分，人才培养是推进涉外法治建设的基础和根本。为积极回应新时期国家涉外法治人才培养的战略需求，在郑州大学法学院的整体统筹下，我们整合校内刑法教研室师资力量和校外涉外司法实务精英资源，共同编写了本教材，作为涉外法治人才培养的参考用书。

本教材以涉外刑事案例为载体，遵循法学知识教育逻辑，通过基本案情、主要法律依据、理论分析、实操应用等模块着重对学生进行基础性的涉外刑事法律知识讲解、方法性的法律思辨指导和实践性的法律知识运用培养。本教材的编写具有一定的创新性，内容上注重以国际化视野及司法实务视角构建科学国际法律知识架构；编写体例上通过在各章节设置知识图谱、法条梳理、案例评析、问题思考等，力争实现体系的循序渐进和科学合理；编写人员上兼顾高校教研人员、实务部门人员等，以更全面的视角分析问题、以更客观的立场思考探索问题。同时，本教材借鉴域外实用型法学教育的特点，通过分析涉外刑事案例及相关司法文书，培养学生文书写作能力、检索能力、说理能力等。并且，本教材严格遵循教育教学的客观规律，不仅将涉外刑事法律制度的知识建立在学生的法学认知之上，而且增强相关概念、学说理论以及法学原理说明的逻辑性，由理论学习到案例引申，由案例分析拓展到法理及制度思考，强调内容的贯通性、知识的体系性以及学习方法的逻辑性。

由于本教材是编者编写涉外刑事案例教程的首次尝试，经验不足、能力有限，加之时间仓促，虽几经修改，书中仍难免存在疏漏和错误，恳请同行专家和读者批评、指正！

张 阳
2024 年 11 月

目 录

第一章　危害国家安全罪 ……………………………………………………… 001

　　案例一　赵某军间谍案 / 001
　　案例二　庄某为境外刺探、非法提供国家秘密案 / 011

第二章　危害公共安全罪 ……………………………………………………… 015

　　案例一　卡森普危险驾驶案 / 015
　　案例二　吉某、弗某交通肇事案 / 021

第三章　破坏社会主义市场经济秩序罪 ……………………………………… 034

　　第一节　生产、销售伪劣商品罪 ……………………………………… 034
　　　　案例一　陆某销售假药案 / 034
　　第二节　走私罪 ………………………………………………………… 043
　　　　案例二　WIM 等走私普通货物、物品案 / 043
　　　　案例三　库都来提走私珍贵动物制品案 / 054
　　第三节　破坏金融管理秩序罪 ………………………………………… 060
　　　　案例四　陈某枝洗钱案 / 060
　　第四节　侵犯知识产权罪 ……………………………………………… 069
　　　　案例五　Randolph Hobson Guthrie Ⅲ等销售侵权复制品案 / 069
　　　　案例六　侵犯"BORDEAUX"地理标志商标专用权案 / 077
　　　　案例七　罗某洲、马某华等人假冒注册商标案 / 082
　　　　案例八　斯平玛斯特公司诉某科技公司等假冒注册商标案 / 086
　　第五节　扰乱市场秩序罪 ……………………………………………… 093
　　　　案例九　杨某洲等非法经营案 / 093

第四章　侵犯公民人身权利、民主权利罪 …………………………………… 105

　　案例一　阿里克谢·波坡高夫故意伤害案 / 105

　　　　案例二　桥本甲重婚案 / 111

第五章　侵犯财产罪 …………………………………………………………… 121

　　　　案例一　杨某、阮某某、梁某某等诈骗案 / 121
　　　　案例二　陆某某、柯某某等诈骗案 / 134
　　　　案例三　林某某诈骗案 / 142
　　　　案例四　金某某敲诈勒索案 / 147
　　　　案例五　雷某等盗窃案 / 150

第六章　妨害社会管理秩序罪 …………………………………………………… 155

　　第一节　扰乱公共秩序罪 ……………………………………………………… 155
　　　　案例一　张某某等非法控制计算机信息系统案 / 155
　　　　案例二　陈某、陈某1、赵某某开设赌场案 / 165
　　　　案例三　郑某寻衅滋事案 / 179
　　第二节　破坏环境资源保护罪 ………………………………………………… 190
　　　　案例四　山东潍坊某公司、张某某污染环境案 / 190
　　第三节　走私、贩卖、运输、制造毒品罪 …………………………………… 201
　　　　案例五　艾某走私毒品案 / 201
　　　　案例六　马某走私、贩卖毒品案 / 204

第七章　贪污贿赂罪 …………………………………………………………… 209

　　　　案例一　李某某贪污案 / 209
　　　　案例二　许某某贪污、挪用公款案 / 221
　　　　案例三　姚某某受贿、偷越国（边）境案 / 227
　　　　案例四　奚某某、周某某对外国公职人员行贿案 / 236

第一章

危害国家安全罪

案例一　赵某军间谍案[①]

【基本案情】

一、案件经过

中国航天科学研究院研究员赵某军是一名重要的涉密人员。2009年，赵某军到西方某国留学，很快被外国间谍关注。"对方一再夸赞他学识多，认识了他，见面后还以项目赚钱为由多次请他吃烧烤，双方增进了感情，"北京国安局干警说，"这个套路由浅入深，先问些敏感度不高的问题，探探他的底线，慢慢问敏感度高的问题，感觉还能往深里发展。他觉得赵某军至少对他不排斥，就慢慢试着跟他深入接触，不断向他灌输能靠知识挣钱的理念。"

随后，赵某军的亲人出国探亲，对方不仅盛情邀请赵某军一家三口外出旅游、看演出，甚至连礼物都是精心准备的。当赵某军确定了自己心中的异乡好朋友后，便开始以收取相应报酬的方式，按照对方的需要，以顾问费的名义提供航天领域相关专业知识。一年的留学生活很快就过去了，令赵某军自己都始料未及的是，这位外国友人在他还没来得及回国的时候，就向他露出了本来面目。

北京国安局干警表示，在赵某军回国前，外国间谍将他约在宾馆，告诉他后续回国之后的联络人员，向赵某军明示自己的身份是情报部门工作人员，他们迫切地希望赵某军加入他们，继续提供重要情报，每个月给付1000美元，还可以额外给付800美元。那次见面谈话的内容让赵某军震动很大，彻夜未眠，但那时的他已深陷泥沼而不能自拔，只能选择继续与境外间谍情报机关相互合作。

回国之后，赵某军使用间谍组织的专业装备，利用自己工作的便利条件，对外提供了大量重要的国家航天情报。在此期间，赵某军共计收取对方好处费数十万元，对

[①] 中国长安网. 国家安全机关公布一批危害国家安全典型案例［EB/OL］.（2023-04-14）[2024-04-10]. http://www.chinapeace.gov.cn/chinapeace/c100007/2023-04/14/content_12649192.shtml.

方联络人员每次都以现金方式给付好处费,并且反复提醒赵某军不要随便存钱或者转账他人,以免被我国国家安全机关发现端倪。外国间谍组织精心策划、周密实施,但最终被我国国家安全机关识破。

"无事献殷勤,非奸即盗。"赵某军承认自己利欲熏心,缺失基本原则,理应在出国时保护好自己航天工作人员的身份,愿意接受错误带来的一切惩罚。

二、诉讼经过

2019年6月,经审查,确定赵某军向境外提供的情报是我国航天领域最新的研究进展情况,国家安全机关依法对赵某军采取强制措施。经审判,赵某军因非法从事间谍活动,于2022年8月被法院判处有期徒刑7年,剥夺政治权利3年,并处没收个人财产人民币20万元。

【主要法律问题】

(1) 赵某军实施的犯罪所为究竟属于间谍行为中的哪一种?
(2) 对赵某军长期以来实施的多次间谍行为能否依法从重处罚?

【主要法律依据】

1.《中华人民共和国刑法》(2017)

第四十五条　有期徒刑的期限,除本法第五十条、第六十九条规定外,为六个月以上十五年以下。

第五十五条第一款　剥夺政治权利的期限,除本法第五十七条规定外,为一年以上五年以下。

第五十六条第一款　对于危害国家安全的犯罪分子应当附加剥夺政治权利;对于故意杀人、强奸、放火、爆炸、投毒、抢劫等严重破坏社会秩序的犯罪分子,可以附加剥夺政治权利。

第五十九条　没收财产是没收犯罪分子个人所有财产的一部或者全部。没收全部财产的,应当对犯罪分子个人及其扶养的家属保留必需的生活费用。

在判处没收财产的时候,不得没收属于犯罪分子家属所有或者应有的财产。

第一百一十条　有下列间谍行为之一,危害国家安全的,处十年以上有期徒刑或者无期徒刑;情节较轻的,处三年以上十年以下有期徒刑:

(一) 参加间谍组织或者接受间谍组织及其代理人的任务的;
(二) 为敌人指示袭击目标的。

第一百一十三条第二款　犯本章之罪的,可以并处没收财产。

2.《中华人民共和国反间谍法》(2014)

第三十八条　本法所称间谍行为,是指下列行为:

（一）间谍组织及其代理人实施或者指使、资助他人实施，或者境内外机构、组织、个人与其相勾结实施的危害中华人民共和国国家安全的活动；

（二）参加间谍组织或者接受间谍组织及其代理人的任务的；

（三）间谍组织及其代理人以外的其他境外机构、组织、个人实施或者指使、资助他人实施，或者境内机构、组织、个人与其相勾结实施的窃取、刺探、收买或者非法提供国家秘密或者情报，或者策动、引诱、收买国家工作人员叛变的活动；

（四）为敌人指示攻击目标的；

（五）进行其他间谍活动的。

3.《中华人民共和国保守国家秘密法》（2010）

第九条 下列涉及国家安全和利益的事项，泄露后可能损害国家在政治、经济、国防、外交等领域的安全和利益的，应当确定为国家秘密：

（一）国家事务重大决策中的秘密事项；

（二）国防建设和武装力量活动中的秘密事项；

（三）外交和外事活动中的秘密事项以及对外承担保密义务的秘密事项；

（四）国民经济和社会发展中的秘密事项；

（五）科学技术中的秘密事项；

（六）维护国家安全活动和追查刑事犯罪中的秘密事项；

（七）经国家保密行政管理部门确定的其他秘密事项。

政党的秘密事项中符合前款规定的，属于国家秘密。

第二十五条 机关、单位应当加强对国家秘密载体的管理，任何组织和个人不得有下列行为：

（一）非法获取、持有国家秘密载体；

（二）买卖、转送或者私自销毁国家秘密载体；

（三）通过普通邮政、快递等无保密措施的渠道传递国家秘密载体；

（四）寄递、托运国家秘密载体出境；

（五）未经有关主管部门批准，携带、传递国家秘密载体出境。

【理论分析】

一、间谍罪概述

间谍罪是指参加间谍组织，接受间谍组织及其代理人的任务，或者为敌人指示轰击目标，危害国家安全的行为。

1. 间谍罪的构成要件

间谍罪是针对中华人民共和国的国家安全而实施的。间谍罪的行为对象包括国家秘密或情报，本案中赵某军泄露的我国航天领域重要情报属于间谍罪的行为对象。

间谍罪的客观方面主要有三种行为方式。其一，参加间谍组织。行为人可以主动参加间谍组织，也可以同意间谍组织的邀请而参加，两者在入罪上没有差异，但是在犯罪动机上可能存在区别。其二，接受间谍组织或者其代理人的任务。我们认为，间谍组织的代理人这一概念应该作广义理解，既包括被组织授权执行任务的代理人，也包括未被授权但为间谍组织利益而临时布置任务的代理人。狭义的间谍组织代理人仅包括第一种情况，是指被组织授权执行任务的代理人，弊端在于，容易纵容接受境外间谍组织成员交付的临时性任务行为，从而对国家安全这一刑法重大法益造成难以挽回的危害。这里的间谍组织是指外国的间谍组织和境外一切实施间谍行为的敌对势力和组织。其三，为敌人指示轰击目标。这种情况是指行为人故意为敌人提供轰击的对象标志，行为方式多表现为发射信号，或者设置明确的标志物。因此实施三种行为方式之一就符合间谍罪的客观构成要件。

间谍罪的主体是自然人。法人不属于间谍罪的犯罪主体，单位组织他人实施间谍行为，只能由单位的直接负责人承担。间谍罪的犯罪主体往往是掌握国家秘密或重要情报的国家工作人员，此类国家工作人员在生活工作中应注意个人身份的保密。

间谍罪的主观方面是直接故意。行为人实施三种具体间谍行为之一，必须在行为人主观上明知自己的行为可能对国家安全造成危害而故意期待这种危害发生，才会构成间谍罪。直接故意会因具体行动的方式而有所差异：对于参加间谍组织的人，要明知间谍组织的性质；如果不知道间谍组织的性质而以为是一般组织，则不具有危害国家安全的主观故意；对于接受间谍组织或其代理人任务的人，要明知任务的下达主体，如果不知道是间谍性质的任务而予以接受的，则不具有主观故意；对于指示轰击目标的人，要明知对方是敌人，并自愿为其指示轰击对象目标，如果不知道对方是敌人，或者知道对方是敌人但是因受胁迫不得不作出指示轰击目标的行为，由于缺乏间谍罪的主观故意而无罪。行为人在国外因地域因素存在受胁迫的可能性，行为人因受胁迫而在缺乏自由意志时实施间谍行为之一的，不构成间谍罪；对于受胁迫的行为人，在脱离胁迫状态后应及时向我国国家安全机关或者其他行政司法机关汇报间谍组织的活动。实施特定间谍行为的主观直接故意，是判断间谍罪与非罪之间的重要界限。对于行为人的作案动机，可谓五花八门，有的是求富贵、有的是寻求出国或探亲方便、有的是贪生怕死等，但都是为了个人利益而置国家安全于不顾，动机和目的不影响间谍罪的成立，只影响量刑的大小。间谍组织的行为方式多种多样，行为人往往不是一开始就表现出主观上的直接故意，而是在不知不觉中被动实施了间谍行为，或者被间谍组织掌握了行为人的隐私或秘密，主观罪过发生潜在的转变，最终被策反为间谍。

2. 间谍罪的认定

间谍罪与非罪的界限。从事别国间谍活动，但侵犯我国国家安全的重大法益，符合我国刑法所规定的三种间谍行为类型之一的，属于间谍罪的间谍行为。区分间谍罪与非罪，关键是行为人主观上的直接故意。如果行为人在不知情的情况下加入某组织，事后发现该组织是间谍组织而主动退出的，不符合间谍罪的主观要件而认定不构成间谍罪；如果行为人并不知道是间谍组织或者其代理人的间谍任务而接受，由于缺乏主观直接故意，行为人亦不构成间谍罪。此外，若行为人主观上明知对方是间谍组织而为其窃取、刺探、收买、非法提供国家秘密或者情报，根据牵连犯理论，择一重罪处罚，一般按照间谍罪论处。若不明知对方是间谍组织，只构成为境外窃取、刺探、收买、非法提供国家秘密、情报罪。

正确认定间谍罪的犯罪形态。间谍罪是行为犯，只要行为人从事了间谍活动，就构成间谍罪的既遂。故意犯罪的停止形态是指在犯罪行为实施过程中，由于各种原因，故意犯罪行为停止后所表现的不同形式，具体包括犯罪预备、犯罪未遂、犯罪中止和犯罪既遂四种形式。犯罪既遂形态是指行为人在实施故意犯罪行为后，符合刑法分则所规定的具体构成要件的犯罪形态。犯罪既遂可分为结果犯、危险犯、行为犯和举动犯。关于行为犯的定义，理论界普遍认为，应从犯罪既遂的角度解释，即行为人实施了法定的犯罪行为，虽然没有导致实际危害结果或现实危险，仍构成犯罪既遂。相较于结果犯，行为犯的法益具有更高的保护要求。根据危险递增理论，实施行为犯的犯罪行为往往与法益具有直接关联性，犯罪行为的实施对于行为犯的法益产生的危害是难以挽回的，因此并不以结果或者危险作为既遂要件。间谍罪属于行为犯，只要行为人故意实施法律规定的任何间谍行为，即构成间谍罪的既遂。因此，行为人参加间谍组织后即使未危害国家秘密或者特别重要的情报，仍然构成间谍罪的既遂；行为人接受间谍组织或代理人的任务但尚未落实，即构成间谍罪既遂；行为人虽然计划为敌人指示轰击目标但实际并未执行，也同样构成间谍罪。以上三种情况下不能以未对国家安全造成危害结果或者危险来抗辩，后行为的有无会影响间谍罪的量刑轻重，换言之，实施具体三种行为方式的任何一种，行为人的犯罪行为与国家安全这一法益之间都建立了客观联系。

一罪与数罪的界限。一般按牵连犯罪处理，择一重罪处罚，即以间谍罪从重处罚，不实行数罪并罚。牵连犯是指多个犯罪行为在方法、目的、原因或结果上存在联系。接受外国间谍组织或其代理人派遣的任务后又进行其他破坏活动的，其行为又触犯其他罪名的，由于犯罪行为之间目的与手段的牵连关系，一般是为了进行其他破坏活动才实施的前行为，因此一般以间谍罪处理。行为人参加间谍组织后，实施非法提供国家秘密或情报的行为，这两个犯罪行为同时构成两种犯罪，但因其牵连关系，参加间谍组织是为了实施后续行为，因此不能实施数罪并罚。若行为人泄露国家秘密与为敌人指示轰击目标，这两个犯罪行为同时构成泄露国家秘密罪与间谍罪，按照牵连犯理论，以间谍罪论处。间谍罪的最高法定刑梯度是死刑，因此对于牵连犯的择一重罪往往可以按照间谍罪定罪处罚。本案中赵某军长期参与间谍活动，泄露了一些国家秘密与特别重要的情报，法院最终以间谍罪定罪处罚，适用的便是牵连犯原理。此外，如果一个犯罪行为既符合间谍罪的构成要件，又符合背叛国家罪的构成要件，应按想象竞合犯择一重罪论处。为敌人指示轰击目标后造成重大人身伤亡或者财产损失的，一个犯罪行为造成了严重后果，属于间谍罪的加重犯。如果行为人实施两种或以上的犯罪行为，且同时构成多个犯罪，而这些行为之间不具备吸收关系或牵连关系，则应实行数罪并罚，比如在参与间谍活动的过程中实施了其他诸如抢劫、盗窃、贪污、贿赂犯罪行为等。

3. 间谍罪的刑事责任

在遵循我国《刑法》[①] 第一百一十条与第一百一十三条的基础上，针对间谍罪，其法定刑罚设定了两个明确的梯度。首要的梯度为针对情节较轻的情况，具体涵盖了参与间谍组织但未实际执行任务，或虽执行任务但行为后果轻微、对国家安全威胁不大的情形。此梯度下的刑罚为三年以上十年以下有期徒刑。在本案中，赵某军虽已接受任务，但其行为对国家安全造成的实际危害相对较小，故被认定为情节较轻，并据此被判处七年有期徒刑。对于更为严重的情形，则构成了法定刑的第二梯度，该梯度规定了十年以上有期徒刑或无期徒刑的刑罚。在这一梯度下，法律并未设定情节加重或减轻的额外要素，旨在明确针对那些严重危害国家安全、参与间谍活动并造成严重后果的行为。间谍罪的法定刑第三梯度是死刑，只针对危害国家安全结果特别严重和情节特别恶劣两类情形，一般是指接受任务后进行破坏活动，严重危害国家安全，或者指示轰击目标致使特别严重损失的等。此外，由于间谍罪的法益是国家安全，区别于其他一般犯罪，应当一律附加剥夺政治权利，同时可以并处没收财产，但是应当保留其亲属生活必要的基本财产，因此在判处赵某军有期徒刑的基础上附加剥夺政治权利并没收财产。

根据我国《反间谍法》第五十五条的规定，为及时止损，避免间谍行为进一步扩大对国家安全的危害，规定自首、立功、重大立功的量刑变化幅度，这往往是指帮助国家机关抓获间谍组织的其他间谍、代理人或者揭示间谍组织下一步任务避免了重大危害后果发生的情形。此外，对于在境外受胁迫或者受诱骗参加间谍活动的情形，由于当时缺乏主观罪过的要件不构成犯罪，但是在脱离胁迫状态或者自己知道受到诱骗后，如果个人主观认为无法脱离间谍活动而继续从事间谍活动，即化被动为主动，行为人此时因具备间谍行为的主客观要件而构成犯罪，如果个人在主观上默许间谍活动的继续发展，仍然构成间谍罪。因此，在受胁迫或诱骗后，行为人应及时报告。在国外的，可以向我国驻外机构说明情况；在国内的，则可以向国家安全机关等相关部门说明情况。若行为人有悔改表现，可以不予追究。本案中，赵某军开始时不知道对方是间谍组织的代理人，实施的行为不构成间谍罪，外国人亮明身份时赵某军本来是具有不予追究的补救机会的，不过赵某军因主观害怕而继续从事间谍活动，自认为不得不实施间谍行为与实际受胁迫而不得不实施间谍行为是不同的，因此他的行为仍然构成间谍罪。在现实生活中，针对那些无意中涉足间谍活动的行为人，为了及时遏制可能对国家利益造成的进一步损害，并赋予他们改过

[①] 本书中所引用的法律文件，除明确标注版本外，未标注的均为现行有效的版本。

自新的机会，这一条款显得尤为重要。

二、间谍罪的行为方式

1. 学术定义

我国刑法对间谍犯罪作出了如下规定：间谍罪，是指参加间谍组织，接受间谍组织及其代理人的任务，或者为敌人指示轰击目标，危害国家安全的行为。国际间谍犯罪包括危害国家安全的三种行为：第一种是参加间谍组织的活动。第二种是在境内接受间谍组织及其特工的任务，进行间谍活动，目的是给本国的间谍组织和特工人员提供情报信息。特务组织的代理人是指从事或被授意从事危害中华人民共和国国家安全的活动的特务组织或其成员指使、委托或资助的人员。第三种是指对危害中华人民共和国人民民主专政、国家安全和社会主义制度的政权组织，包括向持敌对态度的敌对组织下达轰炸目标指示。实施对国家安全构成危害的上述三种行为中的一种，即构成间谍罪。

2. 现行法律规定

我国《反间谍法》第四条规定："本法所称间谍行为，是指下列行为：（一）间谍组织及其代理人实施或者指使、资助他人实施，或者境内外机构、组织、个人与其相勾结实施的危害中华人民共和国国家安全的活动；（二）参加间谍组织或者接受间谍组织及其代理人的任务，或者投靠间谍组织及其代理人；（三）间谍组织及其代理人以外的其他境外机构、组织、个人实施或者指使、资助他人实施，或者境内机构、组织、个人与其相勾结实施的窃取、刺探、收买、非法提供国家秘密、情报以及其他关系国家安全和利益的文件、数据、资料、物品，或者策动、引诱、胁迫、收买国家工作人员叛变的活动；（四）间谍组织及其代理人实施或者指使、资助他人实施，或者境内外机构、组织、个人与其相勾结实施针对国家机关、涉密单位或者关键信息基础设施等的网络攻击、侵入、干扰、控制、破坏等活动；（五）为敌人指示攻击目标；（六）进行其他间谍活动。间谍组织及其代理人在中华人民共和国领域内，或者利用中华人民共和国的公民、组织或者其他条件，从事针对第三国的间谍活动，危害中华人民共和国国家安全的，适用本法。"显而易见，《刑法》第一百一十条仅适用于部分涉及间谍罪的行为，只能按照其他罪名（如卖国罪、投敌叛变罪等）来处理《刑法》第一百一十条未规定的其他行为。①

三、我国对间谍活动立法程序的规制

我国对间谍行为的规制既有《刑法》，也有单行的法律法规（如《国家安全法》等）。从世界范围看，间谍罪可以看成一个类罪名，可称为"间谍犯罪"。我国在1979年《刑法》中首次设立间谍罪的"窃取、刺探、为敌提供情报"和"供给军火或者其

---

① 张明楷. 刑法学 [M]. 6版. 北京：法律出版社，2021：874.

他军用物资"的行为,其第九十七条规定为同一条款。1979年《刑法》颁布之后,涉及间谍罪部分的调整共有五次,分述如下:

第一次调整。从1979年开始,境内向境外非法提供国家机密情报的犯罪活动随着我国对外开放程度的加深而不断增加。为遏制此状况,1988年9月全国人大常委会专门颁布《关于惩治泄露国家秘密犯罪的补充规定》。该补充规定将涉及"为境外的组织、机构、人员窃取、刺探、收买、非法提供国家秘密的"的罪行单独标注出来,不再归罪于间谍罪名,而是另立独立新罪名。对涉嫌犯罪的行为,包括但不限于窃取国家机密、窃取情报、暗杀、收买、非法提供等,均应依法追究其刑事责任。虽然法定刑由十年以上有期徒刑调整为五年以上十年以下,但最高刑罚仍保留了死刑。

第二次调整。1993年,我国首部《国家安全法》(以下简称《小国安法》)出台,作为一部专门规制间谍行为的法律,该法对间谍概念和间谍罪作出较为详细的规范。第一,该法明确规定,"参加间谍组织或者接受间谍组织及其代理人的任务"的行为属于"危害国家安全的行为",不再将其称为反革命行为;第二,不再区分国内、国外,从而为取消我国特有的"特务罪"(对台湾地区间谍的特指)埋下伏笔。第三,增加了与间谍组织自身行为相同的间谍组织代理人这一称谓,为司法实践打击"以间谍为手段"的行为提供了法律上的保障,如间谍组织代理人的行为。此外,该法在刑事责任方面,部分体现了国际上打击间谍犯罪的"重重轻轻"的通行做法,即既有从重追究刑事责任规定,又有特别规定"犯间谍罪自首……对于破格条款,则可以"从轻、减轻或免予处罚",这打破了"减轻或免除处罚"只能适用于"罪轻"的情形,以及我国《刑法》第六十三条规定的犯罪后自首的限制。该法还规定,如果有人在国外被迫或被诱骗加入敌对组织,从事损害我国国家安全的活动,只要该人能及时准确地将有关情况报告我国驻外机构,就不追究其责任。对于揭发间谍犯罪的贡献,法律对减轻或免除处罚有专门的规定,并对重要揭发行为予以奖励。可见,司法审判中所谓"亡羊补牢"的积极效果是显著的。1993年实施的《国家安全法》明确规定,在间谍犯罪案件中,对于自首或立功的行为人,将依照我国长期坚持的惩治与宽容相结合的刑事政策,给予特别的宽大处理。这也符合目前大多数国家对间谍犯罪处理上所采取的"宽严相济"的惩治方针。这是对1979年《刑法》有关间谍罪规定的完善和补充,一定程度上弥补了关于间谍罪规定过于抽象和模糊的缺陷,但上述"对于重大立功的给予奖励"显得立法不够规范,不便于司法实务操作。

第三次调整。1997年《刑法》修订时,20多条单行刑法(附则)被废止,《关于惩治泄露国家秘密犯罪的补充规定》也被列入其中,但对这些单行刑法(附则)的内容都进行了重新调整,并重新编纂。其一,在刑法分则的修订中,第一章的"反革命罪"已被更名为"危害国家安全罪",而间谍罪作为其中的一种犯罪行为,被明确归类于危害国家安全的罪行之中,这就是"反革命罪"与"反间谍报罪"的不同之处。在调整编纂时,在刑罚方面,没有对"窃取、刺探、收买、非法提供国家秘密罪"这项罪名进行大幅度的修改，包括间谍罪的量刑幅度、最高刑罚和附加刑等。从近年来司法实践的情况和现代战争大量使用高精度定位系统的情况看，将原本属于反革命破坏罪内容的"指示对敌实施轰击的目标"这一行为，融入当时具有一定合理性的间谍犯罪中，已经不适应形势变化的需要。

第四次调整。为切实贯彻总体国家安全观，2015年7月1日，全国人大常委会正式通过了新的《国家安全法》（以下简称《新国安法》），并随即颁布实施。这之前，已于2014年11月1日将1993年的《小国安法》更名修改为《反间谍法》。一是对具体的文字进行修改，如把轰击的对象修改成攻击的对象。将1997年《刑法》规定的两种间谍行为，调整为《反间谍法》规定的五种谍报行为，并对这五种谍报行为进行了相应的调整。二是《小国安法》中有关间谍行为"重而轻"的条款，经调整和个别文字补充后，在2014年《反间谍法》第二十七条第二款、第二十八条中分别予以保留，也对刑法中有关间谍犯罪的罪状和定罪量刑产生了较大影响。

第五次调整。《刑法修正案（十一）》规定，对泄露、窃取、收购或非法提供商业秘密给境外机构、组织或个人的，可处五年以下监禁并处罚金，重刑犯最高可判刑五年，并处罚金。据此，有学者认为，我国刑法增设了"经济间谍罪"。虽然《刑法修正案（十一）》将"为境外机构、组织、人员窃取商业秘密"与"为境内企业或个人窃取商业秘密"之间的社会危害性大小，放在了侵犯商业秘密犯罪中予以关注，但由于前者的危害性大于后者，故《刑法修正案（十一）》增加了该条规定，对前者设定了较重的法定刑。它不是"经济间的间谍犯罪"，而只是一般商业秘密侵权中比较严重的一种情形。[1] 一是犯罪仅限于侵犯商业秘密，不包括技术文档、资料、物品等，内容涉及国家安全。二是该罪侵犯的客体是社会主义市场经济秩序（《刑法》第三章），这导致该类案件不能归国家安全部门管辖。国家安全机关作为打击间谍行为的专门机关，却无法对这类间谍行为行使管辖权，必然导致对该类行为打击不及时甚至打击不力；此外，这里并没有像其他国家那样"为了外国政府、外国政府的机构、外国政府的代理人受益"之类的规定，也没有"为外国国家、外国企业、组织或受外国控制的企业、组织、工作人员受益""足以危害国家基本利益的"之类的表述，立法上没有对此情形从重处罚的规定，显得对该罪的严重社会危害性重视不够。当然，在《刑法修正案（十一）》中作出这样的规定还是很有意义的，该规定加大了对为境外窃取商业秘密犯罪行为的刑罚，且用行为犯的立法方式简化了该罪犯罪既遂构成要件，为下一步更加精准打击经济间谍罪打下了基础。

【实操分析】

一、案件事实部分

赵某军作为一名航天领域的科研人员，其个人对我国航天领域的发展状况、发展

---

[1] 周玉华. 新时期总体国家安全观视阈下间谍犯罪立法比较与修改［J］. 法学评论，2022（06）：120-130.

计划、科研过程、尖端技术等信息所知甚多,这些信息关乎我国航天安全,乃至国家安全。赵某军在国外接受境外间谍情报机关人员的宴请、礼物、金钱,出卖我国科研进展情况;在国内,通过专用 U 盘和网站向境外间谍情报机关提供涉密资料,并收取间谍费用。

(1) 客体方面,赵某军的行为危害了我国国家安全。

(2) 客观方面,赵某军多次接受向境外间谍机关人员提供涉密情报的特务组织及其代理人的任务。

(3) 主体方面,赵某军具有刑事责任能力,是一名年满 16 周岁的成年人。

(4) 主观方面,赵某军接受了特务组织及其代理人的任务,其故意的主观心理态度表露得很清楚。

二、司法适用部分

根据《刑法》第一百一十条的规定,如果参加了间谍组织,或者接受了危害国家安全的间谍组织及其代理人的任务,在法律上都会受到相应的制裁。根据情节是否严重,适用两档法定刑,分别为三到十年有期徒刑和十年有期徒刑或无期徒刑。根据《刑法》第一百一十三条第一款的规定,有第一百一十条规定的行为,对国家和人民危害特别严重、情节特别恶劣的,可以判处死刑。

对于触犯本章罪名的,根据《刑法》第一百一十三条第二款的规定,可以并处没收财产。

根据《反间谍法》(2014) 第 38 条的规定,本法所称间谍行为,是指参加间谍组织或者接受间谍组织及其代理人的任务等行为。

对于可能对国家在政治、经济、国防、外交等领域的安全和利益构成威胁的事项,根据《保守国家秘密法》(2010) 第 9 条的相关规定,下列内容涉及国家安全和利益:涉及国防建设和军队活动等机密信息在内的国家秘密,国家保密行政管理部门确定的其他秘密事项。

为加强国家秘密资料的管理,各机关单位应严格遵循《保守国家秘密法》(2010) 第 25 条的相关规定。任何机构和个人均不得擅自进行以下行为:购买、出售、转让或私自销毁国家秘密载体;通过邮寄、托运等方式向境外寄送国家机密载体;擅自向境外邮寄、托运国家秘密载体。

综上可见,对赵某军间谍行为的认定并无争议,法院以赵某军犯间谍罪,于 2022 年 8 月判处其有期徒刑 7 年,剥夺政治权利 3 年,并处没收个人财产人民币 20 万元。

【思考题】

(1) 经济领域的不正当行为是否可能危害我国的国家安全,从而引发经济间谍犯罪?

(2) 如何认定制作、出售间谍工具等预备进行间谍活动的行为性质?

案例二　庄某为境外刺探、非法提供国家秘密案[①]

【基本案情】

一、案件经过

2019年3月，庄某在"舟山全职兼职普工"QQ群中寻找兼职。在这一过程中，群内一成员主动申请添加庄某为QQ好友，并向其提供"某军港附近地图信息采集和沿街商铺拍摄"的兼职工作，该成员实际上为境外间谍组织工作。庄某按对方要求，将个人简历、定位信息和微信收款码通过QQ发送给对方，先后8次应对方要求拍摄我国军事目标及附近街道店铺、路况等，每次拍摄100~200张照片，通过邮箱发送给对方。庄某还应境外间谍组织要求，通过网上购买长焦镜头观测及租船出海抵近观察等方式，先后10次赴我国某海军舰队所在区域实施预警观察搜集。在此期间，该境外间谍组织还为庄某进行了安全培训，要求以"观察记录为主、拍照为辅"的方式搜报军舰舷号。

二、法院判决

2019年12月，舟山市中级人民法院以为境外非法提供国家秘密罪判处庄某有期徒刑5年6个月，剥夺政治权利1年。

【主要法律依据】

《中华人民共和国刑法》(2017)

第一百一十一条　为境外的机构、组织、人员窃取、刺探、收买、非法提供国家秘密或者情报的，处五年以上十年以下有期徒刑；情节特别严重的，处十年以上有期徒刑或者无期徒刑；情节较轻的，处五年以下有期徒刑、拘役、管制或者剥夺政治权利。

【主要法律问题】

本案中庄某是构成间谍罪还是为境外非法提供国家秘密罪？

【理论分析】

间谍罪与为境外窃取、刺探、收买、非法提供国家秘密、情报罪，在刑法学领域，均属于危害国家安全的严重犯罪行为，它们在犯罪构成的多个维度上展现出显著的共

[①] 中国长安网. 国家安全机关公布一批危害国家安全典型案例[EB/OL]. (2023-04-14) [2024-04-10]. http://www.chinapeace.gov.cn/chinapeace/c100007/2023-04/14/content_12649192.shtml.

同点和相似之处,这既体现了两者对国家安全构成的直接威胁,也在一定程度上增加了司法实践中区分与认定的复杂性。两者在犯罪客体上的共同点在于,它们均侵害了国家的安全与利益。在犯罪主体上,二者均为年满16周岁具有刑事责任能力的自然人。同时,在犯罪的客观方面和主观方面,二者也存在诸多相似之处。这些相似性导致在司法实践中这两种罪行容易被混淆。因此,有必要明确区分这两种罪行的客观标准,深入理解两者在犯罪构成要件上的细微差别,并把握它们之间的联系,以确保司法实践中能够准确地应用法律,维护国家安全和法律的严肃性。

在犯罪的客观方面,间谍罪与为境外窃取、刺探、收买、非法提供国家秘密、情报罪之间最显著的区别在于它们的行为方式各不相同,且各具特色。间谍罪的行为方式具有明确的指向性和组织性,为参加间谍组织、接受间谍组织或者其代理人的任务和为敌人指示轰击目标,共三种。这些行为方式均紧密围绕着特定间谍组织,体现了间谍活动的隐蔽性、计划性和危害性。相比之下,为境外窃取、刺探、收买、非法提供国家秘密、情报罪的行为方式则显得更为多样和灵活,包括窃取、刺探、收买、非法提供四种。而且,从行为方式的侧重点来看,间谍罪更加强调与特定间谍组织的直接关联性和计划性,其行为往往具有长期性和系统性。而为境外窃取、刺探、收买、非法提供国家秘密、情报罪则更注重行为的结果和危害,即只要行为人实施了上述四种行为之一,并成功地将国家秘密或情报传递给境外组织或个人,就构成犯罪。这种区别使司法实践中对两种罪行的认定和处罚需要更加细致和谨慎。间谍罪与为境外窃取、刺探、收买、非法提供国家秘密、情报罪在客观方面上的这些差异不仅体现在行为方式的种类和数量上,更体现在行为方式的侧重点和危害性上。因此,在司法实践中必须严格区分两种罪行的行为方式,确保法律适用的准确性和公正性。

对此,有一种观点认为,间谍罪与为境外窃取、刺探、收买、非法提供国家秘密、情报罪的一个重要区别在于境外机构、组织、人员的性质。具体而言,前者中的境外组织为间谍组织,后者中的境外机构、组织、人员是境外的非间谍性质的机构、组织、人员。若行为人为境外间谍性质的机构、组织、人员而窃取、刺探、收买、非法提供国家秘密、情报的就应构成间谍罪,反之则构成为境外窃取、刺探、收买、非法提供国家秘密、情报罪。

上述观点是值得商榷的。诚然,间谍罪中的境外组织必然是间谍组织,这是《刑法》在间谍罪的罪状中明确规定的。这一规定不仅体现了法律对间谍行为的高度警觉与严厉打击,也确保了法律适用的明确性和针对性。然而,这并不意味着为境外窃取、刺探、收买、非法提供国家秘密、情报罪中的境外机构、组织或人员就一定是非间谍性质的。《刑法》对为境外窃取、刺探、收买、非法提供国家秘密、情报罪中的境外机构、组织、人员的性质并未作限制性规定。法律文本的开放性表述,实际上赋予了司法机关在处理具体案件时更大的裁量空间。这种设计既是对复杂多变的国际形势的灵活应对,也是对国家安全利益全面保护的体现。因此,为境外窃取、刺探、收买、非法提供国家秘密、情报罪中的境外机构、组织、人员应当既包括境外非间谍性质的机构、组织、人员，也包括境外间谍性质的机构、组织、人员。如果不允许将间谍性质的境外机构、组织或人员纳入此类犯罪的范畴，将违背罪刑法定原则。

而且，即使行为人是为境外间谍性质的机构、组织和人员窃取、刺探、收买、非法提供我国的国家秘密或情报，也不代表其一定构成间谍罪。成立犯罪必须做到主客观相统一，即行为人不仅要在客观上实施了危害行为，还要在主观上具有相应的犯罪故意。若行为人在主观上未认识到间谍组织的性质而以为是一般的境外组织，则不应当认为其构成间谍罪，而是构成为境外窃取、刺探、收买、非法提供国家秘密、情报罪。

因此，对于为境外窃取、刺探、收买、非法提供国家秘密、情报罪中的"境外"因素，我们应当采取一种开放而审慎的态度进行理解和适用。既要认识到其可能涵盖的广泛范围，包括间谍性质的实体在内；又要严格遵循罪刑法定原则和主客观相统一的犯罪构成要件，确保法律适用的严谨性。

另外，在探讨间谍罪与为境外窃取、刺探、收买、非法提供国家秘密、情报罪在主观方面的差异时，我们不难发现，尽管两者都涉及行为人的故意心理状态，但这种故意在内容和精确度上却存在显著的差异。

对于为境外窃取、刺探、收买、非法提供国家秘密、情报罪而言，行为人的主观故意相对较为宽泛。具体而言，只要行为人明知其正在窃取、刺探、收买或非法提供的是国家秘密或情报，且知晓接收方为境外的机构、组织或人员，即可满足该罪的主观故意要求。这里的关键在于，法律并未强制要求行为人必须准确识别出境外机构、组织或人员的具体性质（如是否为间谍性质），只要行为人认识到其行为的对象和结果即可。这种模糊化的主观要求，使该罪名的适用范围相对较广，能够覆盖多种类型的危害国家安全行为。

相比之下，间谍罪在主观方面的要求则更为精准和严格。对于间谍罪的行为人而言，其必须明知其参加的是间谍组织，或明知是间谍组织及其代理人的任务而予以接受。对于参加间谍组织的人，如果其不知道间谍组织的性质而以为是一般组织，则不具有间谍罪的主观故意；对于接受间谍组织或其代理人任务的人，如果其不知道是间谍性质的任务而予以接受的，也不具有间谍罪的主观故意；对于指示轰击目标的人，其要明知对方是敌人，并自愿为对方指示轰击对象目标，如果不知道对方是敌人，则同样不具有间谍罪的主观故意。当然，不成立间谍罪不代表该行为人就不构成犯罪，只要其实施了窃取、刺探、收买、非法提供国家秘密、情报的行为且知晓对方为境外组织的，就构成为境外窃取、刺探、收买、非法提供国家秘密、情报罪。

我们可以看出，为境外窃取、刺探、收买、非法提供国家秘密、情报罪在主观方面的要求相对模糊和宽泛，只要行为人认识到其行为对象和结果即可；而间谍罪则对行为人的主观故意提出了更为精准和严格的要求，必须明确认识到间谍组织的性质、任务的间谍性质以及敌人的身份等核心要素。这种差异不仅体现了法律对两种罪行主观恶性的不同评价，也为司法实践中准确认定和区分两种罪行提供了重要的参考依据。

最后，如果行为人已经明确知道某个境外组织是从事间谍活动的机构，但仍然选择与之合作，并按照该组织的要求执行了一系列涉及国家安全的非法行为，包括但不限于窃取、刺探、收买或者非法向该组织提供属于国家秘密或具有重要战略价值的情报，那么根据刑法的相关规定，这样的行为应当被视为"牵连犯"。在这种情况下，通常只按重罪从重处罚，而不对每个单独的行为分别定罪。

【实操分析】

本案中，庄某为寻求兼职工作而加入"舟山全职兼职普工"QQ群，证明其不知对方为境外间谍组织，不具有加入间谍组织和接受间谍组织或其代理人任务的意图，也就不具有间谍罪的犯罪故意。因此，其不构成间谍罪。

但庄某明知对方为境外组织且该境外组织所交代的任务针对的对象为我国国家秘密，依然执行这些任务，并将在执行任务中得到的我国军事方面的国家秘密发送给对方。其在客观上所实施的行为属于为境外非法提供国家秘密的行为，在主观上属于故意，因此，其行为构成为境外非法提供国家秘密罪而不是间谍罪。

【思考题】

若本案中庄某明知对方是间谍组织，依然执行该间谍组织交代的任务，则其构成何罪？

第二章

危害公共安全罪

案例一　卡森普危险驾驶案[①]

【基本案情】

一、案件经过

被告人：卡森普，男，印度国籍。2021年10月12日21时许，被告人卡森普在无摩托车驾驶资格的情况下，酒后驾驶一辆"跃进"牌二轮摩托车，行驶至北京市朝阳区东四环辅路四元桥下时被公安机关查获。经鉴定，被告人卡森普血液中酒精含量为161.3mg/100ml。被告人卡森普被民警当场抓获归案。

二、诉讼经过

公诉机关认为被告人卡森普的行为已经构成危险驾驶罪。被告人卡森普表示认罪认罚。

一审法院经审理认为：被告人卡森普在道路上醉酒驾驶机动车，其行为已构成危险驾驶罪，依法应予惩处。鉴于被告人卡森普无驾驶资格驾驶机动车，归案后能够如实供述所犯罪行、自愿认罪、愿意接受处罚，对其所犯罪行依法分别予以从重、从轻处罚。据此判决被告人卡森普犯危险驾驶罪，判处拘役2个月15日，罚金人民币5000元，附加驱逐出境。

宣判后，在法定期间内，原审被告人卡森普不服，提出上诉。其上诉理由主要是：其已经在北京工作15年，一直遵纪守法，妻儿在印度需要其打工收入维持生活，不想被驱逐出境。

二审法院经审理认为：原审法院根据上诉人卡森普犯罪的事实、性质、情节所作出的判决，事实清楚，证据确实、充分，定罪及适用法律准确，量刑适当，审判程序合法；对于上诉人卡森普所提上诉理由，经查，卡森普在中华人民共和国工作生活多

[①] 案例来源：（2021）京03刑终813号。

年，无前科劣迹，认罪悔罪态度较好，鉴于目前有长期合法经营单位愿意接收其继续在华工作，综合考虑其此次犯罪的人身危险性及社会危害性，对其可不予驱逐出境，对上述上诉理由，予以采纳。据此，二审法院判决如下：

（1）撤销一审判决。

（2）上诉人卡森普犯危险驾驶罪，判处拘役2个月15日，罚金人民币5000元。

【主要法律依据】

《中华人民共和国刑法》（2020）

第三十五条　对于犯罪的外国人，可以独立适用或者附加适用驱逐出境。

第一百三十三条之一　在道路上驾驶机动车，有下列情形之一的，处拘役，并处罚金：

（一）追逐竞驶，情节恶劣的；

（二）醉酒驾驶机动车的；

（三）从事校车业务或者旅客运输，严重超过额定乘员载客，或者严重超过规定时速行驶的；

（四）违反危险化学品安全管理规定运输危险化学品，危及公共安全的。

机动车所有人、管理人对前款第三项、第四项行为负有直接责任的，依照前款的规定处罚。

有前两款行为，同时构成其他犯罪的，依照处罚较重的规定定罪处罚。

【主要法律问题】

二审法院对上诉人卡森普作出的不予驱逐出境的判决是否合理？

【理论分析】

我国《刑法》第三章第一节对刑罚的种类作出了专门规定。其中第三十三条和第三十四条分别规定了刑罚中主刑和附加刑的种类，而专门对外国人适用的驱逐出境措施却被独立规定在第三十五条，由此在刑法学界引发了驱逐出境在性质上究竟属于刑罚方法还是保安处分的争议。

第一种观点认为驱逐出境在性质上是刑罚方法，理由是驱逐出境具有刑罚的综合目的，并不局限于保卫社会，且驱逐出境具有较强的惩罚效果，应当被认定为刑罚方法的一种。

第二种观点认为驱逐出境在性质上是保安处分，理由是驱逐出境虽被规定在《刑法》第三章第一节"刑罚的种类"，但并不能当然得出其为刑罚的结论，因为本章还有诸多非刑罚措施，而且，我国《刑法》分则中没有关于驱逐出境的规定，将驱逐出境认定为刑罚方法会使刑罚在总则和分则上的规定不协调。

笔者支持第一种观点。理由如下：

首先，驱逐出境更能实现刑罚的目的而不是保安处分的目的。目前我国刑法学界的主流观点是综合刑论，该理论主张刑罚应当以报应为基础，在罪责相适应的前提下兼顾一般预防和特殊预防的目的。具体而言，立法阶段应着重考虑一般预防目的，因为立法直接影响的对象是不特定的一般人，目的是设立一套适用于全社会的行为规范和标准，以此来预防犯罪的发生；审判阶段则应以公正报应理念为优先，因为审判直接针对的是已经实施犯罪行为的具体个人，其主要目的在于通过公正的惩罚来体现法律的正义性，并对犯罪行为给予适当的报应；刑罚执行阶段则应主要服从于特别预防目的，因为这一阶段的重点在于对犯罪人进行教化和改造，防止该罪犯再次犯罪，即实现个别化的预防目标。相比而言，保安处分的目的则是以特殊预防为主要考量，对具有社会危险性的特定行为人采取具有司法处分性质的特殊处理措施来防止其犯罪。

从驱逐出境的功能来看，通过立法明确规定审判机关有权将犯罪的外国人驱逐出境，可对未犯罪的外国人进行震慑，防止他们实施犯罪行为，实现刑罚的一般预防目的。将外国人驱逐出境，使其离开本国领土，能够有效地防止其未来再次在本国犯罪，这是刑罚特殊预防目的的具体体现。审判机关宣判将外国犯罪人驱逐出境，该外国犯罪人的人身自由受到限制，此为驱逐出境本身自带的惩罚性；若该外国犯罪人在本国还有工作和亲人，其被驱逐出境后，更会承受经济和情感上的痛苦，此为驱逐出境附带的惩罚后果，能够实现刑罚的报应目的。从驱逐出境可实现的目的来看，驱逐出境虽然也能实现保安处分的特殊预防目的，但其功能并不局限于此，还能实现刑罚的报应目的、一般预防目的和特殊预防目的，在刑罚的目的领域更能凸显其价值。可以说，驱逐出境具有保安处分的色彩，但其性质上仍然与刑罚的目的相契合。

其次，驱逐出境虽然未被规定在《刑法》第三十三条和第三十四条的刑罚的分类之中，但其紧随在第三十四条的附加刑之后，以独立条款的形式而存在。立法者如此规定的理由在于，驱逐出境具有特殊性，其适用对象为外国人，不像无期徒刑、剥夺政治权利等刑罚方法那样具有普遍性，因此将其作为专门对外国人适用的特殊刑罚方法进行单独规定更具合理性。此外，因为无期徒刑等主刑和没收财产等附加刑在《刑法》分则中有具体规定而驱逐出境没有，就认为驱逐出境不属于刑罚的一种的观点是值得商榷的。《刑法》之所以分为总则和分则，并将特殊规定放在总则之中，原因就是确保立法语言的简洁和防止重复，这是立法语言的艺术所在。如《刑法》对于精神障碍等特殊人员的刑事责任能力的规定，就是为了在对分则进行规定时避免重复用语。若不这样规定，立法者就要在分则的每一罪名后增加一句"罪犯必须是在精神正常的时候实施犯罪行为，否则便依据《刑法》第十八条认定罪犯的刑事责任"，如此便使《刑法》条文内容无比庞杂，失去了立法语言的简洁性。同样，驱逐出境也具有特殊性，属于《刑法》的特别条款，若将其在分则中体现出来，就必须在分则的每一个罪名设置的刑罚后加上一句"若罪犯为外国人，可以独立或附加适用驱逐出境"，同样有违立法用语的简洁明确原则。因此，不能因为《刑法》分则中没有关于驱逐出境的规定就认为驱逐出境不是刑罚措施。

最后，刑罚的本质在于惩罚性，其是通过对犯罪人施加剥夺性、限制性的痛苦，表达对犯罪行为否定性评价的最严厉的强制措施。虽然保安处分也具有强制性，采取以剥夺人身自由的方式，但其以隔离为核心，目的是防止犯罪行为的发生，不具有惩罚性。在我国同时存在"限期离境"等制度的情况下，相比而言，驱逐出境的执行方式更具强制性，被驱逐对象不具有任何选择权且其人身自由被施加限制。而且，如前文所述，驱逐出境本身自带惩罚性和附随的惩罚后果。因此，驱逐出境所具有的惩罚性和强制性也更加符合刑罚的本质而不是保安处分的本质。

综上所述，驱逐出境具有刑罚和保安处分的双重性质，但其更加偏向刑罚的一侧。也正是因为其所具有的双重属性，域外刑事立法中既有如《法国刑法典》将其规定为刑罚的，也有如《罗马尼亚刑法典》将其规定为保安处分的。但在我国，通说一直将驱逐出境认定为刑罚措施之一，在性质上其属于附加刑，与其他附加刑一样可独立适用。

【实操分析】

一、驱逐出境的适用限制

在法治国家，公权力的行使必然要受到比例原则的约束。比例原则的本质在于要求国家行使公权力时，必须在兼顾保护公民权利的前提下实现公共利益的最大化。具体而言，比例原则包括三项次级原则：一是正当性原则，指行为的目的必须是正当的；二是合目的性原则，指所采取的手段能够达到所追求之目的；三是必要性原则，即最小损害原则，也是狭义上的比例原则，指有多种手段可以实现目的时，应当选择对相对人损害最小的手段。在现代法治国家，比例原则对大多数国家行为而言都发挥着关键的规范调整及规则指导功用，从而被视为一种法治国家原则，甚至是公法上的"帝王条款"。[①]

刑罚作为国家公权力行使的表现，是最严厉的强制制裁方法，动辄剥夺犯罪分子的财产、人身自由甚至生命。也正因如此，刑罚的适用必须以比例原则为指引，在多方面受到限制。在立法上，刑罚内容必须清晰明了；在司法上，刑罚的裁量和执行必须考虑各种量刑情节的运用和犯罪分子在刑罚执行阶段的表现。

前文已述，驱逐出境的性质是刑罚而不是保安处分，其在立法和司法层面当然要也受到一定限制。但《刑法》第三十五条对驱逐出境的规定却较为宽泛，仅从条文内容来看，司法机关对任何犯罪的外国人都有可能适用驱逐出境的刑罚措施。这种立法的模糊性在给予司法机关较大自由裁量权的同时，也使在我国的外国人心生畏惧，不敢实施犯罪行为，能够有效遏制其犯罪冲动。然而，司法机关过大的自由裁量权也使

---

① 陈新民. 德国公法学基础理论（下册）[M]. 济南：山东人民出版社，2001：389.

在我国犯罪的外国人的人权容易受到侵犯。对此，笔者认为，为贯彻人权保障原则和体现我国的人道主义精神，应当通过罪责刑相适应原则（刑法的比例原则）对驱逐出境进行指导，以限制其适用，克服因自由裁量权过大带来的一些弊端，以更好地发挥驱逐出境的功能。

在罪责刑相适应原则下，对于社会危害性程度高的外国犯罪人，应当对其适用驱逐出境，以维护我国公民安全和社会稳定；对于社会危害程度低的外国犯罪人，应当由法官根据案件具体情况，包括犯罪的事实、性质和情节等，结合犯罪的外国人的罪过形式、犯罪手段、有无悔罪表现等因素，进行综合考量后作出是否适用驱逐出境，若适用是单独适用还是附加适用的判决。

具体而言，在下列情况下应当对外国犯罪人适用驱逐出境：（1）实施危害国家安全犯罪的外国人；（2）实施黑社会性质组织犯罪的外国人；（3）实施恐怖主义犯罪的外国人；（4）实施严重侵犯我国公民人身权利的犯罪的外国人；（5）构成累犯的外国人。之所以对这些外国人应当适用驱逐出境，是因为其罪行过于重大或人身危险性过高，已严重危害我国国家安全、社会稳定和公民人身安全，若将其继续留在我国将会增加安全隐患，加剧社会恐慌，不利于我国持续健康发展。

下列情况不宜对外国犯罪人适用驱逐出境。

1. 在我国长期生活并遵纪守法的外国人

对长期在我国居住生活并遵纪守法的外国人不宜适用驱逐出境，这是我国刑法理论界和实务界的共识。长期在我国生活的外国人已与我国建立了深厚的联系，一般在我国也有着多重社会关系和较为稳定的工作，"中国化"程度较深，尤其是已取得我国永久居留资格的外国人。犯罪前长期遵纪守法表明该外国犯罪人具有良好的行为记录，这也是审判人员在量刑时应当酌情考虑的重要因素。但外国人在我国居住时间多久才不宜适用驱逐出境存在争议。有学者认为，对于在我国连续居住一代或一代以上的外国人，不应驱逐出境。[①] 也有学者主张，对于在我国生活达五十年的外国人，不宜驱逐出境。[②] 笔者认为上述两种观点都是值得商榷的。法律的语言应当追求精准简洁，一代人的标准显然过于抽象和笼统，无法满足实践治理需求。五十年的标准太过漫长，建立牢固的社会关系显然不需要这么长的时间。笔者认为，十年的标准更为合理，足够外国人在我国建立牢固的经济和社会联系，顺利融入我国社会。

2. 已和我国公民缔结婚姻或育有子女的外国人

若外国人已和我国公民缔结婚姻或育有子女，对其适用驱逐出境会扩大刑罚影响范围，不利于其家庭利益保护和子女的成长。司法实践中也已出现相关案例。在杨某某拐卖妇女案中，济源市中级人民法院一审判处杨某某有期徒刑五年，附加驱逐出境。

---

① 赵永琛. 论驱逐出境：兼论我国驱逐出境制度的完善 [J]. 公安大学学报，1991（04）：42.
② 翟中东. 驱逐出境司法问题研究 [J]. 河南公安高等专科学校学报，2001（01）：23.

二审中，河南省人民检察院认为杨某某在中国生活多年，育有两个未成年子女，驱逐出境不利于子女成长。该意见被河南省高级人民法院采纳，撤销了对其附加的驱逐出境。①

驱逐出境惩罚性的强弱，与外国人在本国建立的社会关系的密切程度成正比。正如贝卡里亚指出的，驱逐出境是对社会与犯罪公民间现存关系的消灭。② 之所以对这些外国犯罪人不予驱逐出境，原因在于其已经在我国建立了经济以及社会生活等的密切联系，直接切断其与我国的联系会使其遭受过大痛苦，这也是对我国《宪法》第三十二条规定的"中华人民共和国保护在中国境内的外国人的合法权利和利益"的回应。不仅如此，贸然将犯罪的外国人驱逐出境也会使其在我国建立的牢固社会关系破裂，影响我国社会稳定。但若这些外国人同时符合笔者在前文所述的应当驱逐出境的情况的，仍应当对其适用驱逐出境，这是基于维护国家安全、社会稳定和公民人身财产安全的需要。一言以蔽之，对犯罪的外国人适用驱逐出境的限制不是绝对的，而是需要在保障外国人人权、保护外国人与我国建立的稳定社会关系与维护我国国家安全、社会稳定、公民人身财产安全之间找到一个平衡点。

二、驱逐出境在本案的适用

本案在二审中，上诉人卡森普提出其已经在北京工作 15 年，一直遵纪守法，妻儿在印度需要其打工收入维持生活，不想被驱逐出境。二审法院经查后发现，上诉人卡森普提出的上诉理由基本属实，且认罪悔罪态度较好，加之目前有长期合法经营单位愿意接收其继续在华工作，证明其人身危险性和社会危害性较轻，决定不予适用驱逐出境。

笔者认为二审法院的判决是合理的，做到了法理和情理的统一。首先，上诉人卡森普犯危险驾驶罪，不属于严重危害国家安全、社会稳定和公民人身财产安全的罪行，不是应当适用驱逐出境的情形，而是应当由法官根据案件具体情况（包括犯罪的事实、性质和情节等），结合犯罪的外国人的罪过形式、犯罪手段、有无悔罪表现等因素，进行综合考量。而本案中上诉人卡森普虽然有无证驾驶的情节，应当对其从重处罚，但其到案后能够如实供述，自愿认罪认罚，证明其人身危险性较低，二审法院应当在此基础上，根据其在我国社会生活的具体表现进行综合考量。其次，上诉人卡森普已经在北京工作 15 年，且有长期合法的经营单位愿意接收其继续在华工作，表明其与我国社会已经形成了牢固的关系，也符合笔者所主张的不宜适用驱逐出境的第一个情形，故不宜对其适用驱逐出境。

【思考题】

若本案上诉人卡森普在 3 年前曾犯盗窃罪，二审法院是否应当对其适用驱逐出境？

---

① （2015）豫法刑一终字第 76 号。
② 切萨雷·贝卡里亚. 论犯罪与刑罚 [M]. 黄风, 译. 北京：北京大学出版社, 2013：58.

案例二　吉某、弗某交通肇事案[①]

【基本案情】

一、案件经过

2020年8月30日3时47分35秒，利比里亚籍的"珀尔修斯"轮航经中国台湾海峡北部海域，与中国籍的"闽晋渔05119"轮交叉相遇，二者在该海域发生了碰撞之后，"闽晋渔05119"轮向左翻沉入海，轮上14名船员落水，其中2名船员游出水面，登上了翻扣在水面的辅助小艇底部，6时许被过往渔船"闽晋渔05769"轮救起。其余12名船员，虽经海上大规模搜救及常态化搜寻，但始终未发现踪迹。"珀尔修斯"轮在发生碰撞后，离开了事故现场。当天，"珀尔修斯"轮接到发生船舶碰撞事故的通知，遂航行至上海接受调查。

二、诉讼经过

公诉机关：上海市人民检察院第三分院。

被告人：吉某、弗某。

法院经审理查明：利比里亚籍的"珀尔修斯"轮系钢质散货船，船长199.9米，船宽32.26米，型深18.5米，36336总吨。中国籍的"闽晋渔05119"轮系钢质捕捞船，船长36.73米，船宽8.2米，型深3.95米，364总吨。案发前，被告人吉某系"珀尔修斯"轮的二副，被告人弗某系该轮的水手，二人均为菲律宾国籍。

2020年8月24日7时许，"珀尔修斯"轮从马来西亚的甘马挽港空载驶往中国上海港的中远船厂进坞修理。同年8月30日0时至4时，"珀尔修斯"轮由二副吉某值班驾驶，水手弗某辅助驾驶。当天3时33分许，"珀尔修斯"轮航经过中国台湾海峡北部海域时，与"闽晋渔05119"轮形成了交叉相遇的局面，"珀尔修斯"轮作为让路船，未积极履行让路船的义务，未正确判断碰撞危险、未以安全航速行驶且未使用操纵和警告声光等信号；"闽晋渔05119"轮作为直航船，亦未采取正确避让行动，未正确判断碰撞危险，未以安全航速行驶。3时47分35秒，"珀尔修斯"轮的左舷与"闽晋渔05119"轮在该海域发生了碰撞，"闽晋渔05119"轮遂迅速向左翻沉入海，导致轮上14名船员落水，其中2名船员游出水面，登上了翻扣在水面的辅助小艇底部，6时许被经过的渔船"闽晋渔05769"轮救起，其余12名船员随船沉没，虽经过海上大规模的搜救及常态化的搜寻，但始终未发现踪迹。在碰撞发生后，被告人吉某、弗某将右正横0.13海里处的一艘向西南方向行驶的渔船误认为是"闽晋渔05119"轮，以

[①] 案例来源：（2022）沪03刑初53号。

为"闽晋渔05119"轮仍在正常航行,遂驾驶"珀尔修斯"轮离开了事故现场。当天,"珀尔修斯"轮接到发生船舶碰撞事故的通知,遂航行至上海接受调查。

2021年1月,经中华人民共和国海事局的调查及平潭海事局的认定,本起事故是两船互有过失的海上交通责任事故,"珀尔修斯"轮承担本起事故的主要责任,其值班二副吉某和水手弗某是事故的直接责任人员,"闽晋渔05119"轮承担本起事故的次要责任。2021年2月24日,被告人吉某、弗某在其居住的隔离观察酒店向上海海警局自动投案,递交了书面自首材料,并如实供述了上述事实。

另查明,2020年9月至2022年1月,"珀尔修斯"轮所属公司及相关方与事故被害人等相关方达成了赔偿协议,向"闽晋渔05119"轮的全部被害人及家属支付了赔偿款合计人民币956.4万元,取得了部分家属的谅解,同时赔偿了"闽晋渔05119"轮船舶方相关财产损失和费用合计人民币965万元。2022年5月,经被害人的近亲属申请,厦门海事法院判决宣告随船沉没的其中6名船员死亡。

上海市第三中级人民法院认为,被告人吉某、弗某违反了海上交通运输管理法规,因而发生了重大海上交通事故,致12人失踪,其中6人被宣告死亡,负事故主要责任,其行为已构成交通肇事罪,且属于有其他特别恶劣的情节,依法应予惩处。公诉机关指控的事实清楚,证据确实、充分,罪名成立。被告人吉某、弗某犯罪以后自动投案,如实供述了自己的罪行,自愿认罪认罚,并于案发后在船舶公司的帮助下赔偿了被害人及家属、沉没船舶所有人的经济损失、费用,取得了部分被害人家属的谅解,依法可以减轻处罚。依照刑法规定,以交通肇事罪判处被告人吉某有期徒刑2年6个月,判处被告人弗某有期徒刑2年4个月。

一审宣判后,被告人吉某、弗某未提出上诉,上海市人民检察院第三分院未提出抗诉,判决现已发生法律效力。

【主要法律问题】

(1)海上发生的交通肇事,可否适用我国《刑法》第一百三十三条关于交通肇事罪的规定?

(2)发生海上交通肇事后,失踪人员是否应当认定为交通肇事罪中的危害后果?

(3)对于海上的交通肇事,如何适用我国《刑法》规定的管辖权?

【主要法律依据】

1.《中华人民共和国刑法》(2017)

第六条 凡在中华人民共和国领域内犯罪的,除法律有特别规定的以外,都适用本法。

凡在中华人民共和国船舶或者航空器内犯罪的,也适用本法。

犯罪的行为或者结果有一项发生在中华人民共和国领域内的,就认为是在中华人民共和国领域内犯罪。

第一百三十三条 违反交通运输管理法规，因而发生重大事故，致人重伤、死亡或者使公私财产遭受重大损失的，处三年以下有期徒刑或者拘役；交通运输肇事后逃逸或者有其他特别恶劣情节的，处三年以上七年以下有期徒刑；因逃逸致人死亡的，处七年以上有期徒刑。

2.《最高人民法院关于审理交通肇事刑事案件具体应用法律若干问题的解释》(2000)

第一条 从事交通运输人员或者非交通运输人员，违反交通运输管理法规发生重大交通事故，在分清事故责任的基础上，对于构成犯罪的，依照刑法第一百三十三条的规定定罪处罚。

第二条 交通肇事具有下列情形之一的，处三年以下有期徒刑或者拘役：

（一）死亡一人或者重伤三人以上，负事故全部或者主要责任的；

（二）死亡三人以上，负事故同等责任的；

（三）造成公共财产或者他人财产直接损失，负事故全部或者主要责任，无能力赔偿数额在三十万元以上的。

交通肇事致一人以上重伤，负事故全部或者主要责任，并具有下列情形之一的，以交通肇事罪定罪处罚：

（一）酒后、吸食毒品后驾驶机动车辆的；

（二）无驾驶资格驾驶机动车辆的；

（三）明知是安全装置不全或者安全机件失灵的机动车辆而驾驶的；

（四）明知是无牌证或者已报废的机动车辆而驾驶的；

（五）严重超载驾驶的；

（六）为逃避法律追究逃离事故现场的。

第三条 "交通运输肇事后逃逸"，是指行为人具有本解释第二条第一款规定和第二款第（一）至（五）项规定的情形之一，在发生交通事故后，为逃避法律追究而逃跑的行为。

第四条 交通肇事具有下列情形之一的，属于"有其他特别恶劣情节"，处三年以上七年以下有期徒刑：

（一）死亡二人以上或者重伤五人以上，负事故全部或者主要责任的；

（二）死亡六人以上，负事故同等责任的；

（三）造成公共财产或者他人财产直接损失，负事故全部或者主要责任，无能力赔偿数额在六十万元以上的。

第五条 "因逃逸致人死亡"，是指行为人在交通肇事后为逃避法律追究而逃跑，致使被害人因得不到救助而死亡的情形。

交通肇事后，单位主管人员、机动车辆所有人、承包人或者乘车人指使肇事人逃逸，致使被害人因得不到救助而死亡的，以交通肇事罪的共犯论处。

第六条 行为人在交通肇事后为逃避法律追究，将被害人带离事故现场后隐藏或者遗弃，致使被害人无法得到救助而死亡或者严重残疾的，应当分别依照刑法第二百三十二条、第二百三十四条第二款的规定，以故意杀人罪或者故意伤害罪定罪处罚。

第七条 单位主管人员、机动车辆所有人或者机动车辆承包人指使强令他人违章驾驶造成重大交通事故，具有本解释第二条规定情形之一的，以交通肇事罪定罪处罚。

第八条 在实行公共交通管理的范围内发生重大交通事故的，依照刑法第一百三十三条和本解释的有关规定办理。

在公共交通管理的范围外，驾驶机动车辆或者使用其他交通工具致人伤亡或者致使公共财产或者他人财产遭受重大损失，构成犯罪的，分别依照刑法第一百三十四条、第一百三十五条、第二百三十三条等规定定罪处罚。

3.《最高人民法院关于适用〈中华人民共和国刑事诉讼法〉的解释》（2012）

第二条 犯罪地包括犯罪行为发生地和犯罪结果发生地。

针对或者利用计算机网络实施的犯罪，犯罪地包括犯罪行为发生地的网站服务器所在地，网络接入地，网站建立者、管理者所在地，被侵害的计算机信息系统及其管理者所在地，被告人、被害人使用的计算机信息系统所在地，以及被害人财产遭受损失地。

第一百零五条 没有直接证据，但间接证据同时符合下列条件的，可以认定被告人有罪：

（一）证据已经查证属实；

（二）证据之间相互印证，不存在无法排除的矛盾和无法解释的疑问；

（三）全案证据已经形成完整的证明体系；

（四）根据证据认定案件事实足以排除合理怀疑，结论具有唯一性；

（五）运用证据进行的推理符合逻辑和经验。

4.《最高人民法院关于审理发生在我国管辖海域相关案件若干问题的规定（一）》（2016）

第一条 本规定所称我国管辖海域，是指中华人民共和国内水、领海、毗连区、专属经济区、大陆架，以及中华人民共和国管辖的其他海域。

5.《最高人民法院、最高人民检察院、中国海警局关于海上刑事案件管辖等有关问题的通知》（2020）

一、对海上发生的刑事案件，按照下列原则确定管辖：

（一）在中华人民共和国内水、领海发生的犯罪，由犯罪地或者被告人登陆地的人民法院管辖，如果由被告人居住地的人民法院审判更为适宜的，可以由被告人居住地的人民法院管辖；

（二）在中华人民共和国领域外的中国船舶内的犯罪，由该船舶最初停泊的中国口岸所在地或者被告人登陆地、入境地的人民法院管辖；

（三）中国公民在中华人民共和国领海以外的海域犯罪，由其登陆地、入境地、离境前居住地或者现居住地的人民法院管辖；被害人是中国公民的，也可以由被害人离境前居住地或者现居住地的人民法院管辖；

（四）外国人在中华人民共和国领海以外的海域对中华人民共和国国家或者公民犯罪，根据《中华人民共和国刑法》应当受到处罚的，由该外国人登陆地、入境地、入境后居住地的人民法院管辖，也可以由被害人离境前居住地或者现居住地的人民法院管辖；

（五）对中华人民共和国缔结或者参加的国际条约所规定的罪行，中华人民共和国在所承担的条约义务的范围内行使刑事管辖权的，由被告人被抓获地、登陆地或者入境地的人民法院管辖。

前款第一项规定的犯罪地包括犯罪行为发生地和犯罪结果发生地。前款第二项至第五项规定的入境地，包括进入我国陆地边境、领海以及航空器降落在我国境内的地点。

【理论分析】

一、交通肇事罪概述

根据《刑法》第一百三十三条的规定，交通肇事罪，是指违反交通运输管理法规，因而发生重大事故，致人重伤、死亡或者使公私财产遭受重大损失的行为。

1. 交通肇事罪侵犯的客体是交通运输安全

交通肇事罪中的重大事故发生的空间主要是陆路交通运输和水路交通运输过程中，一般不包括航空、铁路运输。特定主体如果在航空运输和铁路运营中发生重大交通责任事故，应按刑法有关的条款定罪；但是若一般主体在铁路运输、航空运输中违反了保障铁路运营安全、航空飞行安全的规章制度，以致发生重大事故的，也可以构成交通肇事罪。

根据《最高人民法院关于审理交通肇事刑事案件具体应用法律若干问题的解释》（法释〔2000〕33号）（以下简称《交通肇事案解释》）第八条第二款的规定，在道路公共交通管理的范围外，驾驶机动车辆或者使用其他交通工具致人伤亡或者致使公共财产或者他人财产遭受重大损失，构成犯罪的，分别依照我国《刑法》第一百三十四条、第一百三十五条、第二百三十三条等规定定罪处罚。

2. 交通肇事罪的客观方面

交通肇事罪的客观方面表现为违反交通运输管理法规，因而发生重大事故，致人重伤、死亡或者使公私财产遭受重大损失的行为。

（1）在交通运输过程中，违反了交通运输管理法规，这是导致交通事故的直接原因，也是构成交通肇事罪的前提条件。交通运输管理法规，是指国家以及交通运输主管部门为了保障交通运输安全颁行的各种法律、行政法规等，包括交通法、驾驶规则、操作规程、劳动纪律等。①违反交通运输管理法规的行为既可以表现为作为，也可以表现为不作为。

（2）违反交通运输管理法规的行为必须造成了重大事故，即导致了人员重伤、死亡或者公私财产重大损失的严重后果。即违章行为与严重后果之间必须具有因果关系。虽有违反交通运输管理法规的行为，但未造成任何后果或者未造成法定的严重后果，或者事故中的严重后果和行为人的违章行为不具有刑法上的因果关系，均不构成交通肇事罪。

3. 交通肇事罪的主体

交通肇事罪的主体为一般主体。根据《交通肇事案解释》第五条第二款的规定，交通肇事后，单位主管人员、机动车辆所有人、承包人或者乘车人指使肇事人逃逸，致使被害人因得不到救助而死亡的，以交通肇事罪的共犯论处。根据该解释第七条的规定，单位主管人员、机动车辆所有人或者机动车辆承包人指使、强令他人违章驾驶造成重大交通事故，具有该解释第二条关于交通肇事罪构成的情形之一，以交通肇事罪定罪处罚。上述人员是否在肇事现场，不影响其交通肇事罪的构成。

4. 交通肇事罪的主观方面

交通肇事罪的主观方面是过失，行为人对于违反交通运输管理法规行为本身，可能是明知故犯，但对自己因违反交通运输管理法规而导致的严重后果，或者应当预见却由于疏忽大意而未预见，或者虽然预见但轻信能够避免。

二、交通肇事罪的认定

1. 交通肇事罪与非罪的界限

违反交通运输管理法规因而发生的重大事故是构成交通肇事罪的必要危害后果，根据《交通肇事案解释》的规定，事故是否重大的认定和行为人对交通事故负责任的程度紧密相关。负事故全部或者主要责任的，死亡一人或者重伤三人以上，或者造成公共财产或者他人财产直接损失且无能力赔偿数额在三十万元以上的，以交通肇事罪进行追诉；负事故同等责任的，死亡三人以上以交通肇事罪进行追诉。该解释还规定，如果交通肇事致一人以上重伤，行为人负事故全部或者主要责任，同时具有下列情形之一的，以交通肇事罪进行追诉：（1）酒后、吸食毒品后驾驶机动车辆的；（2）无驾驶资格驾驶机动车辆的；（3）明知是安全装置不全或者安全机件失灵的机动车辆而驾驶的；（4）明知是无牌证或者已报废的机动车辆而驾驶的；（5）严重超载驾驶的；（6）为逃避法律追究逃离事故现场的。

2. 交通肇事罪与以危险方法危害公共安全罪的界限

交通肇事罪与以驾车撞人的危险方法构成的危害公共安全罪，往往都会造成人身

---

① 高铭暄，马克昌. 刑法学 [M]. 10 版. 北京：北京大学出版社，2022：357.

伤亡的结果，仅从危害结果上看是相同的。然而，两者在发生场景和主观意图上存在显著差异。交通肇事罪涉及的是在交通运输过程中因过失导致的重伤或死亡，而以驾车撞人的危险方法构成的危害公共安全罪，并非为了从事交通运输，行为人主观上故意追求或放任死伤结果。如果行为人以驾驶交通工具的方法，在公路或者其他公共场所冲撞人群，造成或可能造成不特定多数人员的重伤、死亡后果或者使公私财产遭受重大损失的，应以危险方法危害公共安全罪论处。然而，若行为人仅利用交通工具针对特定个体实施伤害，侵犯的是他人的生命或健康权，且未对公共安全构成威胁，则应以故意杀人罪或故意伤害罪论处。

三、交通肇事罪的处罚

根据《刑法》第一百三十三条的规定，犯交通肇事罪的，处三年以下有期徒刑或者拘役；交通运输肇事后逃逸或者有其他特别恶劣情节的，处三年以上七年以下有期徒刑；因逃逸致人死亡的，处七年以上有期徒刑。

根据《交通肇事案解释》第三条的规定，"交通运输肇事后逃逸"，是指行为人在交通肇事后，为逃避法律追究而逃跑的行为。"其他特别恶劣情节"，是指交通肇事具有下列情形之一的：死亡二人以上或者重伤五人以上，负事故全部或者主要责任的；死亡六人以上，负事故同等责任的；造成公共财产或者他人财产直接损失，负事故全部或者主要责任，无能力赔偿数额在六十万元以上的。

"因逃逸致人死亡"指的是在交通肇事后，行为人为了逃避法律制裁而选择逃跑，进而导致被害人因无法得到及时救助而死亡的情形。关于这一情形中逃逸者对"致人死亡"的罪过形式，学界存在不同看法。有的学者认为属于故意但仍然构成交通肇事罪，"肇事后逃逸，不能排除肇事人对被害人的死亡结果持放任态度，但这是肇事后的结果行为，主观上是为了逃避法律责任，因此，应定交通肇事罪"。[①] 有的学者认为，"因逃逸致人死亡"作为加重情节，仅限于行为人因过失导致被害人死亡的情况，并不包括故意导致的死亡。[②] 本书认为，行为人消极逃逸致被害人死亡的情形难以排除其放任被害人死亡的心理态度。根据《交通肇事案解释》第六条，行为人在交通肇事后为逃避法律追究，将被害人带离事故现场后隐藏或者遗弃，致使被害人无法得到救助而死亡或者严重残疾的，应当分别依照刑法第二百三十二条、第二百三十四条第二款的规定，以故意杀人罪或者故意伤害罪定罪处罚。

四、我国刑法的刑事管辖权

我国《刑法》第六条至第十一条规定了刑事管辖权的范围。刑事管辖权的范围，即刑法的空间效力，就是指刑法对地和对人的效力。我国刑法规定了属地管辖、属人

[①] 魏克家，欧阳涛，吴雪松. 中华人民共和国刑法罪名适用指南 [M]. 北京：中国人民公安大学出版社，1998：62.

[②] 黄祥青. 浅析新刑法中的交通肇事罪 [J]. 政治与法律，1998（04）：60.

管辖、保护管辖和普遍管辖。

在国际上，解决刑事管辖权范围问题的原则主要有以下几种。（1）属地原则。即以地域为标准，凡是在本国领域内犯罪的，无论是本国人还是外国人，都适用本国刑法。（2）属人原则。即以人的国籍为标准，凡是本国人犯罪的，不论是在本国领域内还是在本国领域外，都适用本国刑法。（3）保护原则。即以保护本国利益为标准，凡侵害本国国家或者公民利益的，不论犯罪人是本国人还是外国人，也不论犯罪地在本国领域内还是在本国领域外，都适用本国刑法。（4）普遍原则。即以保护国际社会的共同利益为标准，凡发生国际条约规定的侵害国际社会共同利益的犯罪的，不论犯罪人是本国人还是外国人，也不论犯罪地在本国领域内还是在本国领域外，都适用本国刑法。

世界上大多数国家的刑法采用了结合型刑事管辖权体制，即以采用属地管辖原则为基础，兼采其他管辖原则。凡是在本国领域内犯罪的，不论是本国人还是外国人，都适用本国刑法；本国人或外国人在本国领域外犯罪的，在一定条件下，也适用本国刑法。这样既有利于维护国家的主权，又有利于同犯罪行为作斗争，比较符合各国的实际情况和利益。我国刑法有关刑事管辖权的规定，也采取了结合型刑事管辖权体制的模式，以属地管辖为基础，兼采用其他原则。

1. 我国刑法的属地管辖权

《刑法》第六条第一款规定："凡在中华人民共和国领域内犯罪的，除法律有特别规定的以外，都适用本法。"

这里所说的我国"领域"，是指我国国境以内的全部区域，具体包括：（1）领陆（陆地领土），即国境线以内的陆地，包括地下层。（2）领水，包括内水和领海及其地下层。内水是指我国领海基线向陆地一侧的水域，包括内河、内湖、内海以及同外国之间界水的一部分（这一部分通常以河流中心线为界，如果是可通航的河道，则以主航道中心线为界）。领海是沿海国主权管辖下与其海岸或内水相邻的一定宽度的海域，是国家领土的组成部分。领海的上空、海床和底土，均属沿海国主权管辖。根据《联合国海洋法公约》的规定，领海是从领海基线量起最大宽度不超过12海里的一带水域。[①] 中国政府于1958年9月4日宣布中国的领海宽度为12海里。（3）领空，即领陆、领水的上空。

这里所说的"法律有特别规定"，是指：（1）《刑法》第十一条的规定，"享有外交特权和豁免权的外国人的刑事责任，通过外交途径解决"。（2）《刑法》第九十条的规定，"民族自治地方不能全部适用本法规定的，可以由自治区或者省的人民代表大会根据当地民族的政治、经济、文化的特点和本法规定的基本原则，制定变通或者补充的规定，报请全国人民代表大会常务委员会批准施行"。（3）1997年修订的《刑法》

---

① 联合国官网. United Nations Convention on the Law of the Sea［EB/OL］.（2003-05-22）［2024-03-20］. https://www.un.org/depts/los/convention_agreements/texts/unclos/unclos_e.pdf.

施行后国家立法机关所制定的特别刑法的特别规定。（4）我国香港特别行政区和澳门特别行政区基本法作出的例外规定。

《刑法》第六条第二款规定："凡在中华人民共和国船舶或者航空器内犯罪的，也适用本法。"凡在我国船舶或者航空器内犯罪的，不论该船舶或航空器在何地点，我国均有刑事管辖权。此外，根据我国承认的1961年4月18日《维也纳外交关系公约》的规定，各国驻外大使馆、领事馆及其外交人员不受驻在国的司法管辖而受派遣国的司法管辖。由此可知，凡在我国驻外大使馆、领事馆内犯罪的，也适用我国刑法。[1]

《刑法》第六条第三款规定了"在中华人民共和国领域内犯罪"的含义，"犯罪的行为或者结果有一项发生在中华人民共和国领域内的，就认为是在中华人民共和国领域内犯罪"。犯罪的行为和结果通常发生在同一地方，但有时行为实施地和结果发生地并不一致。只要犯罪的行为或者结果有一项发生在我国领域内，就适用我国刑法。

在中华人民共和国领域内发生的犯罪行为，无论是中国人还是外国人所为，都应纳入我国刑法的管辖范围，并适用我国刑法进行追究。但是，法律有特别规定的除外。

2. 我国刑法的属人管辖权

《刑法》第七条规定："中华人民共和国公民在中华人民共和国领域外犯本法规定之罪的，适用本法，但是按本法规定的最高刑为三年以下有期徒刑的，可以不予追究。中华人民共和国国家工作人员和军人在中华人民共和国领域外犯本法规定之罪的，适用本法。"凡是中华人民共和国的公民，即使身在国外，也仍然受我国法律的保护，同时也应遵守我国的法律。我国公民在我国领域外犯我国刑法规定之罪的，不论按照当地法律是否构成犯罪，也不论其所犯罪行侵犯的是何国或何国公民的利益，原则上都适用我国刑法。但是按照我国刑法的规定，该中国公民所犯之罪的法定最高刑为三年以下有期徒刑的，可以不予追究。"可以不予追究"，并不是绝对不追究，而是保留依照我国刑法进行追究的可能性。如果在我国领域外犯罪的是我国的国家工作人员或者军人，则不论其所犯之罪的法定最高刑是否为三年以下有期徒刑，都要适用我国刑法追究其刑事责任。

根据《刑法》第十条的规定，中国公民在我国领域外犯罪，依照我国刑法应当负刑事责任的，虽然经过外国审判，仍然可以依照我国刑法进行追究。但是在外国已经受过刑罚处罚的，可以免除或者减轻处罚。我国作为一个独立自主的主权国家，不受外国审判效力的约束；但是也要考虑犯罪分子在外国已经受过刑罚处罚的事实，可以免除或者减轻处罚。

3. 我国刑法的保护管辖权

《刑法》第八条规定："外国人在中华人民共和国领域外对中华人民共和国国家或者公民犯罪，而按本法规定的最低刑为三年以上有期徒刑的，可以适用本法，但是按

---

[1] 高铭暄，马克昌. 刑法学 [M]. 10版. 北京：北京大学出版社，2022：32.

照犯罪地的法律不受处罚的除外。"据此，我国刑法采取了有限制的保护管辖原则，保护原则的适用要符合以下条件：（1）所犯之罪必须侵犯了我国国家或者公民的法益。（2）所犯之罪按我国刑法的规定最低刑为三年以上有期徒刑。（3）所犯之罪按照犯罪地的法律也应受处罚。

《反恐怖主义法》第十一条规定："对在中华人民共和国领域外对中华人民共和国国家、公民或者机构实施的恐怖活动犯罪，或者实施的中华人民共和国缔结、参加的国际条约所规定的恐怖活动犯罪，中华人民共和国行使刑事管辖权，依法追究刑事责任。"对该规定情形行使管辖权，不受上述（2）与（3）两个条件的限制。

4. 我国刑法的普遍管辖权

《刑法》第九条规定："对于中华人民共和国缔结或者参加的国际条约所规定的罪行，中华人民共和国在所承担条约义务的范围内行使刑事管辖权的，适用本法。"根据这一规定，凡是我国缔结或者参加的国际条约所规定的罪行，不论犯罪分子是中国人还是外国人，也不论其罪行发生在我国领域内还是我国领域外，只要犯罪分子在我国境内被发现，我国就应当在所承担条约义务的范围内，行使刑事管辖权。根据《反恐怖主义法》第十一条的规定，对在中华人民共和国领域外实施的中华人民共和国缔结、参加的国际条约所规定的恐怖活动犯罪，中华人民共和国行使刑事管辖权，依法追究刑事责任。

普遍管辖权的适用受到下述条件的限制：（1）我国行使普遍管辖权的犯罪应是国际条约所规定的罪行。（2）我国是相关条约的缔约国或参加国。（3）我国刑法也将该行为规定为犯罪。（4）原则上应要求罪犯出现在我国领域内。

【实操分析】

一、本案中起诉指控的12人失踪（其中6人被宣告死亡）能否作为交通肇事罪的危害结果，是否可以认定为具有其他特别恶劣情节

一般而言，刑法及其司法解释要求的死亡结果，必须查找到被害人尸体，证据规格上还需要有DNA等物证鉴定意见、被害人家属辨认笔录等证据证明。最高人民法院研究室曾于1992年10月30日作出《关于遇害者下落不明的水上交通肇事案件应如何适用法律问题的电话答复》，明确"在水上交通肇事案件中，如有遇害者下落不明，不能推定其已经死亡，而应根据被告人的行为造成被害人下落不明的案件事实，依照刑法定罪处罚"。据此批复，我们认为在海上发生的交通事故中，失踪人员生还的可能性极低，虽然不能直接认定为自然死亡，但是根据案情，可以根据失踪人数，结合海上搜救，事发海域的气象、风浪、洋流、水温、水深、过往船只航行等情况，以及专家关于落水船员生还可能性的评估意见等综合认定海上交通肇事结果。理由如下：

第一，对于是否必须找到被害人尸体，不同刑事案件应当采用不同的证据标准。根据《最高人民法院关于适用〈中华人民共和国刑事诉讼法〉的解释》（法释

〔2021〕1号）第一百四十条的规定，没有直接证据，但间接证据同时符合下列条件的，可以认定被告人有罪：（1）证据已经查证属实；（2）证据之间相互印证，不存在无法排除的矛盾和无法解释的疑问；（3）全案证据形成完整的证据链；（4）根据证据认定案件事实足以排除合理怀疑，结论具有唯一性；（5）运用证据进行的推理符合逻辑和经验。

不管是轻罪还是重罪，必须达到排除合理怀疑的标准，运用证据进行的推理必须符合逻辑法则和经验法则。在不同的刑事案件中，案件事实不同，证据的具体情况不同，证据规格、标准不应当完全一致。比如，对于可能判处死刑立即执行的案件，由于人的生命不可逆转，其证据收集的程序、形式要件以及证据证明的内容必须高于一般刑事案件，排除一切合理怀疑，根据证据认定案件事实的过程符合逻辑及经验法则，得出的结论必须是唯一的、排他的。而在过失犯罪中，被害人死亡的证据标准不一定必须达到判处死刑的标准，只要根据证据推定的结论符合经验、逻辑法则，排除了合理怀疑，就可以认为是达到了证据确实、充分的证明标准。

本案中，"闽晋渔05119"轮相较于"珀尔修斯"轮船体较小，吨位相差百倍，发生碰撞后即迅速翻沉入海，加之事发时正值凌晨时分，附近数十海里并无陆地或者海岛可以泅渡，船员只能自救而无外力救援的机会，逃生的概率极低。因此，14名船员落水，仅有2名船员从睡梦中惊醒，迅速打开舱门，游出水面，登上翻扣在水面的辅助小艇的底部，大约两小时后被过往渔船救起，其余12人均随船沉没，无法找寻到踪迹。另外，海事搜救部门及专家认为，根据案发时间、地点、水深、气温、水温、浪高等情况进行评估，经过大规模的海空联合搜救及常态化的搜寻，未发现失踪船员的任何踪迹，认为失踪的12名船员已经无生还可能。

第二，12名失踪船员故意藏匿的可能性极低。从碰撞事故发生至今，仍未发现12名失踪船员的踪迹。根据事发海域天气、洋流等情况分析，即使有船员获救，在目前互联网通信时代，不可能不与家人或者外界社会联系，从常识判断，不存在故意藏匿的动机。因此，虽然不能绝对地、完全地排除12名船员获救或故意藏匿的可能性，但是根据常理推断，12名船员中有获救的可能性极低，大部分或者全部生还的可能性更低，可以认为全部死亡。

第三，海上交通肇事案件与陆上交通肇事案件不同。陆上的交通肇事被害人尸体一般都会留在现场，认定被害人自然死亡不会存在障碍。但是，海上交通肇事基于风高浪急、难以固定现场等特殊自然条件，被害人尸体往往会灭失，即不能找到被害人尸体是常态，能找到被害人尸体是非常态。如果按照陆上交通肇事的标准要求一定要找到被害人尸体才能认定死亡，不符合常理，很多海上交通肇事案件将无法定罪处罚，只能作无罪处理，这显然是极其不合适的。

第四，12名船员中有6人经家属申请已被法院宣告死亡，可以作为刑事案件推定6人拟制死亡的重要参考。海上交通事故发生后，被害人下落不明，家属向厦门海事法院提出申请，虽然民事特别程序宣告自然人死亡，不能完全等同于自然死亡结果，但是法院经过严格的审判程序，审查各种证据材料，依法作出宣告死亡的判决，可以作为海上交通事故认定6人在法律上已经死亡的重要依据。据此，可以将12人失踪，其中6人被宣告死亡作为本案交通肇事罪的危害结果，虽然不能直接认定为自然死亡，但是可以等同于法律上死亡，且这样的认定符合逻辑法则和经验法则。

《交通肇事案解释》主要是关于道路交通肇事案件定罪量刑的标准认定，目前我国尚未出台专门的海上交通肇事案件司法解释，在认定是否构成犯罪，以及是否属于具有其他特别恶劣情节时应当谨慎参照适用。该解释第四条明确规定，死亡2人以上，负事故的全部或者主要责任的，即属于《刑法》第一百三十三条规定的具有其他特别恶劣情节，法定刑为有期徒刑三年以上七年以下。因此，参照该解释，可以认定本案两名被告人的交通肇事行为造成的后果属于具有其他特别恶劣情节，量刑时考虑海上交通事故及本案未发现被害人尸体等特殊情况，酌情从宽处理。本案财产损失已经在碰撞事故发生后及时全额赔偿，不能适用该解释关于无能力赔偿的数额标准。

二、关于如何认定海上肇事案件中的逃逸及因逃逸致人死亡

碰撞事故调查报告认定，"珀尔修斯"轮在事故发生后逃逸，不履行救助义务。上海第三中级人民法院则认为，两名被告人不构成交通肇事后逃逸，也不属于因逃逸致人死亡。理由如下：

第一，两名被告人主观上并未认识到碰撞导致"闽晋渔05119"轮被撞沉。交通肇事罪的逃逸，要求行为人主观上是为了逃避法律追究而逃跑，从逻辑上讲，行为人主观上应当已经知道、意识到事故的发生。根据"珀尔修斯"轮船舶航行记录、自动设备信息及船载录音等电子数据，以及两名被告人的供述，虽然二被告察觉到了两船相撞，但紧接着观察到右正横不远处就有一艘渔船发出亮光，以为是"闽晋渔05119"轮仍在正常航行。根据事后调查发现，二被告在是否发生严重碰撞事故这一事实上发生了认识错误，故二人主观上并未认识到"闽晋渔05119"轮被其二人驾驶的"珀尔修斯"轮撞沉，遂保持原先航速继续航行，直至接到发生碰撞事故通知，才意识到实际发生了碰撞且造成了船舶沉没、人员失踪的严重后果。

第二，两名被告人主观上不具有逃避法律追究的动机。根据事发后二被告积极配合接受福建海事局的调查，以及"珀尔修斯"轮水手、船长等均陈述称并未听到巨大声响，也未感受到船舶与他船撞击或者大幅度转向等情况反映，两名被告人主观上不具有逃避法律追究的动机，不符合《交通肇事案解释》第三条的规定。

第三，12名船员失踪的结果并非两名被告人逃逸造成的。事故调查报告以及海事部门组织的专家评估会议纪要反映，根据当时的气温、水温、水深，以及水面上漂浮小艇等情况，落水船员在海面上获救的可能性较小；另外，根据获救船员的陈述以及福建省海上搜救中心出具的救援情况报告反映，"闽晋渔05119"轮与"珀尔修斯"轮发生碰撞后，迅速向左翻沉，瞬间倾覆并沉入七八十米深的海底，随船沉没人员应无生还可能。因此，12名船员失踪的结果并非两名被告人逃逸造成，而是两船碰撞后瞬

间发生的结果，不能将该结果认定为"因逃逸致人死亡"。

三、关于本案管辖权及具体管辖机关

本案两名被告人均为菲律宾国籍，肇事船舶为利比里亚籍，犯罪行为发生地、结果发生地在中国台湾海峡东部、平潭以东约43海里海域（不属于我国内海、领海、毗连区，而属于我国专属经济区），船舶停靠地、船员登陆地在上海。本案的管辖涉及的两个问题是：中国司法机关对本案是否具有管辖权？如果具有管辖权，具体的管辖机关如何确定？

1. 中国司法机关对本案具有刑事管辖权

虽然，我国领海与毗连区法、专属经济区与大陆架法规定我国在有关海域享有管制权与部分主权权利，但未明确规定包括刑事管辖权。有观点提出我国刑法规定的"我国领域"在水上特指内水及领海，但是，根据《最高人民法院关于审理发生在我国管辖海域相关案件若干问题的规定（一）》（法释〔2016〕16号）[以下简称《规定（一）》]第一条的规定，我国管辖海域，是指中华人民共和国内水、领海、毗连区、专属经济区、大陆架，以及中华人民共和国管辖的其他海域。因此，我国《刑法》第六条规定的中华人民共和国领域，在海上不仅包括领海、内水，还包括领海以外的我国管辖的毗连区、专属经济区、大陆架以及其他海域。另外，根据《联合国海洋法公约》（中国已签署并批准）的规定，当船舶在专属经济区内发生碰撞，涉及刑事责任时，我国作为沿海国也具有刑事管辖权。

2. 确定具体的管辖机关

本案中，行政调查、执法权归属福建海事局，涉嫌犯罪的案件侦查权应归属福建海警局。据卷宗材料反映，本案前期事故调查由福建海事局负责，发现涉嫌犯罪后交由福建海警局（犯罪行为发生地、结果发生地）处理。福建海警局上报中国海警局后，中国海警局指定上海海警局来调查处理本案。根据《最高人民法院、最高人民检察院、中国海警局关于海上刑事案件管辖等有关问题的通知》（海警〔2020〕1号）第一条第（四）项的规定，上海海警局作为被告人登陆地、入境地海警机构，有权依照刑事诉讼法和海警法的有关规定行使侦查权，采取侦查措施和强制措施。

上海市第三中级人民法院作为上海海警局对应的专门审判机关，不仅有权管辖上海海警局移送起诉、上海市人民检察院第三分院提起公诉的案件，而且有权管辖被告人登陆地在上海、发生在我国管辖海域的其他刑事案件。

【思考题】

（1）如何确定我国刑法管辖的领域？
（2）如何理解犯罪地的含义？
（3）如何认定交通肇事逃逸致人死亡？

第三章

破坏社会主义市场经济秩序罪

第一节 生产、销售伪劣商品罪

案例一 陆某销售假药案[①]

【基本案情】

一、案件经过

2002年,陆某被确诊患有慢粒性白血病,这意味着他需要长期依赖抗癌药品进行治疗。中国市场上针对这种病症的正规药品"格列卫"系列主要源自瑞士进口,每盒价格高达人民币23500元,陆某在一段时间内确实服用了这种药品。为了增进与同病患者的交流,并共享寻医问药的信息,陆某在2004年4月创建了一个白血病患者病友网络QQ群。同年9月,为了减轻经济负担,陆某开始通过他人渠道从日本购买由印度生产的同类抗癌药品,每盒价格约为人民币4000元。他发现这种药品的服用效果与瑞士进口的"格列卫"并无显著差异。随后,为了进一步确保药品的稳定供应,陆某利用药品说明书中提供的联系方式,直接联系上了印度抗癌药物的经销商——印度赛诺公司,并开始直接从该公司购买抗癌药物。

陆某在个人服用后,对印度生产的同类药物产生了高度的认可,认为其疗效显著且价格亲民。因此,他在网络QQ群等平台上分享这一信息,并向病友们推荐这些药品。在陆某的带动下,不少病友也决定从印度赛诺公司购买这种药物。陆某及病友首先是通过西联汇款等国际汇款方式向印度赛诺公司支付购药款。由于前述支付购药款方式烦琐,求药的患者提出了在中国开设账号便于付款的要求。2013年3月,印度赛

[①] 案例来源:沅检公刑不诉〔2015〕1号。

诺公司与陆某（这位最初购买其药品的中国顾客）达成了一项协议。协议中明确，陆某将在中国设立专门的银行账户，用于接收国内患者购买药品的款项，并定期将这些款项转账至印度赛诺公司指定的国内银行账户。此外，赛诺公司还承诺，为那些提供银行账号协助购药的患者提供免费的药品。在此过程中，陆某免费为白血病等癌症患者翻译与印度赛诺公司的电子邮件交流内容及其他相关资料。由于患者群体的扩大，药品价格逐渐降低，最终每盒药品的价格降至人民币200余元。据统计，共有21名白血病等癌症患者通过陆某管理的三个银行账户，从印度赛诺公司购买了价值约120000元的十余种抗癌药品。

二、诉讼经过

陆某因涉嫌妨害信用卡管理罪和销售假药罪，于2013年11月23日被湖南省沅江市公安局刑事拘留。2014年7月22日，湖南省沅江市人民检察院对陆某以妨害信用卡管理罪、销售假药罪向湖南省沅江市人民法院提起公诉。2015年1月27日，湖南省沅江市人民检察院向沅江市人民法院撤回起诉；同月29日，由沅江市人民法院决定对其取保候审；2015年2月26日，湖南省沅江市人民检察院作出不起诉决定。

【主要法律问题】

（1）本案涉及的未经批准的进口抗癌药品是否属于假药？
（2）陆某的行为是否构成销售假药的行为？
（3）陆某的行为是否构成销售假药罪？

【主要法律依据】

1. 《中华人民共和国刑法》（2011）

第一百四十一条 生产、销售假药的，处三年以下有期徒刑或者拘役，并处罚金；对人体健康造成严重危害或者有其他严重情节的，处三年以上十年以下有期徒刑，并处罚金；致人死亡或者有其他特别严重情节的，处十年以上有期徒刑、无期徒刑或者死刑，并处罚金或者没收财产。

本条所称假药，是指依照《中华人民共和国药品管理法》的规定属于假药和按假药处理的药品、非药品。

2. 《中华人民共和国药品管理法》（2001）

第四十八条 禁止生产（包括配制，下同）、销售假药。
有下列情形之一的，为假药：
（一）药品所含成份与国家药品标准规定的成份不符的；
（二）以非药品冒充药品或者以他种药品冒充此种药品的。
有下列情形之一的药品，按假药论处：

（一）国务院药品监督管理部门规定禁止使用的；

（二）依照本法必须批准而未经批准生产、进口，或者依照本法必须检验而未经检验即销售的；

（三）变质的；

（四）被污染的；

（五）使用依照本法必须取得批准文号而未取得批准文号的原料药生产的；

（六）所标明的适应症或者功能主治超出规定范围的。

【理论分析】

一、生产、销售、提供假药罪概述[①]

根据我国《刑法》第一百四十一条的规定，生产、销售、提供假药罪，是指违反国家药品管理法规，生产、销售、提供假药的行为。

生产、销售、提供假药罪的客体是复杂客体，即国家对药品的管理制度和不特定多数人的身体健康、生命安全。药品的质量状况，对于广大民众，特别是深受疾病困扰的患者而言，具有极其重要的意义。它不仅与患者的身体健康息息相关，甚至可能影响他们的生命安全。因此，对药品质量的严格把控和监管显得尤为关键。为了保障人民的用药安全，维护人民的身体健康，国家建立起一套严格的药品管理制度，实现了对药品的生产、经营的管理和监督。

生产、销售、提供假药罪的犯罪对象限于假药。对于假药，我国现行《药品管理法》（2019）第九十八条第二款作了明确的规定，而2019年修订前的《药品管理法》第四十八条对假药范围的界定比较宽泛，既有根据药品质量界定的假药，又有未经审批生产的药品按假药论处的情形。

生产、销售、提供假药罪的客观方面表现为违反国家药品管理法规，生产、销售、提供假药的行为内容包括如下两个方面：第一，违反国家药品管理法规，这主要是指违反我国《药品管理法》及《药品管理法实施条例》等法律、法规。按照相关法律、法规，企业欲从事药品的生产与经营，必须首先满足一系列必要条件，并通过相关卫生行政部门的严格审核与批准流程，成功获得生产许可证，才有资格进行药品生产与经营。这样的要求旨在确保药品市场的规范运作，保障公众用药安全。第二，实施生产、销售、提供假药行为。在生产过程中，若违反药品生产质量管理规范，擅自进行非法加工与制造，此类行为被定义为生产假药。同样地，对于未经合法途径获取或制造的药品进行非法销售（包括批发与零售），则构成了销售假药的行为。而在提供药品的过程中，若药品使用单位的人员明知药品为假药，却仍然将其提供给他人使用，不论此行为是否涉及经济交易，均被视作提供假药的行为。在探讨生产、销售、提供假

[①] 高铭暄，马克昌. 刑法学 [M]. 10版. 北京：北京大学出版社，2022：376-378.

药罪的构成要件时，原先设定的"足以严重危害人体健康"这一标准在司法实践中遭遇了挑战。具体而言，由于在实际操作中，证明假药与严重人体健康损害之间的直接因果关系非常复杂和困难，这导致了生产、销售、提供假药罪在不少情况下难以适用。这种情况显然不利于维护人民群众的身体健康权益，因此，有必要对生产、销售、提供假药罪的构成要件进行重新审视和调整，以确保法律的公正性和有效性。《刑法修正案（八）》将"足以严重危害人体健康"删去。在现行法律框架下，该罪行不再被界定为具体的危险犯，而应归类为行为犯或抽象危险犯。判定此罪，不再需要满足"足以严重危害人体健康"的具体条件，仅需行为人实施生产、销售或提供假药的行动，即构成犯罪。

生产、销售、提供假药罪的主体根据不同的行为方式而存在差别。其中生产、销售假药行为的主体是一般主体，而提供假药行为的主体是特殊主体，仅限于药品使用单位的人员，自然人和单位都可以成为生产、销售、提供假药罪的主体。

生产、销售、提供假药罪的主观方面只能是故意，即行为人明知自己生产、销售、提供的是假药而仍然生产、销售、提供。行为人实施生产、销售、提供假药罪的目的多是非法营利，但刑法并未规定营利的目的为构成生产、销售、提供假药罪的要件。生产、销售、提供假药，如果系出于过失，则不构成生产、销售、提供假药罪。

二、本案的观点争议

在本案审理过程中，关于陆某是否构成生产、销售、提供假药罪，存在三种意见。第一种意见认为，陆某的行为是销售假药的行为，故构成生产、销售、提供假药罪。根据相关司法解释的规定，陆某的行为可视为药品生产商的帮助行为，系生产、销售、提供假药罪的共犯，故也可以构成生产、销售、提供假药罪。第二种意见认为，陆某的行为不是销售行为，故不构成生产、销售、提供假药罪。第三种意见认为，陆某虽然构成生产、销售、提供假药罪，但陆某的行为可以通过其他事由出罪，如紧急避险、不具备期待可能性等。

【实操分析】

一、假药的认定

关于"假药"的认定，我国《刑法》（2011）第一百四十一条第二款仅仅作了准用性的认定，将假药的认定交给了《药品管理法》。依行为当时的《药品管理法》，其第四十八条的规定刑法中的"假药"有两种类型，一是纯正的假药，二是拟制的假药。前者是实质意义上的假药，涵盖了那些缺乏疗效、成分不符合国家规定、变质或被污染，以及超出治疗范畴的药品；后者是形式意义上的假药，虽然具有某种实际功效，但违反了国家药品行政审批规定，且缺乏生产或销售资质的药物。在本案中，无论陆某的行为是否构成销售，均不影响对假药本身的认定。因为"假药"的认定与具体的行为无直接关联，而是依据国家药品管理法的相关规定来判定。当前，我国药品监管部门仅正式批准了瑞士诺华公司生产的"格列卫"进口，而涉及案件中的仿制版本并未获得进口许可。此外，患者并未遵循规定的进口流程，而是选择了直接从印度赛诺公司购买。鉴于此，多位学者提出观点，认为这些未经官方批准的仿制药应当被归类为假药。但是这样结论是违背社会公众的一般认知的，有疗效的药怎么就成了假药了？对此，学者们普遍认为，若偏离《药品管理法》所设定的假药认定标准，仅仅依赖于药品的疗效等实质标准进行判断，将会导致假药与劣药的界定陷入一个无休止且充满主观性的混乱状态。这种缺乏统一标准的方法，不仅不利于药品市场的规范，更可能损害被告人的权益。因为，药品本身具有作用与副作用的协同性，人的身体健康是否受到侵害难以把握，并且药品功效与危害具有个体性、偶然性等特点。此外，"生产、销售假药罪"本身作为抽象危险犯，不要求实际伤亡结果。在此情况下，将药品实质功效作为假药认定的决定性要素，不仅破坏了法的统一秩序，对司法机关和鉴定机构而言都是过重的负担，最终反而会使"假药"的刑法判断陷入混乱局面。

本案中从印度进口的药品，有可能触犯《药品管理法》（2001）第四十八条第三款第（二）项的规定[①]，从法条的文义来看，拟制假药中的这一类情形要被认定为假药，除满足"依照本法必须批准而未经批准生产、进口，或者依照本法必须检验而未经检验"的要件之外，还需要进一步符合"即销售的"要件。[②] 正是考虑到以上原因，立法上唯有对此种情形的假药，额外添加了"即销售的"要件，而并未对其他种类的假药增加"即销售的"条件。

《药品管理法》的修订尤为引人瞩目，特别是其在界定假药范围上所做的调整，这一变化对"按假药论处"的生产、销售假药罪的适用产生了直接影响。《药品管理法》（2019）第98条对假药的定义进行了更为具体和明确的界定，明确将变质的药品以及超出规定适应症或功能主治范围的药品直接归类为假药。同时，此次修订还取消了原先"按假药论处"的宽泛定义，使假药的认定更加符合其本质和初衷。[③] 这一系列的改动不仅增强了法律的严谨性，也体现了对药品安全管理的重视。

二、陆某行为的认定

陆某的行为不是销售行为。"销售"本质上是指有偿转让的行为，只处罚销售的一方，而不处罚购买的一方。在客观方面，销售行为具有营业性特征，也即行为人所实施的经济行为是可持续的，以该项经营内容为常业。在主观方面，销售行为具有逐利性特征，也即行为人的行为目的具有一定的逐利性。结合本案的相关事实，陆某为病友提供的帮助行为是无偿的；他是在个人尝试并认为印度赛诺公司的药品有效后，才

---

① 《药品管理法》（2001）第四十八条第三款第（二）项规定，依照本法必须批准而未经批准生产、进口，或者依照本法必须检验而未经检验即销售的，按假药论处。

② 劳东燕. 价值判断与刑法解释：对陆勇案的刑法困境与出路的思考 [J]. 清华法律评论, 2016, 9 (01)：147.

③ 陈兴良. 妨害药品管理罪：从依附到独立 [J]. 当代法学, 2022, 36 (01)：60.

向其他病友进行推荐和介绍的。在审视陆某的行为时，我们注意到他所协助的对象均为白血病患者，无一涉及药品的营利性销售或中介活动。基于这一事实，可以清晰界定陆某的行为属性为买方行为，且此行为构成白血病患者群体购买药品的集合行动之一。陆某提供的帮助行为虽然持续多年，但他没有从中获取经济利益；他主观上也没有逐利的想法，而是出于同情病友、延续病友生命的动机。因此，陆某的行为应当属于无偿代购的买方行为而非销售行为。

在处理相关案件时，必须明确区分行为的性质。除了不能将购买行为纳入"销售"的界定，也不应将购买方的行为视为对销售者的辅助或支持，从而错误地运用共同犯罪的理论来定罪。具体到陆某案件，陆某提供账号的行为并不构成与印度赛诺公司共同销售假药的犯罪行为，即不构成共犯。根据司法解释的相关规定，明知对方销售假药而为其提供账号的，两者构成共同犯罪。但本案中，陆某先后提供三个账号行为的本质是买方行为，不是共同销售行为。一方面，从账号产生的背景和来源来看，都是应病友方便购药的需求，由病友自身提供；另一方面，从账号的功能和实际用途来看，系承担方便病友支付购药款的功能，即用于收集病友的购药款项，以便及时足额将购药款打到印度赛诺公司指定的账号，促成交易。陆某作为购买方并基于对其他病患的关怀，协助他们向印度制药公司购买药品。他的这一行为并非销售行为，也不应被视作销售行为的帮助行为，而应被理解为对购买行为的辅助行为。

如果构成共同犯罪，应当存在陆某与印度赛诺公司共同实施销售假药的行为。在本案中，陆某的角色明确为买方代表，而非卖方。印度赛诺公司与陆某的沟通，本质上属于买卖双方之间的协商。陆某作为买方的全权代表，始终致力于为买方提供必要的服务与支持。当买卖双方达成协议，实现交易时，买方在客观层面上确实为卖方带来了收益，这是交易过程中的自然结果，但并不能因此将买方等同于共同卖方。显然，购买行为在某种程度上有助于销售方的商品流通，然而若将买方的行为视作对卖方的协助，则无疑混淆了买卖双方的界限。同样地，将陆某的行为视为印度赛诺公司的共同销售行为，也是对买卖关系的一种误解，这不仅偏离了本案的逻辑基础，更与事实真相相悖。因此，在分析本案时，我们必须清晰地界定买卖双方的职责和角色，避免产生混淆。

三、出罪事由

1. 但书出罪

在探讨陆某的行为性质时，可以援引《刑法》第十三条中的但书原则作为出罪的依据。我国刑法在界定犯罪时，不仅注重行为的定性分析，还充分考量行为的具体情节。根据《刑法》第十三条的但书条款，当某一行为虽然符合犯罪构成的定性标准，但若其情节显著轻微，且危害程度不大，则不应将该行为认定为犯罪。这一原则为我们提供了一种有效的出罪机制，即在特定情况下，即便行为在性质上符合犯罪的构成要件，但如果其情节轻微且危害较小，则不应将其纳入刑法的处罚范围。《最高人民法院、最高人民检察院关于办理危害药品安全刑事案件适用法律若干问题的解释》(法释〔2014〕14号)第十一条第二款规定,销售少量的未经批准的药品,情节显著轻微危害不大的,不认为是犯罪。这一规定正体现了《刑法》第十三条但书的精神。陆某是在自己服用国外合法上市的抗癌药物之后,觉得有效才向病友推荐的,其为病友提供的帮助也是无偿的,他还亲自前往印度工厂考察,在保证药品的安全性与有效性上尽了个人能尽之力。同时,国内的合法药物极为昂贵,许多白血病病友难以通过合法手段安全用药,国家对"用药安全"的保障于他们而言意义甚微。在这样的特殊案件中,行为人代购假药行为的法益侵害性或社会危害性是显著轻微的,符合但书出罪的法理。从本质上来说,陆某的行为虽然侵害了我国的药品管理制度,扰乱了国家药品的管理秩序,但其行为并没有对社会造成严重的侵害,反而为许多白血病患者提供了一线生机。因此,陆某的行为应当属于情节显著轻微危害不大,不认为是犯罪。

2. 紧急避险出罪

陆某的行为可以以紧急避险而出罪。在陆某案当中,我们需要认定陆某的行为能否成立侵犯性紧急避险。侵犯性紧急避险的实质在于保护优势利益,如果侵害更低价值的利益成了保护更高价值的利益的唯一手段,则在合乎最低限度原则下,承认对更低价值的侵害不具有违法性。因此,紧急避险出罪需要具备以下两个因素,一是避险行为的结果具备价值,二是避险方法的唯一性,不得已而为之。[①]

紧急避险的根本是避险行为的结果具备价值,即所保护的法益的价值大于所损害的法益的价值。陆某主观上出于同情病友、延续其生命的动机,实施了帮助行为。在行为发生时,陆某面临了艰难的两难抉择:一方面是坚守法律原则,不参与买卖双方之间的交易;另一方面则是出于生存需要,协助购买廉价的救命药品,以维系自己和病友的生命。如果坚持守法,则意味着可能无法获得必需的药品,从而陷入生命危险。然而,自己和病友的生命权益是具体法益,国家的法规范秩序是抽象法益,和这些法益相比,生命权显然属于更为优越的法益。因而陆某选择保护病友的生命权而损害了药品买卖的监管秩序的行为结果是有价值的,故应考虑通过适用紧急避险而将其行为去罪化。

紧急避险的合法前提在于避险手段的必然性,其面临的是两种正当法益之间的冲突,这种冲突通常被称为"正面对正面"的衡量。紧急避险受到严格的条件限制,其关键在于,在没有其他选择可以消除即时的危险,即"别无选择"的情况下,才能适用。这种限制旨在确保在保护一项法益时,不会过分损害另一同等重要的法益。对于白血病等癌症患者来说,他们正面临生命垂危的紧迫威胁。同时,鉴于我国医保体系尚不完善,且进口药物价格昂贵、加价现象普遍,许多患者因此倾向于选择私自购买境外高仿药作为治疗的首选。当公力救济因种种原因难以到位时,则应当为行为人的

---

① 叶良芳. 代购境外仿制药行为的定性分析:兼评"抗癌药代购第一案"的不起诉决定[J]. 法学, 2015 (07): 146.

自救行为留出一定的空间。

3. 不具有期待可能性出罪

陆某的行为可以以不具有期待可能性而出罪。不具有期待可能性是指，根据行为时的具体情况，刑法不能期待行为人实施合法行为，在此时就不应该认为行为人在主观上具有罪责，因而也就不应该承担刑事责任。受当前医疗体制的影响，我国制药公司通常将主要精力集中于销售环节，再加上严苛的药品审批制度，导致我国医药企业在研发和生产疗效相当的仿制药方面显得力不从心。即便开发出对应的仿制药品，其疗效和安全性也值得检验，甚至药价还至少贵出十几倍。[①] 就陆某案而言，既有的专利制度与医疗报销制度，使白血病患者陷入倾家荡产或失去生命的困境。在此种情况下，难以认为陆某等人存在选择合法行为的自由。"法律不强人所难"是社会民众间形成的普遍共识，陆某及其病友所患的慢性粒细胞白血病，需要他们持续依赖昂贵的抗癌药物来维持生命。然而，经过国家审批的正版进口药物价格高昂，令许多患者因长期购买而耗尽积蓄，最终因经济负担过重无法持续购药，生命岌岌可危。陆某作为白血病患者，其强烈的求生欲望乃是人类本能的体现。由于长期治疗，这些患者往往陷入经济困境，无力购买昂贵的正版药品。在这种情境下，陆某代购的印度仿制药成为他们赖以生存的可行途径。相较于正版抗癌药的高昂价格，印度仿制药价格低廉，极大地减轻了患者的经济负担，减少了因经济原因无法接受治疗而导致的生命损失。更重要的是，陆某的行为发生在其与病友共同面对治疗的过程中，当这些白血病患者无法承担正版药品费用时，通过陆某代购的印度仿制药成为他们维持生命的唯一希望。

4. 抽象危险犯反证出罪

陆某的行为可以通过抽象危险犯反证而出罪。《刑法修正案（八）》取消了"足以严重危害人体健康"的构成要件后，刑法理论上普遍将销售假药罪视为由具体危险犯转变为抽象危险犯。这一转变扩大了刑法的惩处范畴，强化了民生领域的法律保障。对于生产、销售假药罪，作为抽象危险犯的一种，无须深入探究其是否已直接侵害或威胁到具体法益。只要有生产、销售假药的行为存在，便可视作对经济秩序的潜在破坏。然而，这一罪行的核心在于其保护的集体法益，这本质上是对个体法益的一种预先保护机制。同时，抽象危险犯的概念又进一步为集体法益提供了前置保障。鉴于集体法益本身的抽象特性，抽象危险犯在保护这一类法益时，其界限往往变得模糊且不确定。因此，生产、销售假药罪在定罪过程中，由于这种双重前置的特性，容易导致刑法处罚范围的过度宽泛。在考究对集体法益的侵害时，尽管相关行为可能在一定程度上扰乱了经济秩序，但这并不直接等同于集体法益已经受到实质性损害。实际上，这种行为更多的是表示了一种潜在的威胁或危险，而非已经发生的侵害。至于是否确实对集体法益构成了实质性危险，需要进一步细致评估。在刑法领域，犯罪的核心本

---

① 劳东燕. 价值判断与刑法解释：对陆勇案的刑法困境与出路的思考 [J]. 清华法律评论, 2016, 9（01）：151.

质在于对法益的侵害，而法益则具有区分罪与非罪的关键功能。在本案中，涉及的未经许可进口的药品，虽未经有关部门批准，但本身没有毒副作用，甚至为患者带来了经济与健康上的双重益处，并未直接侵害个人的具体法益。若直接对此类行为施以刑罚，无疑会压缩行政法的调整空间，造成不必要的法律混乱。若某行为仅轻微违反行政法秩序或命令，且未触及刑法规定的实质法益侵害，刑罚的适用应谨慎权衡。在此情境下，完善抽象危险犯的出罪机制显得尤为关键。鉴于抽象危险犯有将法益保护过度前置的倾向，我们可将这种危险视为可质疑的推定。这样做既能合理界定处罚范围，又有助于保障被告人的权益。此举与《刑法》第十三条但书条款的精神相契合，从而逻辑上支持了对抽象危险犯进行反证的合理性。为体现抽象危险犯可以进行反证的特点，原则上被告方需要对抽象危险的不存在承担证明责任。如果辩护方能够证明其行为并没有存在抽象的危险，相关证据足以有效反驳抽象危险的存在，则应当合理推断出相关行为不具备违法性。特别是在抽象危险被视为可质疑的推定的情境下，如陆某的行为便可通过反证抽象危险的不存在来排除其违法性。在陆某案件中，大量患者在服用他协助购买的印度仿制药后，不仅未遭受身体损害，反而取得了显著的治疗效果，延长了生命，这一事实足以反驳其行为存在抽象危险的推定。鉴于陆某行为缺乏严重危害人体健康的实质性风险，我们应当认定其行为不构成犯罪。

总之，判定陆某是否成立生产、销售假药罪的关键要点是：第一，分析陆某的行为是否构成销售行为；第二，即便构成销售行为，陆某能否通过其他路径出罪。

第一，有关陆某的行为是否属于销售行为，归纳起来，公诉机关主要给出了以下两点理由：首先，陆某的行为不是销售行为。在分析陆某的行为时，我们首先要明确的是，他与白血病患者共同作为买方，从印度赛诺公司购买抗癌药品。陆某为病友提供的购药协助完全是出于善意，并未涉及任何营利行为，既没有加价，也未收取任何形式的代理费或中介费。此外，他所帮助的买药者均为白血病患者，无一例外地都是以治疗而非商业为目的。至于陆某提供账号的行为，从法律角度来看，这并不构成与印度赛诺公司共同销售假药的犯罪行为。其次，陆某提供账号的行为不构成与印度赛诺公司销售假药的共犯。从账号产生的背景和来源来看，都是应病友方便购药的需求，由病友自身提供；从账号的功能和实际用途来看，系承担方便病友支付购药款的功能，即用于收集病友的购药款项，以便及时足额转款到印度赛诺公司指定的账号，促成交易。陆某所设立的三个账号，其核心目的是为白血病患者群体提供无偿的购药服务，这些账号构成了他们整体购药行为的重要组成部分。在探讨陆某的行为时，我们必须指出，其行为并未对任何人的生命权、健康权构成侵害。就本案而言，所谓的"假药"实际上是指那些未经批准进口而按照法律规定被认定为假药的产品。然而，值得注意的是，这些白血病患者在陆某的帮助下购买并服用了这些药品后，身体并未受到任何不良影响，部分患者甚至得到了积极的治疗效果，更有患者感激陆某为他们延续了生命。因此，在评估陆某的行为时，我们必须全面考虑这些事实，并据此作出客观公正的评判。

第二，即便陆某的行为构成销售行为，陆某可以通过《刑法》第十三条但书、紧急避险、不具有期待可能性等路径出罪。其一，陆某的帮助行为，情节显著轻微不认为是犯罪。陆某的行为侵害了我国的药品管理制度，扰乱了国家药品的管理秩序，但其行为并没有对社会造成严重的侵害，反而为许多白血病患者提供了一线生机。其二，陆某的帮助行为是在不得已的情况下实施的，保护了价值位阶更高的生命法益。如果病人患有白血病等癌症，就处于一种死期可估的现实危险之中，在我国的医保体制不健全，进口药层层加价的现象非常严重的情形下，私自购买境外高仿药成为众多白血病等癌症患者挽救生命最切实的途径。在深入分析陆某的行为时，我们发现他所非法进口的药品与正规药品在疗效上几乎无异，实际上他的这一行为有效抑制了患者的病情，从客观上看，这是对广大病友生命权的保护。其三，陆某的行为并不具备期待可能性。正如法律所强调的，"法律不强人所难"，考虑到目前合法且适用于治疗白血病的药品价格昂贵，一般患者往往无法承担这一经济压力。在这种情境下，陆某在自身及病友无力承担合法进口药品费用的困境中，不得已实施本案中的行为，这是基于现实的无奈选择。

【思考题】

（1）陆某的行为是否构成走私犯罪？
（2）本案还存在哪些可能的去罪化的途径？

第二节　走私罪

案例二　WIM 等走私普通货物、物品案[1]

【基本案情】

一、案件经过

2006年6月至2008年9月，西班牙斯威德福亚洲贸易有限公司的上海代表处（现已注销，以下简称斯威德福上海代表处）与南京华夏葡萄酿酒有限公司（以下简称华夏公司）、杭州一达食品有限公司、广州市骏行酒业有限公司及玉环美文酒业有限公司等多家公司达成合作，计划从西班牙洛扎诺葡萄酒厂进口葡萄酒。然而，在报关过程中，这些公司采取了虚报价格的方式，以减少进口税并降低公司运营成本。在此期间，

---

[1] 案例来源：（2010）宁刑二初字第19号。

斯威德福上海代表处与上述四家公司共谋,进行了22次低价申报进口葡萄酒的行为,导致偷税漏税金额高达人民币773611.64元。

在涉及的人员中,被告人WIM(比利时公民),作为斯威德福上海代表处的首席代表,亲自参与了其中的15次低价申报进口活动,涉及的偷逃税款总额达到了人民币582266.83元。而销售员李某某则参与了18次低价申报进口,偷逃税款总额为人民币683781.64元。此外,华夏公司也单独进行了14次低价申报进口,偷逃税款总额达人民币405339.04元。

2009年7月3日,警方在深圳成功抓获了被告人李某某和龚某某,而被告人WIM则在上海接到电话传唤后归案。这一连串的走私行为及其后续的法律处理,不仅揭示了企业间为降低成本而采取的非法手段,也体现了司法机关对于此类行为的严厉打击态度。

二、诉讼经过

江苏省南京市人民检察院经过深入调查,认为华夏公司与斯威德福上海代表处涉嫌共同走私普通货物,因此应依法以走私普通货物罪追究其刑事责任。其中,被告人WIM和龚某某作为直接负责的主管人员,而被告人李某某作为直接责任人员,均应承担相应的法律责任。

在案件审理过程中,被告人WIM、李某某、龚某某以及被告单位华夏公司均对指控的罪名和事实表示无异议,并请求法庭给予从轻处理。法院在充分审理后,认定被告单位华夏公司与斯威德福上海代表处共同构成走私普通货物罪。同时,被告人WIM、李某某分别作为斯威德福上海代表处的主管人员和直接责任人员,被告人龚某某作为华夏公司的主管人员,也须承担其相应的法律责任。

值得注意的是,被告人WIM在接到电话传唤后主动投案,并如实陈述了自己的犯罪事实,这一行为被法院认定为自首,依法对其予以从轻处理。而被告人李某某和龚某某则因认罪态度良好,且李某某主动代斯威德福公司上海代表处退赔部分违法所得,华夏公司也退缴了全部违法所得,故法院酌情对二人予以从轻处理。

基于上述审理结果,法院依据刑法相关规定,判决被告人WIM、李某某、龚某某及被告单位华夏公司犯走私普通货物罪,并对WIM判处有期徒刑1年3个月,缓刑1年3个月;对李某某、龚某某均判处有期徒刑1年6个月,缓刑1年3个月;对华夏公司处以罚金人民币80万元;同时,将偷逃的税款人民币773611.64元予以没收,上缴国库。宣判后,各方均未提出上诉或抗诉,判决已正式生效。

【主要法律问题】

(1)司法机关以口头方式通知WIM到指定地点,后WIM前往并主动交代犯罪事实的行为是否成立自首?

(2)华夏公司是否构成单位自首?

(3)对被告人WIM能否适用缓刑?

【主要法律依据】

《中华人民共和国刑法》(2006)

第六十七条 犯罪以后自动投案，如实供述自己的罪行的，是自首。对于自首的犯罪分子，可以从轻或者减轻处罚。其中，犯罪较轻的，可以免除处罚。

被采取强制措施的犯罪嫌疑人、被告人和正在服刑的罪犯，如实供述司法机关还未掌握的本人其他罪行的，以自首论。

第七十二条第一款 对于被判处拘役、三年以下有期徒刑的犯罪分子，根据犯罪分子的犯罪情节和悔罪表现，适用缓刑确实不致再危害社会的，可以宣告缓刑。

【理论分析】

一、走私普通货物、物品罪

走私普通货物、物品罪，是指违反海关法规，逃避海关监管，运输、携带、邮寄普通货物、物品进出国（边）境，偷逃应缴税额较大或者一年内曾因走私被给予两次行政处罚后又走私的行为。

走私普通货物、物品罪的客体主要是国家对外贸易管制中关于普通货物、物品进出口的监管制度和征收关税制度。这一制度的存在，旨在维护国家经济秩序，保障国家税收稳定，防止不法分子通过走私行为破坏市场公平，损害国家利益。我国《海关法》明确规定，进出口货物应当接受海关的严格监管，而进出境物品则应以自用、合理数量为限，并同样接受海关的监管。走私普通货物、物品罪直接侵犯了国家对普通货物、物品的监管和征收关税制度。犯罪对象是普通货物、物品，即除武器、弹药、核材料、伪造的货币、文物、黄金、白银和其他贵重金属、珍贵动物及其制品、珍稀植物及其制品等国家禁止进出口的其他货物、物品、淫秽物品、废物、毒品以及国家禁止进出口的其他货物、物品以外的货物、物品。[1]

因此，走私普通货物、物品罪是一项严重的经济犯罪行为，它不仅破坏了国家对外贸易管制制度，也损害了国家的经济利益。对于这类犯罪行为，国家将依法予以严厉打击，以维护国家的经济秩序和税收稳定。

走私普通货物、物品罪的客观方面表现为违反海关法规，逃避海关监管，运输、携带、邮寄普通货物物品进出国（边）境，偷逃应缴税额较大或者一年内曾因走私被给予两次行政处罚后又走私的行为。[2] 首先，违反海关法规是这一犯罪行为的核心。这里所指的"违反海关法规"，是指行为人违反了我国《海关法》《进出口关税条例》及其他与海关监管、税收征收相关的法律、法规。这些法律、法规是维护国家经济秩序、

---

[1] 高铭暄, 马克昌. 刑法学 [M]. 10 版. 北京：北京大学出版社，2022：386.
[2] 高铭暄, 马克昌. 刑法学 [M]. 10 版. 北京：北京大学出版社，2022：387.

保障税收稳定的重要基础，任何违反这些规定的行为都将受到法律的制裁。其次，逃避海关监管是走私普通货物、物品罪的重要特征。海关监管是确保国家对外贸易安全、有序进行的重要手段，任何试图逃避海关监管的行为都是对国家法律的严重挑战。逃避海关监管通常表现为行为人采用藏匿、隐瞒、伪报等方式，试图在海关检查中蒙混过关。这些行为不仅欺骗了海关的监管，更破坏了国家的税收制度，对国家经济造成了严重损害。此外，还有一些行为人选择从不设关的国（边）境上进出绕关，躲避海关的监督、管理和检查。这种行为同样构成了对海关监管制度的严重破坏，不仅威胁了国家的经济安全，也损害了国家的法律尊严。总之，走私普通货物、物品罪的客观方面表现为行为人违反海关法规，逃避海关监管，通过运输、携带、邮寄等方式非法进出国（边）境，偷逃应缴税额较大的行为。这种行为严重破坏了国家的经济秩序和税收制度，必须依法予以严厉打击。

走私普通货物、物品罪的主体是一般主体，自然人和单位都可以成为走私普通货物、物品罪的主体。

走私普通货物、物品罪的主观方面是故意，过失不构成走私普通货物、物品罪。

二、个人自首与单位自首的认定

（一）个人自首

根据《刑法》第六十七条的规定，自首分为一般自首和特别自首两种。因特别自首不适用于本案当事人，下文不再赘述。成立一般自首必须具备以下条件。

1. 自动投案

自动投案作为刑事司法程序中的一个重要环节，体现了犯罪分子在犯罪之后，主动向法律低头、愿意接受法律制裁的积极态度，这一行为不仅有助于案件的及时侦破，也为犯罪分子争取从轻或减轻处罚的机会。具体而言，是指犯罪分子在犯罪之后，在未受到讯问、未被施以强制措施之前，出于本人的意志而向有关机关或个人承认自己实施了犯罪，并自愿置于有关机关或个人的控制之下，等待进一步交代犯罪事实的行为。对此，可从以下几个方面加以把握：

第一，自动投案的时间节点是关键，投案行为必须发生在犯罪分子尚未归案之前。自动投案可以包括：犯罪事实或者犯罪分子未被司法机关发觉，或者虽被发觉，但犯罪分子尚未受到讯问、未被采取强制措施时，主动、直接向公安机关、人民检察院或者人民法院投案。这个时间节点确保了犯罪分子是在完全自由的状态下，基于内心的悔悟和自责，主动选择向有关机关或个人承认自己实施了犯罪。

第二，自动投案的核心在于犯罪分子的主动性和自愿性，因此自动投案一般应是基于犯罪分子本人的意志，这种主动性和自愿性是区分自动投案与其他被动归案行为的重要标志。自动投案一般应是犯罪分子直接向公安机关、检察机关、人民法院投案，对于向所在的单位、城乡基层组织或者其有关的负责人投案的，也应视为自动投案，明知其不会向司法机关报告、揭发的除外；如果犯罪后因某些条件的限制，如因病、因伤，或者为了减轻犯罪后果，而委托他人先代为投案，或者先以电报、信函投案的，也应视为自动投案，但是，必须在当初不能亲自投案的情况消除后置于司法机关的控制之下，如果投案后又逃跑的，不能认定为自首。

第三，最终必须自愿置于司法控制之下，等待进一步交代犯罪事实，此为自动投案成立的必要条件，也是如实供述自己的罪行、成立自首的前提。这意味着犯罪分子不仅要承认自己的罪行，还要积极配合有关机关或个人的工作，如提供犯罪线索、协助抓捕同案犯等。这种配合行为不仅有助于案件的侦破，也体现了犯罪分子对自己罪行的深刻认识和悔过态度。

2. 如实供述自己的罪行

犯罪分子自动投案之后，只有如实供述自己的罪行，才足以证明其有自首的诚意，也才能为司法机关追诉其所犯罪行并予以从宽处理提供客观根据。

值得注意的是，所供述的罪行是否已经被司法机关掌握，或者该罪行是犯罪分子单独实施的还是与他人共同实施的，这些因素并不影响对如实供述自己罪行条件的认定。换言之，无论司法机关是否已经知晓相关罪行，无论该罪行是由谁实施，只要犯罪分子在投案时能够如实、全面地供述自己的罪行，就可以认定为自首。

这种规定旨在鼓励犯罪分子在犯罪后能够主动投案，并如实供述自己的罪行，从而有助于案件的及时侦破和司法公正的实现。同时，也体现了法律对犯罪分子悔过自新、重新做人的积极态度给予肯定和支持。

因此，在自首的法律程序中，如实供述自己的罪行是自首成立的核心条件。只有真正认识到自己的错误，并愿意为此承担法律责任，才能体现出犯罪分子自首的诚意和悔过态度。

（二）单位自首

关于单位自首的规定，2009年《最高人民法院、最高人民检察院关于办理职务犯罪案件认定自首、立功等量刑情节若干问题的意见》第一条第五款规定："单位犯罪案件中，单位集体决定或者单位负责人决定而自动投案，如实交代单位犯罪事实的，或者单位直接负责的主管人员自动投案，如实交代单位犯罪事实的，应当认定为单位自首。单位自首的，直接负责的主管人员和直接责任人员未自动投案，但如实交代自己知道的犯罪事实的，可以视为自首；拒不交代自己知道的犯罪事实或者逃避法律追究的，不应当认定为自首。单位没有自首，直接责任人员自动投案并如实交代自己知道的犯罪事实的，对该直接责任人员应当认定为自首。"

三、缓刑的适用

缓刑作为一种特殊的刑罚执行方式，体现了法律对于犯罪分子悔过自新、重新做人的鼓励与支持。缓刑，即刑罚的暂缓执行，具体指的是在满足一定条件下，对犯罪分子原判决的刑罚暂时不予执行的一种制度。这种制度在刑法中分为一般缓刑和战时缓刑两种类型。

对于一般缓刑，首要条件是，犯罪分子所犯罪行必须被判处拘役或者三年以下有期徒刑的刑罚。但仅仅满足这一条件并不足以适用缓刑，还需要同时符合以下四个方面的条件：第一，犯罪情节较轻。这意味着犯罪分子的行为虽然构成了犯罪，但相对于其他同类犯罪，其情节较轻，社会危害性相对较小。第二，有悔罪表现。犯罪分子在犯罪后必须表现出真诚的悔过态度，这通常表现为对犯罪行为的深刻认识、对受害人的道歉与赔偿等。第三，没有再犯罪的危险。司法机关在评估时，会综合考虑犯罪分子的性格、成长经历、家庭环境、社会支持等因素，判断其是否有可能再次犯罪。第四，宣告缓刑对所居住社区没有重大不良影响。这一条件要求犯罪分子的缓刑不会对其所居住的社区造成严重的安全威胁或不良影响。

除了上述四个条件，还有一个重要的排除条件，即犯罪分子不能是累犯和犯罪集团的首要分子。这是因为累犯和犯罪集团的首要分子往往具有较深的犯罪心理和较高的再犯可能性，因此不宜适用缓刑。

值得注意的是，我国刑法对于何种罪行可以适用缓刑并没有明确的限制。这意味着，只要犯罪分子满足上述条件，无论其所犯罪行是何种类型，都有可能被宣告缓刑。这一规定体现了法律在惩罚犯罪的同时，也注重教育和挽救犯罪分子，促进其重新回归社会的目的。

【实操分析】

一、本案中，被告人 WIM 成立自首

在本案的侦查过程中，华夏公司因涉嫌走私普通货物的行为被海关缉私部门所察觉。基于情报侦查所得的信息，海关缉私部门决定对华夏公司的走私活动进行立案侦查。考虑到华夏公司的法人代表龚某某与供货商斯威德福上海代表处的销售经理李某某当时正在西班牙进行商务考察，缉私部门首先采取了边控措施，以确保在二人返回国内时能够顺利将其控制。当龚某某和李某某从香港地区入境时，缉私部门迅速行动，成功将二人抓获。在随后的调查中，李某某不仅积极配合办案人员的工作，还主动提供了重要线索，指出 WIM 也涉及本案。为了尽快查明事实真相，缉私局办案人员迅速赶往上海，并通过电话联系 WIM，告知其案件相关情况，并要求其配合调查。面对司法机关的调查要求，WIM 表现出了高度的配合态度，他主动提出愿意在家中接受办案人员的询问。随后，办案人员按照约定来到 WIM 的家中，对其进行了详细的调查。在整个调查过程中，WIM 不仅如实陈述了自己所知道的情况，还主动交代了自己参与走私的事实。

在司法实践中，司法机关以口头通知要求犯罪嫌疑人到指定地点，犯罪嫌疑人按要求赴约并主动坦白罪行的情况时有发生。不过，这种情境是否构成自首，法学界尚

未形成一致意见。

有些学者主张,若犯罪嫌疑人在接到司法机关的电话传唤后,能主动前往并如实陈述自己的罪行,接受相关调查,这一行为应当视为自首。这是因为公安机关的口头告知等方式并不属于刑事诉讼程序中的强制措施范畴。犯罪嫌疑人的这种主动行为恰恰符合了自动投案和如实供述犯罪的特点,体现了其对犯罪行为的认知和悔过的态度。

然而,另一种观点则持有不同的看法。他们认为,是否构成自首并不仅仅取决于犯罪嫌疑人的主动投案和如实供述,更为关键的是在司法机关通知时,是否已经掌握了其犯罪事实或相关的证据,以及通知的具体理由。如果犯罪嫌疑人仅仅是被视为一个普通的审讯对象,或者是以目击证人的身份被要求了解情况,那么其主动投案并如实供述的行为应当被认定为自首。相反,如果司法机关已经根据已有的证据确定了其为犯罪嫌疑人,只是因为案情相对较轻而没有采取逮捕措施,那么在这种情况下,即使犯罪嫌疑人主动投案并如实供述,也不能被认定为自首。在本案中,由于被告人李某某在到案后已经交代了WIM涉嫌走私的事实,因此公安机关在通知WIM时已经掌握了其作为犯罪嫌疑人的证据。所以,尽管WIM能够展现出积极的配合态度,并如实地供述了自己的罪行,但按照这种观点,他的行为并不能被认定为自首。这种观点更加严格地界定了自首的认定标准,考虑了司法机关在通知时的证据掌握情况和通知理由,似乎使自首的认定更为精确。

以上关于是否构成自首的争论,其核心问题可以深入剖析为以下三个方面:第一,司法机关通过电话告知犯罪嫌疑人的行为的性质认定;第二,通过电话通知犯罪嫌疑人,其后到案的行为是不是被动投案;第三,侦查机关已经掌握的犯罪事实,对犯罪嫌疑人成立自动投案是否构成了障碍。这三个方面的争议不仅涉及自首的认定标准,也关系对犯罪嫌疑人主观态度的评估和司法程序的公正性。因此,在司法实践中,我们需要根据具体情况进行综合分析和判断,以确保法律的公正和准确适用。

首先,电话通知犯罪嫌疑人到案是办案机关在特定情况下采用的一种非正式通知的办案方式。虽然有些办案机关可能将电话通知与口头传唤相提并论,但我们必须明确,电话通知并不等同于法律意义上的传唤或口头传唤,根据我国《刑事诉讼法》第一百一十九条的相关规定,传唤应当以书面形式进行,并需要明确记载传唤的原因和依据。这意味着,传唤是具有法律约束力的正式文书,其使用必须遵循严格的法定程序。而电话通知,作为一种更为便捷的通知方式,其性质与法律规定的传唤有着本质的区别。同样,口头传唤也仅适用于特定情形,即当侦查人员当场发现犯罪嫌疑人时。在这种情况下,由于犯罪嫌疑人已经被侦查人员控制,不需要通过电话进行通知,侦查人员可以直接对犯罪嫌疑人进行口头传唤。因此,口头传唤的适用条件与电话通知也存在显著的区别。综上所述,公安机关通过电话通知犯罪嫌疑人到案,既不属于法律意义上的传唤或口头传唤,也不等同于讯问、调查谈话或者强制措施、调查措施。电话通知更多地体现为一种非正式的沟通方式,其目的在于告知犯罪嫌疑人配合调查的义务,并促使其主动到案接受调查。然而,在判断犯罪嫌疑人的投案行为是否构成自首时，我们仍需要综合考虑其他因素，如犯罪嫌疑人的归案过程、归案后的表现等，以确保法律的公正和准确适用。因此，公安机关通过电话通知犯罪嫌疑人到案并不是口头传唤，也不是讯问、调查谈话或强制措施、调查措施。①

其次，在探讨自首的认定时，我们必须明确自首的自动性源于行为人的主观意识，而投案则是这种主观意识指导下的外在行为表现。意识作为行为的支配因素，其重要性不言而喻。在自动投案的认定中，关键在于行为人的自动性，即行为人是否出于自己的意愿，主动将自己置于司法机关或他人的控制之下。为了准确判断行为人是否出于本人意愿投案，我们需要通过一系列客观表现进行考察。对于犯罪嫌疑人响应国家办案机关的电话通知后投案的行为，我们不宜简单将其视为缺乏自由意志的"被动到案"。这种解读忽略了犯罪嫌疑人在不同情境下的主观心理状态。被动投案通常指的是在人身自由受限、无法自主选择的情境下，犯罪嫌疑人被迫接受强制调查。而在接到侦查机关电话通知后，犯罪嫌疑人实际上仍保持着人身自由，并具备选择权。他们可以选择主动前往司法机关投案，也可以选择不配合调查或逃避追捕。因此，这种投案行为应视为基于犯罪嫌疑人个人意愿和选择的主动、自愿行为。基于此，我们不能简单地将电话通知后的投案行为视为被动投案，而应当根据犯罪嫌疑人的主观心理状态和客观行为表现，综合判断其是否构成自动投案。只有这样，我们才能确保法律的公正和准确适用，维护社会的公平和正义。

最后，需要强调的是，侦查机关对案件事实的掌握程度并不会对犯罪嫌疑人是否成立自动投案产生决定性的影响。自首制度的设立，其根本目的在于通过考察犯罪嫌疑人的自动投案、如实供述等外在行为，来评估其内心的悔罪态度是否真诚、对社会的危害性是否有所降低，以及是否存在再犯的可能性等主观因素。在自首的认定过程中，关键在于犯罪嫌疑人的主观意愿和态度，而非侦查机关对案件事实的掌握程度。即使侦查机关已经掌握了部分或全部犯罪事实，只要犯罪嫌疑人能够在未受到讯问、未被采取强制措施之前，主动投案并如实供述，那么他们依然应该被认定为自首。这种认定方式体现了刑法对真诚改过、主动自首的宽容态度，旨在通过自首制度促使犯罪嫌疑人主动认罪、悔罪，从而减轻其对社会的危害性，降低再犯的可能性。同时，这也彰显了刑法惩罚与教育相结合的双重目的，即在惩罚犯罪的同时，也注重教育、挽救和改造罪犯，使其能够重新回归社会，成为社会的有用之才。因此，我们不能简单地将侦查机关对案件事实的掌握程度作为判断犯罪嫌疑人是否成立自动投案的唯一标准，而应当结合犯罪嫌疑人的主观意愿和态度，全面、客观地评估其是否构成自首。这向社会表明了刑法对于真诚改过、主动投案的宽容态度，彰显了刑法惩罚与教育相结合的双重目的。②

根据《最高人民法院关于处理自首和立功具体应用法律若干问题的解释》（法释

---

① 宋汉博. 电话通知到案能否认定自首实证研究［D］. 成都：西南石油大学，2019.
② 刘琳."电话通知"到案认定自动投案的分析［J］. 法制与社会，2016（31）：248，254.

〔1998〕8号）的规定，自动投案指犯罪事实或犯罪嫌疑人未被司法机关发觉，或者虽被发觉，但犯罪嫌疑人尚未受到讯问、未被采取强制措施时，主动、直接向公安机关、人民检察院或者人民法院投案。在深入解读这一规定时，我们需要认识到"发觉"的含义并不仅仅局限于司法机关是否直接知晓具体的犯罪事实或犯罪嫌疑人的身份。这里的"发觉"应当包含两种情况：一是司法机关已经掌握了能够推测行为人可能与某种罪行存在关联的某些线索或证据；二是司法机关已经基于这些证据将行为人明确认定为犯罪嫌疑人。在后一种情形下，在通知行为人到案后，和其谈话必须是讯问，而不可能是一般的询问，但是因为公安机关的口头通知并不属于刑事诉讼法规定的强制措施，对行为人讯问或采取强制措施均是在行为人归案之后，因此，仍符合自动投案、如实供述罪行的特征。这样的理解有助于我们更加准确地把握自首的认定标准，确保法律的公正和公平。

并且，在自首认定的法律实践中，除犯罪嫌疑人主动、直接地前往司法机关投案外，还有一种特殊情形也被视为自动投案。根据相关规定，公安机关通知犯罪嫌疑人的亲友，将犯罪嫌疑人送去投案的，也应当视为自动投案，这体现了法律对于犯罪嫌疑人悔过自新、主动配合调查的鼓励态度，同时也兼顾了实际操作中可能出现的各种情况。对于该种并非完全自觉自愿的情形仍可以认定自动投案，如对上述情形不予认定，未免有失公允。具体到本案中，被告人WIM在接到电话传唤后，主动前往司法机关投案，并如实供述了自己的犯罪事实。这一行为完全符合"自动投案"的法律规定，同时也体现了他对法律的尊重和对自己罪行的深刻认识。因此，根据相关法律解释和本案的具体情况，应当认定被告人WIM为自首，并依法给予他从轻处罚。这不仅是对他个人悔过自新态度的肯定，也是对社会正义的维护。

二、本案不构成单位自首，被告人李某某亦不构成自首

在关于被告人李某某及其所在单位自首认定的法律讨论中，李某某的辩护人提出：由于斯威德福上海代表处的首席代表WIM的自首成立，应当认定为单位自首；同时，李某某作为该单位直接责任人员，在归案后如实供述也应被认定为自首。根据相关规定："在办理单位走私犯罪案件中，对单位集体决定自首的，或者单位直接负责的主管人员自首的，应当认定单位自首。认定单位自首后，如实交代主要犯罪事实的单位负责的其他主管人员和其他直接责任人员，可视为自首。但对拒不交代主要犯罪事实或者逃避法律追究的人员，不以自首论。"那么，关于单位犯罪中直接负责的主管人员主动投案是否必然导致单位自首的成立，这是一个值得深入讨论的问题。有一种观点认为，只要单位集体或单位直接负责的主管人员中有人自首，单位自首的认定就应当成立。这种观点在本案中得到了体现，即作为单位直接负责的主管人员的被告人WIM已经构成自首，因此其辩护人认为单位自首也应被认定。

在探讨单位自首的认定时，我们必须明确两个核心条件。首先，单位自首的认定必须体现单位的集体意志。这意味着单位自首的行为不能仅凭个人的判断或决定，而必须是通过单位组织或单位授权的相关机构来集体决策。这种集体决策的形式可以是通过单位内部的会议、讨论或者其他形式的决策程序来达成。在决策之后，单位会指派专门的人员来代表单位进行犯罪事实的陈述和自首行为。其次，单位自首的认定还要求必须如实供述单位本身的罪行。这里所说的如实供述，不仅是对犯罪行为的部分交代，而且必须是对单位犯罪的主要事实进行如实、全面的陈述。根据《最高人民法院关于处理自首和立功具体应用法律若干问题的解释》（法释〔1998〕8号）中的规定，这种如实供述是单位自首成立的关键要素。只有当单位能够如实交代其犯罪的主要事实，包括主要犯罪行为、犯罪动机、犯罪手段以及犯罪后果等，才能被视为单位自首成立。[1] 单位自首的认定并不是一个简单的程序，而是需要综合考虑多个因素。除了上述两个核心条件，还需要考虑单位自首的动机、自首的时机、自首的方式等因素。只有在满足所有条件的情况下，才能认定为单位自首，从而给予相应的法律待遇。

在深入解析单位自首的认定标准时，我们必须严格遵循《最高人民法院关于处理自首和立功具体应用法律若干问题的解释》（法释〔1998〕8号）的精神。按照这一规定，无论是单位集体经过讨论和决策后选择自首，还是单位的直接负责主管人员基于单位利益考虑而自首，其共同点都在于体现了单位的整体意志。这意味着单位自首并非个人行为，而是必须基于单位的意志和决策，以单位的名义和立场来实施。在本案中，被告人WIM虽然曾作为斯威德福上海代表处的主管人员，但关键在于，他在案发前已于2008年6月离开了该公司。这一事实使他在接到电话通知后的自首行为，更多地体现了他个人的选择和意愿，而非基于单位当前的意志或立场。换句话说，他的自首行为并不能代表或体现单位的整体意志，因此，不能将其视为单位自首的一部分。虽然被告人李某某在归案后如实供述了主要的犯罪事实，但由于本案中单位自首的认定条件并未满足，即缺乏单位的整体意志作为支撑，因此，即便李某某的个人行为符合自首的某些条件，他也不能被认定为单位自首。这一结论是基于对单位自首法律精神的准确理解和应用，旨在确保法律适用的公正性和准确性。

三、对被告人WIM应当适用缓刑

关于被告人WIM的缓刑适用问题，目前在法律界和社会中均存在一定的争议。这种争议主要源于我国在对外国籍罪犯适用缓刑时面临的监督监管条件不足的现实挑战。由于这些条件的限制，缓刑制度在实际操作中往往难以发挥其应有的效果，甚至在某些情况下，缓刑仅仅成为一种形式上的安排，未能真正达到其预期的教育和改造罪犯的目的。这种现状不仅影响了缓刑制度本身的权威性和有效性，也对司法的严肃性构成了挑战。在司法实践中，我们不难发现，对于外国籍犯罪人适用缓刑的情况相对较少。这并非因为外国籍罪犯本身不具备适用缓刑的条件，而是由于前述的监督监管条件不足所导致的。然而，我们必须认识到，法律面前人人平等，这是法治社会的基本

---

[1] 潘立波. 单位犯罪自首制度初探［J］. 法制博览, 2019（10）: 162, 164.

原则之一。我国法律在设定缓刑适用条件时,并未将外国籍罪犯排除在外。因此,在理论上,只要外国籍罪犯符合缓刑的适用条件,他们同样应当享有被判处缓刑的权利。合议庭经过深入讨论后认为,对于符合缓刑适用条件的外国籍罪犯,我们不能因为他们的国籍而一概而论,更不能因为监督监管条件的不足而剥夺他们接受缓刑教育的机会。相反,我们应当结合具体情况进行具体分析,对外国籍罪犯能否适用缓刑进行区别对待。这既是对法律严肃性的维护,也是对人权的保障。通过合理、公正地适用缓刑制度,我们不仅可以有效地改造和教育罪犯,减少其再次犯罪的可能性,同时也能够向国际社会展示我国法治建设的成果和进步。

1. 被告人 WIM 满足缓刑适用的条件

首先,被告单位华夏公司与斯威德福上海代表处共同违反了海关法规,通过逃避海关监管,走私普通货物并偷逃关税,这一行为已经构成了走私普通货物罪。作为时任斯威德福上海代表处直接负责的主管人员,被告人 WIM 自然也是这一犯罪行为的主要参与者,根据我国刑法的相关规定,他应当被追究走私普通货物罪的刑事责任,并可能面临 3 年以下有期徒刑或者拘役的刑罚。

然而,本案中,被告人 WIM 表现出显著的悔罪诚意。在尚未受到强制措施前,他主动接听相关机关的电话传唤,积极配合调查,并坦诚交代了自己的罪行。这种主动投案并如实供述的行为,根据我国刑法标准,符合自首的定义。在庭审过程中,被告人 WIM 也再次表示认罪,对自己的犯罪行为深感后悔,并愿意承担相应的法律责任。

综合考虑被告人 WIM 的犯罪情节和悔罪表现,合议庭认为对其适用缓刑是恰当的。首先,虽然被告人 WIM 参与了走私犯罪,但他在案发后能够主动投案自首,这显示了他对法律的尊重和对自己行为的悔悟。其次,被告人 WIM 在庭审中态度诚恳,对自己的犯罪行为有深刻的认识,并愿意积极接受改造。最后,从社会影响的角度来看,对被告人 WIM 适用缓刑不会对社会造成危害,反而有利于他重新融入社会。

因此,合议庭认为被告人 WIM 符合我国缓刑适用的条件,应当对其适用缓刑,并依法进行相应的处罚。这一决定既体现了法律的公正与严明,也体现了对被告人 WIM 的人文关怀和教育挽救的目的。

2. 被告人 WIM 具备缓刑执行条件

在探讨符合缓刑适用条件的外国籍罪犯是否应适用缓刑时,一个核心考量因素是罪犯是否具备缓刑执行的监督考察条件。根据《关于加强和规范监外执行工作的意见》的明确规定,对于被宣告缓刑的罪犯,其居住地的公安机关(或部分地区由社区矫正机构会同公安机关共同负责)将负责对其进行监督考察。这一规定同样适用于外国籍罪犯。具体到本案,被告人 WIM 作为外国籍罪犯,若其在我国拥有相对稳定的住所,则具备了适用缓刑的基本条件之一。据查,WIM 已与中国人结婚,并育有一女,他在上海拥有固定住所并已定居多年,这显示了他在中国社会的稳定性和融入度。进一步地,为了确保缓刑执行的顺利进行,法院在作出判决前进行了详尽的调查走访。

被告人 WIM 居住地的社区和公安派出所均表示，在 WIM 缓刑执行期间，他们愿意并有能力履行对 WIM 的监管职责。这一承诺为 WIM 适用缓刑提供了坚实的执行保障。

3. 对被告人适用缓刑可以取得更好的社会效果

涉外案件因其跨国界的特性，相较于普通案件而言，具有其独特的复杂性和敏感性。妥善审理此类案件，不仅是对我国法治水平的一次考验，更是彰显我国公正、高效、权威的司法形象的重要途径。在处理涉外案件时，有管辖权的法院不仅要严格遵循国际法和国内法的相关规定，更要审慎考虑案件判决结果可能对外事交往产生的深远影响。在审理过程中，法院需要平衡法律效果与社会效果，确保二者达到有机统一。这要求法院在作出裁判时，既要维护法律的尊严和权威，又要充分考虑案件的社会影响，以及判决结果对当事人及其家庭的实际影响。在本案中，比利时领事馆多次致函法院，表达了对被告人 WIM 家庭困境的关切。由于 WIM 缺少工作许可，他无法正常工作以供养家庭，这给他的家庭带来了极大的经济压力。领事馆请求法院在判决时能够酌情考虑这些因素，为 WIM 找到一个既能接受法律制裁，又能解决其家庭困难的妥善方案。在这种情况下，对被告人 WIM 适用缓刑，成为一个既符合法律原则又兼顾社会效果的解决方案。缓刑的适用可以让 WIM 在法律上得到应有的惩罚，同时也为他提供一个重新融入社会、承担家庭责任的机会。这样的处理方式不仅体现了法律的公正和权威，也展现了我国司法系统对人性关怀的深刻理解和对社会责任的积极担当。因此案件宣判后，被告人表示认罪服判，比利时领事馆对判决结果也表示满意。[①]

【思考题】

对于被判处缓刑的外国籍罪犯，在缓刑考察期间，经公安机关批准后可以离开其居住地或者离境吗？

案例三　库都来提走私珍贵动物制品案[②]

【基本案情】

一、案件经过

2002 年 9 月 23 日，库都来提（系克尔柯孜斯坦共和国公民），在未经我国海关申报的情况下，将重达 2 公斤的 12 根羚羊角藏匿于地毯之中，通过哈萨克斯坦国边境非法进入我国霍尔果斯口岸，并将上述羚羊角私自携带入境。此举被我国口岸海关依法查获。后经鉴定，其非法携带入境的羚羊角共计重 2 公斤，价值高达人民币 360000 元。

[①] 茅仲华，陈劲草. 直接负责的主管人员自首与单位自首的认定 [J]. 人民司法，2010（24）：60-63.
[②] 案件来源：（2003）新刑终字第 513 号。

二、诉讼经过

公诉机关认为其行为已经构成走私珍贵动物制品罪。库都来提辩护称其之前到达乌鲁木齐时看到市场上有羚羊出售,并不知道运输羚羊角属于犯罪行为。辩护人辩护意见指出对涉案羚羊角的价值评估过高,请求再次作价值鉴定。

一审法院审理认为:被告人库都来提在未向我国海关申报,将国家一级保护类动物羚羊角藏匿于地毯中带入我国,其行为已经构成走私珍贵动物罪,公诉机关指控罪名成立,被告人及其辩护人的辩护理由与我国法律及案件事实不符,不能成立,依照我国《刑法》第一百五十一条第二款、第四款之规定,判决如下:被告人库都来提犯走私珍贵动物制品罪,判处无期徒刑,并处罚金10000元。

后库都来提与其辩护人上诉称:被告人本人在过境时向吉尔吉斯共和国海关进行申报过,不能认为该行为是走私,且对羚羊角的价值认定过高,量刑过重,请求重新认定羚羊角价值并改判量刑。

二审法院经审理认为:首先,库都来提违反海关规定逃避海关监督,走私国家进出口的珍贵动物制品羚羊角12根(2公斤)价值共计360000元,行为已经构成走私。上诉人向他国海关申报而并未向中国海关申报的行为并不影响行为认定;其次,对于羚羊角的定价按照我国物价部门对羚羊角的定价应为360000元。针对上诉人称原判量刑过重,原判量刑根据当时有效的《最高人民法院关于审理走私刑事案件具体应用法律若干问题的解释》第四条,于法有据本无不妥,但考虑上诉人所在国对于羚羊角管理和其走私羚羊角数量较少等特殊情况,对被告人从轻处罚,拟对上诉人以走私珍贵动物制品罪,判处驱逐出境,并报经最高人民法院核准。最高人民法院复函认为,驱逐出境不属于法定刑以下减轻处罚范围,不需要报请最高人民法院核准。因此二审法院依照我国《刑法》第三十五条、第一百五十一条和《刑事诉讼法》第一百八十九条第(二)项之规定,判决上诉人库都来提犯走私珍贵动物制品罪,驱逐出境。

【主要法律依据】

《中华人民共和国刑法》(2002)

第三十五条 对于犯罪的外国人,可以独立适用或者附加适用驱逐出境。

第一百五十一条 走私武器、弹药、核材料或者伪造的货币的,处七年以上有期徒刑,并处罚金或者没收财产;情节较轻的,处三年以上七年以下有期徒刑,并处罚金。

走私国家禁止出口的文物、黄金、白银和其他贵重金属或者国家禁止进出口的珍贵动物及其制品的,处五年以上有期徒刑,并处罚金;情节较轻的,处五年以下有期徒刑,并处罚金。

走私国家禁止进出口的珍稀植物及其制品的,处五年以下有期徒刑,并处或者单处罚金;情节严重的,处五年以上有期徒刑,并处罚金。

犯第一款、第二款罪，情节特别严重的，处无期徒刑或者死刑，并处没收财产。

单位犯本条规定之罪的，对单位判处罚金，并对其直接负责的主管人员和其他直接责任人员，依照本条各款的规定处罚。

【主要法律问题】

对于外国籍犯罪人非法走私珍贵动物制品仅适用驱逐出境是否恰当？是否属于重罪轻判？

【理论分析】

一、走私珍贵动物、珍贵动物制品罪

走私珍贵动物、珍贵动物制品罪，是指违反海关法规，逃避海关监管，非法运输、携带、邮寄珍贵动物或其制品进出国（边）境的行为。这种行为是对国家野生动物保护法规的严重违反，也是对生态平衡和生物多样性的破坏。所谓"珍贵动物"，是指被列入《国家重点保护野生动物名录》中一、二级保护的野生动物，这些动物因数量稀少、生存环境恶化或生态功能重要而受到特别保护。例如，大熊猫、金丝猴、白唇鹿、丹顶鹤等均属于珍贵动物，它们是我国野生动物资源的瑰宝，具有不可替代的生态、科研和社会价值。珍贵动物制品，则是指由珍贵动物的皮、肉、毛、骨等材料制成的成品。这些制品在黑市上价格高昂，导致珍贵动物遭受过度捕猎和非法猎杀。走私珍贵动物制品的行为，既损害野生动物资源，又助长非法贸易。对于此类行为，若行为人非以牟利为目的，仅出于纪念而走私，且金额未达到10万元，可考虑免除刑事处罚。在情节显著轻微的情况下，甚至可不将其定性为犯罪行为。走私珍贵动物、珍贵动物制品罪的责任形式为故意，即行为人明知其行为可能会危害珍贵野生动物，但仍故意进行走私。在此过程中，若行为人将珍贵野生动物走私入境后又杀害，应当将走私珍贵动物、珍贵动物制品罪与非法杀害珍贵野生动物罪实行并罚，避免对犯罪行为的遗漏处罚。此外，行为人采用电信等方式在国内向境外人员购买珍贵野生动物制品，并由境外人员将制品邮寄给行为人，以逃避海关监管的行为，构成危害珍贵野生动物罪（《刑法》第三百四十一条第一款）与走私珍贵动物制品罪的想象竞合。在此情况下，应当从一重罪进行处罚，以维护法律的权威。

在我国刑法体系中，对于走私罪的惩处一直备受关注。针对走私罪的相关法律条文，经历了多次修订与完善，旨在更加精准地打击犯罪行为，维护国家安全和社会稳定。其中，我国《刑法》第一百五十一条法律条文历经三次重要修订。首先，2009年《刑法修正案（七）》对该条法律进行了第一次修订。其中，该修正案第一条修订了该条第三款的内容，将原先的"走私国家禁止进出口的珍稀植物及其制品"修改为"走私珍稀植物及其制品等国家禁止进出口的其他货物、物品"。同时，在基本犯中增设了拘役刑，为打击走私犯罪提供了更为丰富的刑罚手段。紧接着，2011年《刑法修

正案（八）》对该条法律条文进行了第二次修订。在这次修订中，删除了1997年《刑法》原条文第四款中关于"犯第一款、第二款罪，情节特别严重的，处无期徒刑或者死刑，并处没收财产"的规定。这一修订是对死刑适用范围的严格限制，体现了我国法律对死刑的慎重态度，使走私文物罪、走私贵重金属罪与走私珍贵动物、珍贵动物制品罪的刑罚更加合理和明确。最后，2015年《刑法修正案（九）》对该条法律条文进行了第三次修订。在这次修订中，删除了第一款中的死刑规定，从而彻底废除了走私武器、弹药罪、走私核材料罪与走私假币罪的死刑。这一举措是对我国刑法体系的一次重大调整，体现了我国法律对死刑政策的进一步改革和完善。至此，走私罪的死刑予以全面废除。在这三次修订过程中，我们可以看到我国法律对于走私罪的惩处逐渐趋于精准。

2000年9月20日，最高人民法院正式颁布了《最高人民法院关于审理走私刑事案件具体应用法律若干问题的解释》，该解释在维护国家生态安全和打击走私犯罪方面起到了举足轻重的作用。其中，第四条第（三）项对于走私国家一、二级保护动物的行为进行了明确的法律界定，并规定了相应的刑罚措施。首先，我们需要明确的是，国家一、二级保护动物是指那些数量稀少、濒临灭绝或者具有极高生态价值的动物。走私这些珍贵动物，不仅严重破坏了生态平衡，还可能对国家的生物多样性构成严重威胁。因此，对于走私国家一、二级保护动物的行为，法律予以了严厉的打击。根据该解释，走私国家一、二级保护动物虽未达到本款规定的数量标准，但具有造成该珍贵动物死亡或者无法追回等恶劣情节的，属于走私珍贵动物、珍贵动物制品罪"情节特别严重"。这意味着，即便走私的数量未达到法定标准，但如果造成了动物死亡或无法追回等严重后果，仍将被视为情节特别严重，犯罪分子将面临无期徒刑的惩罚。此外，该解释还列举了四种属于走私珍贵动物、珍贵动物制品罪"情节特别严重"的情形。其中，走私国家一、二级保护动物达到本解释附表中规定的数量标准的，自然属于情节特别严重。这体现了法律对于走私数量较大行为的严厉打击。同时，走私珍贵动物制品价值20万元以上的也被视为情节特别严重。这体现了法律对于走私高价值动物制品行为的重视，因为这类行为往往涉及更大的经济利益和更严重的生态破坏。另外，走私国家一、二级保护动物达到本解释附表中规定的数量标准，并造成该珍贵动物死亡或者无法追回的，同样属于情节特别严重。这种情形下的走私行为不仅数量较大，而且造成了动物死亡或无法追回等严重后果，对生态安全和生物多样性构成了极大的威胁。最后，走私国家一、二级保护动物达到本解释附表中规定的数量标准，并具有是犯罪集团的首要分子或者使用特种车进行走私等严重情节的，也属于情节特别严重。

二、减轻处罚

根据我国《刑法》第六十三条的规定，减轻处罚是指在法定刑以下判处刑罚。在此，需要明确一点，所说的在法定刑以下判处刑罚，应是指判处低于所犯之罪的法定最低刑的刑罚。这是减轻处罚的基本含义。进一步来说，如果一罪的法定刑只有一个量刑幅度，那么减轻处罚就是判处低于该幅度最低刑的刑罚。一罪的法定刑有多个量刑幅度，在这种情况下，减轻处罚是指应当在法定量刑幅度的下一个或两个量刑幅度内判处刑罚。减轻处罚的目的是体现法律的公正性和合理性，在具体案件中，应当根据犯罪情节和法律规定，合理确定减轻处罚的幅度。

在司法实践中，减轻处罚的裁量方式主要呈现出两种形式，它们各有其适用条件和操作程序。第一种裁量方式是由审判人员直接进行裁量。这种方式主要适用于犯罪人具有刑法所明文规定的减轻处罚情节的情况。这里的"减轻处罚情节"指的是刑法中明确列举的，能够在一定程度上减轻犯罪人刑事责任的各种因素。例如，犯罪人具有自首、立功等情节，或者犯罪人在犯罪过程中有悔过表现等。在这种情况下，审判人员可以根据案件的具体情况，结合犯罪人的犯罪情节、主观恶性以及社会危害程度等因素，直接对犯罪人进行减轻处罚的裁量。这种裁量方式体现了司法实践的灵活性，使审判人员能够根据实际情况作出合理的判断。同时，它也有利于维护司法公正，确保犯罪人得到与其罪行相适应的处罚。然而，这种裁量方式也要求审判人员具备较高的专业素养和道德水平，以确保裁量的公正性和合理性。

第二种裁量方式是审判人员不能直接进行裁量，而是必须经最高人民法院核准。这种方式适用于犯罪人不具有刑法规定的减轻处罚情节，但具有特殊情况需要减轻的情况。在这种情况下，审判人员不能直接对犯罪人进行减轻处罚的裁量，而是需要向上级法院，即最高人民法院申请核准。最高人民法院会根据案件的具体情况，对犯罪人的特殊情况进行综合评估，最终决定是否核准减轻处罚。这种方式体现了司法实践的严谨性和审慎性，确保了对犯罪人的处罚符合法律的规定和精神。

【实操分析】

库都来提作为本案的犯罪主体，其外国籍身份使本案的审理具有了一定的特殊性。根据我国《刑法》第六条的明确规定，凡在中华人民共和国领域内犯罪的，除法律有特别规定的以外，都适用本法。因此，对于库都来提这一外国籍犯罪人，我国刑法同样具有约束力，应当对其犯罪行为进行规制。

在本案中，库都来提走私的物品是羚羊角。羚羊作为一种珍稀动物，在我国因其数量稀少和生态环境的脆弱性，被列为国家一级保护动物。然而，库都来提不顾法律规定，非法走私羚羊角，其走私的羊角数量达12根，重为2公斤，价值高达36万元人民币。根据案发当时的《刑法》第一百五十一条对于非法走私珍贵动物制品行为的规定，主刑量刑分为三档。第一档是"情节较轻的"，处五年以下有期徒刑；第二档是"情节较重"的，处五年以上有期徒刑；第三档是"情节特别严重"的，处无期徒刑或者死刑。而在本案中，库都来提所走私的羚羊角价值高达36万元人民币，显然属于"情节特别严重"的范畴。此外，2000年《最高人民法院关于审理走私刑事案件具体适用法律若干问题的解释》对于"情节特别严重"也作出了具体解释。其中明确指出，走私珍贵动物制品价值20万元以上的，应当认定为"情节特别严重"，并依法对其处以无期徒刑或者死刑，并处没收财产。因此，按照我国《刑法》的相关规定，库都来提的行为无疑构成走私珍贵动物制品罪，应当受到严厉的惩处。然而，在二审中，法院对库都来提的刑罚进行了调整，将无期徒刑改为独立适用驱逐出境。这一判决结果的改变，主要是考虑涉外案件本身的特殊性以及行为人自身因素和其所属国家的因素。在涉外案件中，法院需要综合考虑国际关系、国家形象以及被告人所属国家的态度等多方面因素，以确保判决结果的公正性和合理性。

首先，二审法院经过详细的调查和研究，发现库都来提所在国家的羚羊存活数量与我国存在明显差异。在该国，羚羊尚未被纳入珍贵野生动物的保护范围，这主要是由于羚羊的数量相对较多，活动范围广泛，人们经常会捡到羚羊自然脱落在地上的角骨。此外，羚羊角的定价在我国与库都来提所在国也有所不同。因此，对于将羚羊角带出国境的行为，在该国的限制相对较少。其次，结合近年来我国新疆地区处理的多起与库都来提所在国有关的走私羚羊角的犯罪案件，我们发现，有些被判处无期徒刑的犯罪分子走私的羚羊角数量甚至高达上百斤。这些犯罪行为严重破坏了我国的野生动物资源，对生态环境造成了极大的危害，而对比于库都来提，若该行为也判处无期徒刑，将导致犯罪人以及社会公众产生走私数量相差极大却判处相同刑罚的观点，从而导致负面效果加重。

基于以上两点，二审法院认为，对于库都来提的犯罪行为，并不应该判处无期徒刑。法院在审理过程中，应该充分考虑羚羊角的数量、价值以及犯罪情节的严重程度，依法作出公正的判决。在量刑时，应细致评估犯罪行为的各种情节，确保刑罚的适当性。

在本案中，一个具有争议的问题是将原本判处无期徒刑的犯罪分子改判为独立适用驱逐出境，这一做法是否构成了法定刑以下的减轻处罚？二审法院适用驱逐出境，是在审理此案时，虽然认为被告人库都来提不具备刑法所规定的减轻处罚情节，但考虑到其个人情况以及所在国家的因素，决定在法定刑以下判处刑罚，最终撤销了一审法院对库都来提的无期徒刑判决，改判为驱逐出境。我国《刑法》（2002）第六十三条明确指出，犯罪分子若具备本法规定的减轻处罚情节，应当在法定刑以下判处刑罚。该条第二款还提到，即使犯罪分子不具备本法规定的减轻处罚情节，但根据案件的特殊情况，经最高人民法院核准，也可以在法定刑以下判处刑罚。因此，二审法院依据该第六十三条第二款的规定报请最高人民法院核准，但最高人民法院给出的答复却认为，判处犯罪分子驱逐出境并不属于法定刑以下减轻处罚的范畴。

针对此，应当认为对库都来提独立适用驱逐出境并非法定刑以下判处刑罚。首先需要明确驱逐出境的性质，根据我国《刑法》第三十五条的规定，对于犯罪的外国人，可以独立适用驱逐出境，也可以作为附加刑与主刑一同适用。这意味着，当外国人犯走私珍贵动物制品罪并被判处有期徒刑时，可以对其附加判处驱逐出境。但这里需要注意的是，驱逐出境仅针对外国人犯罪，并不适用于中国籍犯罪人，因此并不具备普遍适用的特点。因此，我国刑法并没有将驱逐出境列为附加刑体系的一部分，而是作出了专门的规定，将其视为一种特殊的附加刑。在本案中，从主刑判处有期徒刑改判为独立适用附加刑，这一转变并非在法定刑上的减刑，而是根据驱逐出境适用的综合考量，改变了具体的刑罚种类。因此，这一改判并不符合法定刑以下减轻处罚的定义。减轻处罚是对犯罪分子的一种宽大处理，旨在根据其犯罪情节、悔罪表现等因素，在法定刑范围以下处刑。然而，在本案中，改判为驱逐出境并未改变库都来提所犯罪行的性质和严重程度，而是基于其个人情况和所在国家因素的考量，作出了更符合实际情况的判决。

综上所述，对于将原本判处无期徒刑的库都来提改判为独立适用驱逐出境是否属于法定刑以下减轻处罚的问题，我们认为，这一改判并不符合法定刑以下减轻处罚的定义。

【思考题】

由无期徒刑改判为独立适用驱逐出境是否属于法定刑以下减刑？

第三节　破坏金融管理秩序罪

案例四　陈某枝洗钱案[①]

【基本案情】

一、案件经过

被告人陈某枝，无业，系陈某波前妻。

在 2015 年 8 月至 2018 年 10 月，陈某波未经国家相关部门的批准，擅自注册并成立了意某金融信息服务公司。他以公司名义公开宣传定期固定收益的理财产品，并自行决定其涨跌幅，然而这些资金却主要用于兑付本息和个人挥霍。到了后期，陈某波甚至拒绝履行兑付义务。陈某通过数字货币交易平台实施了一系列涉嫌欺诈的行为。他使用虚假宣传手段诱骗客户进行充值和交易，并发行虚拟币。为了掩盖资金短缺问题，他采取了限制大额提现和提币的措施，并谎称黑客盗币。此外，陈某波还故意虚构平台交易数据，拖延和拒绝客户的提现请求。这些行为均严重损害了客户的权益。鉴于陈某波的上述欺诈行为，上海市公安局浦东分局于 2018 年 11 月 3 日决定对其以涉嫌集资诈骗罪立案侦查，以维护金融市场的正常秩序和公众的合法权益。经初步调查，

[①] 案件来源：（2019）沪 0115 刑初 4419 号。

涉案金额高达1200余万元，而陈某波在案发后已潜逃至境外。

2018年年中，陈某波将其中300万元转账至陈某枝的个人银行账户以转移其所得的赃款。紧接着，同年8月，为了进一步掩饰和隐瞒犯罪所得，陈某枝与陈某波二人选择了离婚作为财产转移的手段。在陈某波因涉嫌集资诈骗被警方调查、立案侦查的敏感时刻，陈某枝却于2018年10月底至11月底，在明知陈某波涉案的情况下，依然选择将高达300万元的非法资金转移至陈某波的个人银行账户，为了保障陈某波在境外的资金流动性，陈某枝按照陈某波的指示，采取了迅速行动。她以远低于市场价的90万元出售了用非法集资款购买的车辆。紧接着，陈某枝利用陈某波建立的微信群与比特币"矿工"建立了联系，并将卖车所得的款项全额转账给这些"矿工"，从而换取了比特币的密钥。之后，她将这些密钥直接发送给陈某波，以便他能够在境外进行资金兑换和使用。这一系列操作表明陈某枝在协助陈某波进行非法资金转移和使用。这些行为无疑加剧了陈某波非法所得资金的隐匿和转移，显示了陈某枝对洗钱活动的深度参与和协助。目前，陈某波依然逍遥法外，尚未归案。这一系列操作表明，陈某枝与陈某波之间存在明显的洗钱行为，企图通过离婚和虚拟货币交易等手段来掩盖和转移犯罪所得。

二、诉讼经过

上海市公安局浦东分局在侦办陈某波案件的同时发现了陈某枝涉嫌洗钱犯罪的线索。经立案侦查，该分局于2019年4月3日将陈某枝涉嫌洗钱罪的案件移送至上海市浦东新区人民检察院审查起诉。在审查过程中，上海市浦东新区人民检察院提出了补充侦查的要求，公安机关积极响应，并依据要求向中国人民银行上海总部调取相关证据。中国人民银行上海总部迅速行动，指导商业银行等反洗钱义务机构对可疑交易进行深入排查，通过穿透资金链、细致分析研判可疑点，最终向公安机关移交了关键证据。上海市浦东新区人民检察院在综合审查了所有证据后，认定陈某枝通过银行转账、兑换比特币等手段，在协助陈某波将集资诈骗所得款项非法转移至境外的过程中，其行为已经触犯了洗钱罪的相关规定。即便陈某波本人潜逃境外、集资诈骗的犯罪事实已经得到确认，陈某枝的洗钱行为依旧不能因此逃避法律的制裁。鉴于此，2019年10月9日，上海市浦东新区人民检察院以洗钱罪对陈某枝提起公诉。上海市浦东新区人民法院经审理，于2019年12月23日依法作出判决，认定陈某枝犯有洗钱罪，并判处其有期徒刑二年，同时处以20万元的罚金。陈某枝在法定期限内并未提出任何上诉，因此，这一判决现已正式生效。她的行为不仅触犯了法律，更是对社会正义的严重践踏。

【主要法律问题】

（1）利用虚拟货币是否可作为洗钱手段？
（2）虚拟货币洗钱数额如何认定？

（3）洗钱罪上游犯罪查证属实未判决的是否影响洗钱罪的认定？

【主要法律依据】

《中华人民共和国刑法》（2017）

第五十二条　判处罚金，应当根据犯罪情节决定罚金数额。

第五十三条　罚金在判决指定的期限内一次或者分期缴纳。期满不缴纳的，强制缴纳。对于不能全部缴纳罚金的，人民法院在任何时候发现被执行人有可以执行的财产，应当随时追缴。

由于遭遇不能抗拒的灾祸等原因缴纳确实有困难的，经人民法院裁定，可以延期缴纳、酌情减少或者免除。

第六十七条第一款　犯罪以后自动投案，如实供述自己的罪行的，是自首。对于自首的犯罪分子，可以从轻或者减轻处罚。其中，犯罪较轻的，可以免除处罚。

第一百九十一条　明知是毒品犯罪、黑社会性质的组织犯罪、恐怖活动犯罪、走私犯罪、贪污贿赂犯罪、破坏金融管理秩序犯罪、金融诈骗犯罪的所得及其产生的收益，为掩饰、隐瞒其来源和性质，有下列行为之一的，没收实施以上犯罪的所得及其产生的收益，处五年以下有期徒刑或者拘役，并处或者单处洗钱数额百分之五以上百分之二十以下罚金；情节严重的，处五年以上十年以下有期徒刑，并处洗钱数额百分之五以上百分之二十以下罚金：

（一）提供资金账户的；

（二）协助将财产转换为现金、金融票据、有价证券的；

（三）通过转账或者其他结算方式协助资金转移的；

（四）协助将资金汇往境外的；

（五）以其他方法掩饰、隐瞒犯罪所得及其收益的来源和性质的。

单位犯前款罪的，对单位判处罚金，并对其直接负责的主管人员和其他直接责任人员，处五年以下有期徒刑或者拘役；情节严重的，处五年以上十年以下有期徒刑。

【理论分析】

一、洗钱罪概述

（一）洗钱罪的概念及构成要件

洗钱罪，是指明知是毒品犯罪、黑社会性质的组织犯罪、恐怖活动犯罪、走私犯罪、贪污贿赂犯罪、破坏金融管理秩序犯罪、金融诈骗犯罪的所得及其产生的收益，而掩饰、隐瞒其来源和性质的行为。以下是该罪的详细构成要件：

第一，洗钱罪所侵犯的客体具有双重性，即司法机关的正常活动和国家正常的金融管理秩序。洗钱罪的对象是毒品犯罪①、黑社会性质的组织犯罪②、恐怖活动犯罪③、走私犯罪④、贪污贿赂犯罪⑤、破坏金融管理秩序犯罪⑥、金融诈骗犯罪⑦的所得及其产生的收益⑧。

第二，洗钱罪在客观上表现为行为人实施了上述七大类犯罪对所得及其产生的收益实施的一系列掩饰、隐瞒其来源和性质的行为。洗钱的目的在于逃避法律制裁，通过金融体系或直接投资等非金融体系的运作，切断犯罪所得及其产生的收益与原始犯罪行为之间的联系，使非法所得及其衍生利益合法化。根据刑法规定主要包括以下五种方式：一是提供资金账户；⑨ 二是协助将财产转换为现金、金融票据、有价证券；⑩ 三是通过转账或者其他结算方式协助资金转移；⑪ 四是协助将资金汇往境外；⑫ 五是以其他方式掩饰、隐瞒犯罪的所得及其收益的性质和来源。⑬

第三，洗钱罪的主体包括自然人和单位。一个需要解决的问题是上游犯罪的行为人能否成为洗钱罪的主体。洗钱罪的核心在于对非法所得财物的非法处理和转移。在传统法律理论中，对于犯罪行为已经结束但非法状态仍持续存在的状态犯，犯罪行为人在该不法状态下对犯罪所得进行的后续处置行为，往往不被视为独立的可罚行为。这种后续处置在法学上被归类为不可罚的事后行为，也就是说，它不再单独构成新的犯罪。举例来说，如果某人实施了盗窃行为，并在之后自行销售了盗窃所得的赃物，这种销售行为在理论上和司法实践中通常不会与盗窃罪数罪并罚，而是被看作盗窃行为的一部分或结果，仅对盗窃罪进行定罪处罚。然而，洗钱罪的情况有所不同。洗钱

---

① 毒品犯罪，是指《刑法》分则第六章第七节规定的各种有关毒品的犯罪。
② 黑社会性质的组织犯罪，是以黑社会性质的组织为主体所实施的各种犯罪。
③ 恐怖活动犯罪，是指恐怖组织实施的各种犯罪。
④ 走私犯罪，是指《刑法》分则第三章第二节规定的各种走私犯罪。
⑤ 贪污贿赂犯罪，是指《刑法》分则第八章规定的各种贪污贿赂犯罪。
⑥ 破坏金融管理秩序犯罪，是指《刑法》分则第三章第四节规定的各种破坏金融管理秩序犯罪。
⑦ 金融诈骗犯罪，是指《刑法》分则第三章第五节规定的各种金融诈骗犯罪。
⑧ 犯罪所得及其产生的收益，是指犯罪分子通过犯罪所获取的非法利益、犯罪所获取的非法利益产生的孳息，以及利用犯罪所获取的非法利益从事经营活动所产生的经济利益。
⑨ 即行为人将自己拥有的合法账户提供给实行上述七类犯罪的犯罪分子，或者为其在金融机构开立账户，让其将犯罪所得及其产生的收益存入金融机构。
⑩ 即行为人采取各种方式，协助上述七类犯罪分子将犯罪所得及其收益通过交易等方式转换为现金或者本票、汇票、支票等金融票据或者国库券、财政债券、国家建设债券等有价证券。
⑪ 即将上述七类犯罪所得及其收益通过银行等金融机构的转账或者委托付款等结算方式，将犯罪所得及其收益从一个账户转移到另一个账户，使其混入合法收入之中。
⑫ 主要是指享有资金调往境外权利的个人或者企业，通过自己在银行或者其他金融机构所开设的账号，将上述七类犯罪所得的资金汇往境外。
⑬ 实践中常见的有通过典当、租赁、买卖、投资等方式，协助转移、转换犯罪所得及其收益的；通过与商场、饭店、娱乐场所等现金密集型场所的经营收入相混合的方式，协助转移、转换犯罪所得及其收益的，通过虚构交易、虚设债权债务、虚假担保、虚报收入等方式，协助将犯罪所得及其收益转换为"合法"财物的；通过买卖彩票、奖券等方式，协助转换犯罪所得及其收益的；通过赌博方式，协助将犯罪所得及其收益转换为赌博收益的；协助将犯罪所得及其收益携带、运输或者邮寄出入境的等。

行为不仅涉及对非法所得的处理,更关键的是它试图掩盖这些非法所得的来源和性质,从而逃避法律的制裁。因此,洗钱罪被视为一种独立的犯罪行为,需要受到法律的专门打击和惩处。因此,有观点认为洗钱罪的主体不应包括上游犯罪的实行犯或其共犯,而只能是与上游犯罪行为无共犯关系的自然人或单位。这一观点在《欧洲反洗钱公约》中也有所体现,对于是否包括上游犯罪的行为人持否定态度。关于洗钱犯罪的主体,学界存在不同的观点。部分学者坚持上游犯罪的行为人也应纳入洗钱犯罪的主体范畴。他们认为,上游犯罪行为人与局外人进行的洗钱活动,在行为模式、造成的危害结果以及主观意图上并无根本差异。若因行为主体不同而导致法律后果迥异,这显然与刑法所倡导的"人人平等"原则相悖。洗钱犯罪与传统赃物犯罪在性质上存在显著差异。传统赃物犯罪更多关注赃物的转移和占有,常作为财产犯罪后的辅助环节。而洗钱犯罪则专注于非法所得的"洗白"过程,通过复杂手段改变非法资金的性质、形式、来源、流向和所有权结构,使其合法化,确保"黑钱"的流通安全。洗钱犯罪本身构成一个独立且完整的犯罪过程,鉴于其特殊性,学者建议不应将上游犯罪行为人排除在洗钱罪的主体之外。若上游犯罪行为人继续实施洗钱行为,应遵循数罪并罚原则进行处理。事实上,为了更有效地打击洗钱犯罪,不少国家和地区已经开始或逐渐接受这一观点,将上游犯罪行为人纳入洗钱罪的主体范围。

第四,洗钱罪的主观方面为直接故意,这种故意行为体现了行为人对于犯罪所得及其收益的非法性有着清晰的认识,并有意通过洗钱手段将其转变为看似合法的财产。

(二)洗钱罪的认定

1. 关于洗钱罪与非罪行为的界限

我国《刑法》在成立洗钱罪上并未设定明确的情节限制。然而根据但书规定,若洗钱行为在情节上显著轻微且危害不大的,不应当将其认定为犯罪。界定洗钱行为是否属于"情节显著轻微危害不大"则需要进行综合考量。首先,较大的数额可能表明其社会危害性相对较高,数额是一个重要指标。其次,洗钱行为的次数也应纳入考量,频繁的行为可能反映出更高的犯罪意图和更大的社会危害性。此外,是否属于偶犯或初犯也是判断洗钱行为情节轻微与否的重要标准,首次或偶尔参与洗钱活动可能表明行为人的主观恶性相对较小。因此,在司法实践中,对于洗钱行为是否构成犯罪,除了依据《刑法》的相关规定,还需结合具体案情,综合考虑洗钱行为的数额、次数、是否偶犯或初犯等情节,以准确判断其是否属于"情节显著轻微危害不大"的情况,从而确保法律的公正适用。

2. 关于洗钱罪与掩饰、隐瞒犯罪所得及其收益罪的界限

尽管洗钱罪与掩饰、隐瞒犯罪所得及其收益罪在犯罪构成要件上表现出一定的相似性,但实际上存在着显著的差异。首先,从侵犯的客体来看,洗钱罪所侵害的是一个复合的客体结构。其首要客体是国家金融管理秩序的正常运行,这是确保国家经济稳定和社会安全的基石;次要客体是司法机关的正常活动,旨在维护司法的公正和权

威。相比之下，掩饰、隐瞒犯罪所得及其收益罪则主要聚焦于对司法机关正常活动的侵害，其客体相对单一。其次，在犯罪对象的选择上，洗钱罪具有明确的限定性。其对象严格依据我国《刑法》的规定，仅限于七类上游犯罪所得及其产生的收益。而掩饰、隐瞒犯罪所得及其收益罪的对象则更为宽泛，涵盖了所有类型犯罪的所得及其产生的收益。此外，在处理涉及毒品犯罪所得及其收益的掩饰、隐瞒行为时，我们必须特别注意洗钱罪与掩饰、隐瞒犯罪所得及其收益罪之间的关系。由于两者在此类行为上存在法规竞合，根据特别法优于一般法的原则，当发生此类行为时，应优先适用洗钱罪的相关规定进行处理。综上所述，洗钱罪与掩饰、隐瞒犯罪所得及其收益罪虽然在某些方面存在相似之处，但在客体侵犯、对象选择以及特定情况下的法律适用上均存在明显的区别。在司法实践中，我们必须准确区分两者，以确保法律的正确适用，维护社会的公平正义。

3. 洗钱罪与窝藏、转移、隐瞒毒赃罪的区别

虽然洗钱罪与窝藏、转移、隐瞒毒赃罪在表面上存在一定相似性，但它们的核心区别显著。首先，从犯罪侵犯的客体来看，洗钱罪针对的是一个复杂的多层次结构，其侵害的是国家金融管理秩序的正常运行，同时也影响司法机关的正常活动。而窝藏、转移、隐瞒毒赃罪则主要侧重于对司法机关正常活动的破坏，并未直接关联到金融管理秩序。其次，在犯罪对象上，洗钱罪的对象具有明确的法定性，严格限于《刑法》规定的七类上游犯罪所得及其产生的收益，确保法律打击的精确性和预防的有效性。而窝藏、转移、隐瞒毒赃罪的对象则较为单一，特指与毒品犯罪直接相关的非法所得，即毒赃。因此，尽管两者在表面上存在一定的相似性，但通过对犯罪客体和对象的深入分析，我们可以清晰地看到它们之间的本质区别。除此之外，从犯罪主体来分析，窝藏、转移、隐瞒毒赃罪的主体仅限于自然人，而洗钱罪的主体既可以是自然人也可以是单位，单位不构成窝藏、转移、隐瞒毒赃罪的主体。尽管两罪在构成要件上存在差异，且从法条关系上看属于法规竞合，但在处理这种竞合现象时，在涉及洗钱罪与窝藏、转移、隐瞒毒赃罪的区分时，我们不应轻易采取特别法优于一般法的简化逻辑，直接将其归类为后者。而应深入审视案件的具体情况和法律条文，依据处理法规竞合的例外原则——重法优于轻法的原则——进行精准的判断。如果案件的核心特征和法律要件更符合洗钱罪的构成要件，那么应当按照洗钱罪进行论处，以确保法律适用的准确性和公正性。这是因为洗钱罪在危害程度和处罚力度上通常更为严重，能够更好地体现对这类犯罪行为的打击和惩治。

（三）洗钱罪的刑事责任

根据我国《刑法》第一百九十一条对洗钱罪的明确规定：首先，涉嫌违法的所得及其产生的收益将被依法没收，这是对犯罪行为的直接经济打击。其次，对于犯罪个人，将依法处以五年以下有期徒刑或者拘役，并处或者单处洗钱数额5%以上20%以下罚金，情节严重的，处五年以上十年以下有期徒刑，并处洗钱数额5%以上20%以下罚金。单位犯洗钱罪的，对单位判处罚金，并对其直接负责的主管人员和其他直接责任人员，处五年以下有期徒刑或者拘役。情节严重的，处五年以上十年以下有期徒刑。[1]

二、利用虚拟货币手段实施洗钱罪

在传统洗钱手法中，中介机构如银行往往扮演关键角色，这些交易往往留下可追踪的线索。然而，通过虚拟货币进行洗钱则呈现出截然不同的特点。虚拟货币交易的匿名性和去中心化本质使资金的流向难以监控，交易者身份难以识别和追踪。在实际中，利用虚拟货币洗钱行为可以分为两类。首先，虚拟货币本身就是上游犯罪的直接产物。犯罪者通过诈骗、盗窃、敲诈勒索等手段获取虚拟货币后，会采用一系列复杂的交易策略进行层层洗白，甚至将其转移至境外以逃避法律制裁。其次，当上游犯罪所得为人民币时，犯罪者会借助相关交易平台或场外交易渠道购买虚拟货币，并通过这些交易将非法资金转化为看似合法的形式。更进一步，他们可能将虚拟货币转移至境外并兑换为外币，既掩盖了非法资金的来源和性质，又实现了资金的跨境转移。这种情况给执法机构带来了巨大的挑战。

针对本案涉及的虚拟货币——比特币，我们需特别关注两个核心问题。首先，比特币在我国并不具备货币的法律地位，其发行与兑换均被明令禁止。根据关于防范代币发行融资风险的公告，代币发行融资被定性为非法公开融资行为，其中明确指出任何组织和个人不得从事代币发行融资活动。因此，在办理与比特币相关的案件时，办案人员应深入了解并遵循相关行政监管政策，确保案件定性准确。其次，比特币等虚拟货币因其独特的属性，如去中心化、高稀缺性、高流动性和匿名性，成为地下兑换和洗钱犯罪的新手段。尽管我国已明确禁止代币发行融资及兑换活动以维护金融市场的稳定与安全，然而，由于国家间在虚拟货币监管策略上存在显著的差异性和多样性，特别是像美国、英国等部分国家允许比特币等虚拟货币的交易活动，这一差异为某些不法分子提供了潜在的违法空间，使不法分子可能利用这些漏洞进行非法金融活动。不法分子通过境内非法手段将赃款兑换成比特币，再利用境外虚拟货币服务商和交易所实现资金跨境转移和清洗。犯罪手段主要分为两类：一是通过黑市直接交易比特币，行为人使用赃款从比特币持有者手中购买，获取密钥后在境外兑换成法定货币；二是专业洗钱团伙代买代跑分洗钱，雇用跑分人员在境外虚拟货币交易所注册账户，接收赃款购买虚拟货币，再利用交易所或服务商进行交易并提现至指定账户。在办理跨境洗钱案件时，办案人员除关注传统洗钱手段外，还应高度警惕利用比特币等虚拟货币进行洗钱的新动向，需要深入掌握可能存在的洗钱方法，发掘犯罪线索，并根据虚拟货币洗钱交易的特点收集和运用证据。[2]

---

[1] 高铭暄，马克昌. 刑法学 [M]. 10 版. 北京：北京大学出版社，2022：411-413.
[2] 罗曦. 关于最高人民检察院、中国人民银行联合发布惩治洗钱犯罪典型案例的解析 [J]. 人民检察，2021（20）：50-55.

三、虚拟货币洗钱罪数额认定

针对洗钱罪的定罪量刑过程中，洗钱数额不仅作为影响加重法定刑（情节严重）的关键因素，也是判处罚金的参考标准，罚金数额可以按照洗钱数额的一定比例来计算。当上游犯罪（如诈骗或集资诈骗）的非法所得为人民币，并随后被兑换成虚拟货币进行洗钱时，洗钱数额的计算相对直接，依据人民币购入虚拟货币的原数额即可。然而，若虚拟货币本身就是上游犯罪的直接所得，如犯罪人通过诈骗、盗窃等手段获取虚拟货币后，再通过一系列复杂交易进行洗钱，洗钱数额的计算则变得复杂。由于虚拟货币并非法定货币，其价值并不由国家金融机构直接认定，而是依赖于公众共识和市场交易。虚拟货币的发行基于计算机算法，其价值取决于公众的接受程度和市场表现，如交易量和交易频率等。人们获取虚拟货币的方式多样，包括"挖矿"和通过交易平台或场外交易购买。由于案件涉及多重因素，如上游犯罪被害人获取虚拟货币的方法与成本、洗钱行为实施的具体时间等，加之虚拟货币的价格在交易平台上实时波动，在司法实践中计算方式也存在争议。对此，理论界有着不同的观点：（1）若犯罪所得直接为虚拟货币，洗钱数额可以参照上游犯罪被害人购买该虚拟货币时支付的人民币金额进行计算。（2）以洗钱行为发生前一个月内，虚拟货币交易平台上的平均交易价格作为参考，来推算犯罪数额。（3）若上游犯罪的被害人是通过交易取得虚拟货币，则以购买价为基础进行计算；若通过"挖矿"方式获取，则以所耗费的人力、物力等成本来估算犯罪数额。这些观点为洗钱罪中虚拟货币洗钱数额的计算提供了不同的思路和方法，有助于司法实践中更加精准地定罪量刑。①

四、上游犯罪与洗钱罪的认定

洗钱罪与上游犯罪紧密相连，上游犯罪的存在是洗钱罪的前提。但关键在于，我们是否需要等待上游犯罪行为人被定罪判刑后才去认定洗钱罪。实际上，只要有确凿证据显示发生了《刑法》第一百九十一条所规定的上游犯罪，并且行为人明知并故意为上游犯罪提供资金账户、协助转换财产形式等，以掩饰、隐瞒其非法所得的来源和性质，那么洗钱罪即可成立。尽管上游犯罪与洗钱犯罪在事实上存在先后顺序，但在实际查处和审判过程中，两者的进展往往不会同步。上游犯罪由于复杂的案情难度大且耗时长，相比之下，洗钱行为的查处通常更为简单迅速。有些情况下，上游犯罪行为人在逃，洗钱行为人已被抓获归案。从程序正义的角度看，若要求上游犯罪全部处理完毕再进行洗钱罪的处理，会阻碍对洗钱犯罪的打击。从犯罪构成的角度来看，洗钱罪与上游犯罪各自拥有独立的构成要件，因此需要分别进行评价。值得留意的是，当上游犯罪行为人尚未被缉拿归案时，法院在审理洗钱案件时需保持谨慎态度。只有在洗钱案件中的事实和证据充分证明上游行为符合《刑法》第一百九十一条所规定的七类犯罪范畴时，才能认定洗钱罪成立。若基于现有证据无法确切判断上游行为是否

---

① 任彦君. 以虚拟货币交易方式洗钱的刑法适用分析［J］. 南都学坛，2022，42（05）：64-70.

构成犯罪，或者具体归属于哪一类犯罪，那么对于洗钱罪的认定应当持保留态度。这是因为，根据《刑法》第一百九十一条的规定，洗钱罪的成立要求行为人"明知"是上游犯罪所得及其收益。若上游行为是否构成犯罪以及是否属于特定的七类犯罪无法判断，那么洗钱行为人是否具备"明知"这一关键要件就无法确定。若上游犯罪属于这七类犯罪之外的其他类型，那么法院可以根据相关法律规定，将其认定为《刑法》第三百一十二条所规定的掩饰、隐瞒犯罪所得、犯罪所得收益罪，以确保法律的准确适用和公正裁判。①

【实操分析】

在本案审理中，陈某波未经国家相关部门的正式批准，擅自以公司名义向社会公众推销定期固定收益的理财产品，自行设定涨跌幅度，并在后续阶段拒绝履行兑付义务。陈某波利用其所创立的数字货币交易平台发行虚拟货币，通过夸大其词的宣传手法和提供不实信息，误导客户在该平台进行充值和交易。更甚的是，陈某波伪造交易记录，并通过设置提现限制、捏造黑客攻击事件等手段来掩盖资金短缺这一事实，以此推迟或拒绝投资者的提现请求。同时，陈某枝在该案件中也发挥着举足轻重的作用，她借助一系列操作来隐藏陈某波金融诈骗所得的来源和性质。陈某枝将陈某波的非法收益转移到陈某波的个人账户，以便其在境外使用。此外，她还将出售车辆的资金全部转入"矿工"账户，用来换取比特币密钥，并将这些密钥转交给陈某波，以便其在境外进行兑换和使用。陈某枝的这些行为明确构成了洗钱罪。本案作为洗钱罪的一个指导案例，其焦点和价值主要体现在两个方面。首先，它探讨了利用虚拟货币作为洗钱手段是否可以被纳入洗钱罪的范畴，这对于明确法律边界、指导司法实践具有重要意义。其次，它触及的另一问题是，当上游犯罪已被证实但法院尚未作出判决时，是否会影响洗钱罪的认定。明确这一问题，有助于维护法律适用的公正性与一致性，保持金融市场的稳定以及保护投资者的合法权益。

第一，在当下的金融环境中，一种新兴与隐蔽的策略已经成为洗钱犯罪的常见行为手段——通过虚拟货币实现跨境资金转移，将犯罪所得及其收益转变为境外财产。据此，在评估洗钱犯罪涉及的金额时，应以实际用于兑换虚拟货币的资金数额为准。虽然我国对代币发行融资及其兑换活动持禁止的态度，但由于不同国家和地区对此存在不同的监管政策，不法分子可以通过利用境外虚拟货币服务提供商和交易平台，从而自由地进行数字货币与法定货币之间的兑换，虚拟货币成为跨境洗钱的有效工具。在认定洗钱罪的过程中，我们必须深入了解和掌握利用虚拟货币洗钱犯罪的交易特点，以便更有效地收集和运用相关证据。这包括详细查明法定货币与虚拟货币之间的转换过程，确保证据链的完整性和准确性。具体而言，为了准确识别洗钱行为，需要依照虚拟货币交易的整个操作流程，收集行为人将非法所得转换成虚拟货币，再将这些虚

---

① 刘森. 论网络洗钱犯罪及规制 [J]. 互联网天地, 2022 (04): 10-14.

拟货币转换为法定货币或进行其他金融交易的证据。此类证据可能涵盖比特币的交易地址、密钥、行为人与比特币所有者之间的通信记录，以及资金流向的详尽记录等。通过详尽的证据收集和深入的分析，可以更精确地界定洗钱行为，为打击金融犯罪、保障金融市场的稳定与安全提供坚实的法律支持。

第二，当上游犯罪已经得到证实，但尚未判决或依法不予追究刑事责任时，并不妨碍对洗钱罪的认定。在整个司法程序中，上游犯罪与洗钱犯罪的侦查、起诉和审判阶段可能会存在时间上的不同步。此外，上游犯罪嫌疑人可能出现的种种情况，如潜逃、死亡等，可能导致暂时无法追究以及依法不追究刑事责任的结果出现。尽管洗钱罪是下游犯罪，但实质上仍是一种独立的而非依附于上游犯罪的犯罪类型。在评估洗钱罪案件时，考虑到打击洗钱行为的必要性和紧迫性，确实可以将上游犯罪视为洗钱罪案件中的一个内部事实因素来综合考量。这样做有助于更全面、准确地理解洗钱行为的性质、动机和影响，从而确保法律适用的准确性和有效性。只要现有证据足以充分证明上游犯罪的存在，无论上游犯罪是否已经通过判决予以确证，都不应影响洗钱罪的定罪。这一准则的确立旨在确保对洗钱犯罪的及时和有效打击，以维护金融秩序的稳定和社会公正。

【思考题】

虚拟货币洗钱中非法跨境转移资金行为的罪数应如何认定？

第四节　侵犯知识产权罪

案例五　Randolph Hobson Guthrie Ⅲ 等销售侵权复制品案[①]

【基本案情】

一、案件经过

Randolph Hobson Guthrie Ⅲ（中文名顾某），系美国公民，在未获得中国颁发的《音像制品经营许可证》的情况下，通过其控制的"三美元 DVD 网站"，在国际互联网上向境外客户发送 DVD 信息。在接到境外客户的订单并确认所需 DVD 后，顾某通过指定账户接收汇款，然后以低价购进侵权复制的 DVD，再销售给这些境外客户。从 2003 年 11 月 3 日至 2004 年 7 月 1 日，顾某通过这种方式向境外销售了 13.3 万余

---

① 袁秀挺. 无证销售侵权复制品行为的罪名认定 [J]. 人民司法, 2007 (20)：4-8.

张 DVD，销售金额折合人民币 330 万余元，非法所得 97 万余元。在顾某所实施的犯罪活动中，库某、吴某、吴某彪等人明知其行为侵权，却分别提供帮助，包括收发货、联络客户、电脑管理、运输等服务。其中，吴某参与销售金额达到 326 万余元，违法所得 94 万余元，个人非法获利 1.2 万元；库某参与销售金额为 175 万余元，违法所得 38 万余元，个人非法获利 1.2 万元；吴某彪参与销售金额为 151 万余元，违法所得 23 万余元，个人非法获利 5 万元。案发后，吴某彪主动向公安机关投案，并如实供述了自己的违法行为。在案件侦破过程中，公安机关查获侵权 DVD 共计 11.9 万余张。

二、诉讼经过

公诉机关在对本案进行深入研究与审查后，认为：本案中的四名被告所实施的行为，已经严重违背我国《刑法》第二百二十五条第（一）项的规定，构成非法经营罪。他们的行为不仅破坏了市场秩序，还损害了消费者的合法权益。本案中，四名被告之间呈现出一种主从犯的关系。顾某在本案中为主犯，吴某、库某、吴某彪等三人积极参与其中，是本案的从犯。

被告人顾某针对非法经营罪指控，承认起诉书中关于他销售盗版 DVD 的事实，但其提出辩解，坚持认为自己并不具备中国公民的身份，同时声称自己在中国境内并没有进行任何商业活动。因此，否认其行为构成非法经营罪。被告人吴某、库某和吴某彪也对自己被指控的非法经营罪提出异议。他们辩称，自己只是受雇于他人，从事的是一些劳务工作，自己并没有非法经营的故意，同时也没有参与非法经营。

四名被告人的辩护人针对指控罪名提出了详细的辩护意见。首先，辩护人强调，顾某并未在中国境内进行盗版 DVD 的销售活动，因此，根据相关法律法规，顾某无须申请《音像制品经营许可证》。其次，四名被告人无论是在主观方面还是客观方面，均不符合非法经营罪的构成要件。根据现有的证据，无法证明四名被告人具有非法经营的主观故意和客观行为，因此，公诉机关的指控是不成立的。同时辩护人指出，吴某、库某、吴某彪在案件中是从犯，并且吴某彪具有自首的情节。根据《刑法》的相关规定，对于这些具有从犯情节的被告人，应当依法从轻或者减轻处罚。

法院经过深入审理，认为顾某在未经授权且未取得《音像制品经营许可证》的情况下，进行非法销售活动，明知所销售的物品为侵权复制品，却利用网络平台订购、组织货源，并通过委托运输的方式将这些侵权复制品销往各地，从中牟取暴利。与此同时，吴某、库某、吴某彪三人在明知顾某从事非法销售侵权复制品的情况下，仍选择为其提供帮助，协助销售，或负责运输，为顾某的犯罪行为提供了重要的支持和便利。依据相关规定，他们的行为既触犯了《刑法》第二百一十八条关于销售侵权复制品罪的规定，也触犯了第二百二十五条关于非法经营罪的规定。根据特别法优于普通法的适用原则，销售侵权复制品罪作为特别法，在本案中应优先适用。法院最终认定四名被告人构成销售侵权复制品罪。在量刑过程中，法院充分考虑了各被告人在犯罪中所起的作用和情节，顾某作为主犯，在犯罪中起主要作用；而吴某、库某、吴某彪作为从犯，在犯罪中起次要或辅助作用，此外，吴某彪还具有自首情节，依法应酌情从轻处罚。

【主要法律问题】

（1）四名被告人的行为是否符合非法经营罪的构成要件？

（2）四名被告在未取得经营许可证的情况下所实施的销售侵权复制品的行为，应当以销售侵权复制品罪定罪处罚还是应当以非法经营罪定罪处罚？

【主要法律依据】

《中华人民共和国刑法》（2002）

第二百一十七条　以营利为目的，有下列侵犯著作权情形之一，违法所得数额较大或者有其他严重情节的，处三年以下有期徒刑或者拘役，并处或者单处罚金；违法所得数额巨大或者有其他特别严重情节的，处三年以上七年以下有期徒刑，并处罚金：

（一）未经著作权人许可，复制发行其文字作品、音乐、电影、电视、录像作品、计算机软件及其他作品的；

（二）出版他人享有专有出版权的图书的；

（三）未经录音录像制作者许可，复制发行其制作的录音录像的；

（四）制作、出售假冒他人署名的美术作品的。

第二百一十八条　以营利为目的，销售明知是本法第二百一十七条规定的侵权复制品，违法所得数额巨大的，处三年以下有期徒刑或者拘役，并处或者单处罚金。

第二百二十五条　违反国家规定，有下列非法经营行为之一，扰乱市场秩序，情节严重的，处五年以下有期徒刑或者拘役，并处或者单处违法所得一倍以上五倍以下罚金；情节特别严重的，处五年以上有期徒刑，并处违法所得一倍以上五倍以下罚金或者没收财产：

（一）未经许可经营法律、行政法规规定的专营、专卖物品或者其他限制买卖的物品的；

（二）买卖进出口许可证、进出口原产地证明以及其他法律、行政法规规定的经营许可证或者批准文件的；

（三）未经国家有关主管部门批准，非法经营证券、期货或者保险业务的；

（四）其他严重扰乱市场秩序的非法经营行为。

【理论分析】

一、销售侵权复制品罪与非法经营罪概述

（一）销售侵权复制品罪

销售侵权复制品罪是一种严重侵害他人著作权及相关权利的违法行为，是行为人为了获取经济利益而销售侵权复制品的行为。该罪行的核心要素在于以营利为目的，销售明知是侵犯他人著作权及相关权利的复制品，且违法所得数额巨大或有其他严重情节。销售侵权复制品罪的客体是他人的著作权及相关权利。著作权是指作者对其创作的文学、艺术和科学作品享有的专有使用权，包括复制权、发行权、出租权、展览权、表演权、放映权、广播权、信息网络传播权等。销售侵权复制品罪的客观方面表现为销售侵犯他人著作权及相关权利的复制品，且违法所得数额巨大或有其他严重情节。销售侵权复制品罪的主体为任何已满16周岁且具有刑事责任能力的自然人和单位。销售侵权复制品罪的主观方面是故意，且具有营利目的。

（二）非法经营罪

非法经营罪是指违反国家规定从事经营活动，扰乱市场秩序，且情节严重的行为。该罪行侵犯的客体是国家的市场交易管理秩序。客观构成要素包括以下几个方面：首先，行为人违反了国家规定，即全国人民代表大会及其常委会制定的法律和决定，国务院制定的行政法规、行政措施、发布的决定和命令中关于经营活动的规定。其次，行为人从事非法经营活动，扰乱了市场秩序。《刑法》第二百二十五条将非法经营行为归为三类。非法经营罪主体为一般主体，包括任何已满16周岁并具有刑事责任能力的自然人和单位。非法经营罪的主观方面是故意。

二、法条竞合与想象竞合

（一）法条竞合

当一个行为同时符合刑法分则的数个犯罪构成要件规定，数个法条在逻辑上存在包容关系或者交叉关系，但是在裁判上只能适用其中的某一罪名，从而排斥其他法条适用的情形即构成法条竞合。① 行为在形式层面同时符合数个犯罪构成，这些犯罪构成之间存在包容或者交叉关系。一个犯罪构成，在部分或全部内容上被另一个犯罪构成所包含，实质上仅符合其中一个犯罪构成，从而导致仅适用其中一个罪名即可评价犯罪行为。

法条竞合的处断原则具有一定的规则：

---

① 周光权. 刑法总论［M］. 4版. 北京：中国人民大学出版社，2021：394.

（1）对于包容竞合的，按照特别法优于一般法处断。

（2）对于交叉竞合的，一般按照重法优于轻法处断，法条轻重无法明确区分的，按照习惯法处理。其中处断轻法存在两种情形：

①刑法对该犯罪规定的刑罚较轻。

②法定刑一致的，立案标准较低者更不利于行为人，可以视为重罪。

（3）对于交叉竞合，法律有明文规定或者规范有明确规定的，应按照法律和规范的规定处断。

（二）想象竞合

想象竞合是指一个行为触犯了数个罪名的犯罪形态，其特征为：

（1）行为人只实施了一个行为，且在社会生活的意义上被评价为一个行为，有广义与狭义之分，除了包括狭义的行为，还包括结果在内的行为，如打死一人。

（2）行为触犯了数个罪名。想象竞合犯是一个行为在形式上同时符合刑法规定的数个犯罪构成，触犯了数个罪名，是实质上的一罪，若为数个行为触犯数个罪名则属于数罪。

在处理想象竞合犯时，我国刑法学界普遍认同并采用"从一重处断"的原则。该原则的含义是，当一个行为同时符合多个不同的犯罪构成要件时，司法实践应当选取法定刑较为严厉的罪名进行定罪与量刑，同时避免对行为人进行数罪并罚。然而，在此原则之外，若刑法分则或其他相关法律文件中对特定情形的处断有明确特别规定，则应严格遵照这些特别规定进行处理。

（三）法条竞合与想象竞合的区分

1. 形式标准

法条之间具有不同的关系：

（1）对立关系，即如果一个行为触犯一个法条，则不可能触犯两个法条，如侵占罪和盗窃罪。

（2）包容关系，一个行为如果触犯了一个法条，必然会被另一个法条所包含。

（3）交叉关系，两个法益的部分构成要件相重合。

（4）中立关系，不存在上述三种关系，但一个行为同时触犯两个法条。[1]

得到的结论是：第一，如果采用形式标准区分竞合的种类，具有对立关系的法条之间不可能成立竞合。第二，存在包容或者交叉关系构成法条竞合，而想象竞合中是行为人触犯数个法条，不要求法条间一定存在交叉关系或者包容关系。

2. 法益标准

所谓"法益同一性"应当指同一法益而非同一类法益，同类法益下的罪名其所保

---

[1] 张明楷. 法条竞合与想象竞合的区分 [J]. 法学研究，2016，38（01）：127-147.

护的法益并非具有法益同一性，而属于同类法益之间的法益也未必具有同一性。①

法条竞合是由于立法者的价值设定，导致针对同一种犯罪行为在刑法分则上设定的细分化，是在立法层面上静态的竞合，法条之间具有同一性。而想象竞合是行为触犯法条的偶然性导致触犯多种法条，而并非因为立法设计，因此其触犯法条并不要求具有法益同一性。

3. 全面评价原则

罪数的认定与判断是为了更好地遵循罪责刑相适应原则，法条竞合与想象竞合均为一个行为符合数个犯罪构成，因此对于罪名的适用上应当对行为进行全面涵盖避免缺失行为内容的同时，避免对其进行重复评价。违背该原则会导致量刑上的畸轻或者畸重。

4. 禁止重复评价原则

禁止重复评价原则要求在对行为定罪量刑时，不得对同一犯罪构成事实进行二次或二次以上的法律评价。② 行为在表面上如果符合数个犯罪构成，适用的罪名应当与其法益侵害程度相匹配。因此，当适用符合数个构成要件中的其中一个法条就足以完全评价行为的不法时，成立法条竞合；反之，若行为符合多个构成要件，而仅适用其中一个法条无法对行为的不法内容作出完全评价时，则行为触犯的多个罪名之间属于想象竞合。

【实操分析】

本案中，在管辖层面，尽管顾某不是中国公民，但其行为发生在中国境内，我国《刑法》第六条第一款规定："凡在中华人民共和国领域内犯罪的，除法律有特别规定的以外，适用本法。"第三款规定："犯罪行为或者结果有一项发生在中华人民共和国领域内，就认为是在中华人民共和国领域内犯罪。"因此，尽管顾某不是中国公民，但其发布销售内容、低价购买侵权复制DVD并售往境外的行为在中国境内，符合刑法的适用范围。

在行为的认定上，根据《音像制品管理条例》（2001）第五条的规定，顾某等人未取得音像制品经营许可证，不具备合法销售光盘的资质，逃避市场监管，不利于维护音像制品销售的合规性。根据《最高人民法院关于审理非法出版物刑事案件具体应用法律若干问题的解释》（1998）（以下简称《解释》）第十一条的规定，行为人违反《音像制品管理条例》的行为符合"违反国家规定"的要求，"出版、印刷、复制、发行"的行为依照《刑法》第二百二十五条的规定，认定构成非法经营罪。另外，"发行"一词本身就包含了销售行为，根据我国《著作权法》（2001）第10条，发行是以

---

① 王彦强. 犯罪竞合中的法益同一性判断 [J]. 法学家, 2016 (02): 60-75, 177-178.
② 陈兴良. 禁止重复评价研究 [J]. 法治论丛, 1993 (06): 33-37.

出售或者赠予的方式向公众提供作品原件或者复制件的行为，顾某等人低价买入盗版DVD并高价向境外销售的行为，符合《解释》第十一条的规定，并达到违法所得数额标准。顾某等人缺乏正常经营主体资格，逃避市场监管，将DVD高价销售至境外牟取非法利益，侵犯了正常的复制品市场经营秩序。

针对本案中四名被告人的行为，关于罪名适用的问题，存在如下几种观点：

（1）四名被告人的行为构成想象竞合犯。被告人的销售行为同时满足销售侵权复制品罪与非法经营罪的构成要件，触犯了两个罪名，因此构成想象竞合犯。在这种情况下，应从重罪处罚，即以非法经营罪惩处被告人。

（2）四名被告人的行为符合法条竞合。被告人的销售行为虽同时构成销售侵权复制品罪和非法经营罪，但在处断时应遵循重法优于轻法的原则，因此应以非法经营罪处罚被告人。此观点与本案中检察院的意见一致。

（3）四名被告人的行为符合法条竞合。被告人的销售行为虽同时构成销售侵权复制品罪和非法经营罪，但根据特殊法优于普通法的原则，应适用销售侵权复制品罪。这一观点在本案中得到了法院判决的采纳。

从立法意图来看，该规定在《刑法》"妨害社会管理秩序罪"一章中，针对无证销售侵权复制品行为，意味着该罪名保护的是文化市场的管理秩序。二者保护法益的侧重点不同，销售侵权复制品罪保护的是复合法益，除了文化市场的管理秩序，还保护个人法益，即他人享有的著作权；而非法经营罪的设立目标在于维护市场准入秩序，通过集体法益将刑法干预前置化，对于尚未获得特定经营许可证的主体及严重扰乱社会秩序的行为予以惩治。需明确，销售行为乃经营行为之一，无证经营或超经营范围经营，若情节严重，则构成非法经营。[①]

在本案中，顾某等四名被告未取得《音像制品经营许可证》，却向境外大量销售DVD，其行为符合非法经营罪之构成要件。同时，所售DVD为侵权复制品，属非法出版物。因此，四名被告人未经许可销售复制品之行为，可视为特定领域内的非法经营。非法经营罪与销售侵权复制品罪之间存在法条竞合，前者为一般法，后者为特殊法，二者法条具有包容关系。针对想象竞合犯的定义，事实上，该概念是指犯罪事实特征中，行为人出于数个罪过、产生数个结果，导致一个行为触犯多个法条的情形。这些法条之间并无犯罪构成的包容关系。因此，此类行为并不构成想象竞合，第一种观点存在误解。

在本案中，销售侵权复制品罪与非法经营罪构成法条竞合，对于二者法条竞合的处理原则存在适用争议。根据非法经营与销售侵权复制品罪的一般法与特殊法关系，应适用特殊法优于一般法的原则。然而，在实际操作中，有观点认为在特定情况下，若普通法的法定刑明显高于特别法的法定刑，应根据罪责刑相适应原则进行衡量。若出现明显罚不抵罪的情况，应优先适用重法，定为非法经营罪。本案中，检察机关即

---

① 曹坚. 非法经营罪与销售侵权复制品罪之界定［J］. 华东政法学院学报, 2005（02）: 98-101.

持此观点。最终,法院以销售侵权复制品罪作为适用罪名,体现了坚持法条竞合中特殊法优于一般法的原则。因此,在重法优于轻法的适用上应谨慎。

按照全面评价原则与禁止重复评价原则的要求,罪数问题的解决方法本质上是对不法行为进行全面无遗漏的评价,从而选择使用与其罪责相适应的法条。纵观销售侵权复制品罪的立法进程,该罪被规定在刑法设置的区别于非法经营罪中的特别法,1987年的《最高人民法院、最高人民检察院关于依法严惩非法出版犯罪活动的通知》和1991的《最高人民法院、最高人民检察院、公安部关于严厉打击非法出版犯罪活动的通知》中,投机倒把罪的规制范围包括出版、印刷、发行、销售非法出版物与非法经营的行为。1994年的《全国人民代表大会常务委员会关于惩治侵犯著作权的犯罪的决定》中将销售侵权复制品罪独立于投机倒把罪之外,而1997年《刑法》修订过程中,投机倒把罪细化为了现在的非法经营罪,两罪彻底变为特别罪名和一般罪名的关系。之所以设立特殊法条,正是相较于一般法,特殊法所涵盖的不法范围更加细化,在适用一般法无法全面评价不法行为的全部内涵时,应当适用特殊法对其进行全面评价。本案中顾某等四名被告无证销售侵权复制品的行为,是在不具备经营主体资格的基础上销售了非法出版物,在非法经营的范畴内从而侵犯了著作权人本身的权利,所以用销售侵权复制品罪对四名被告进行评价更为全面。因此对具有包容关系的法条,应当采纳特殊法优于一般法的处断原则,选择适用规制行为的罪名。

此外,检视重法优于轻法的处断原则,第一,若以非法经营罪定罪以求达到对行为的罪责刑相适应,只会使销售侵权复制品罪的规制范围被大大缩小,罪名设置失去意义。第二,该处断原则违背了法条竞合的逻辑,法条竞合应当先确定罪名后确定刑罚的轻重,而重法优于轻法则以刑罚适用来对罪名的适用进行逆向的判断,违背了司法适用程序与思维逻辑规律。[①]

综上,四名被告人的行为同时符合非法经营罪与销售侵权复制品罪,且构成法条竞合。应当以特别法优于一般法的处断原则对其罪名作出选择适用,以销售侵权复制品罪进行定罪处罚。

【思考题】

销售侵权复制品罪与非法经营罪应当如何区分?行为同时符合销售侵权复制品罪与非法经营罪时应当如何定罪?

---

① 齐晓伶. 销售侵权复制品罪及其相关问题[J]. 兰州大学学报(社会科学版), 2007 (03): 140-144.

案例六 侵犯"BORDEAUX"地理标志商标专用权案[①]

【基本案情】

一、案件经过

2017年7月21日,波尔多葡萄酒行业联合委员会正式在我国完成了"BORDEAUX"这一地理标志集体商标的注册。该商标被核定为适用于第33类商品,即葡萄酒,且其注册有效期将持续至2027年7月20日。被告单位甲公司系张某某于2016年6月13日设立的一人公司,经营范围包括食品流通等。被告人诸葛某某系该公司的实际控制人,其与张某某系夫妻关系。在2019年2月,被告单位甲公司委托第三方生产了1660箱带有"BORDEAUX"地理标志集体商标的葡萄酒。随后,在同年3月21日至23日举办的第100届全国糖酒商品交易会上,甲公司进行了展销活动,并将其中52箱葡萄酒作为赠品送给了客户。被害单位向四川省成都市市场监督管理局投诉后,该局将线索及材料移送至上海的监管部门。上海市浦东新区知识产权局接收后,于同年6月3日至被告单位检查,当场查获假冒"BORDEAUX"商标的葡萄酒1608箱。根据被告单位甲公司就该葡萄酒的平均定价,其非法经营额达24万余元。因涉及刑事犯罪,该案件被该局移交至警方。同年12月,甲公司实际控制人诸葛某某在接到警方的电话通知后,主动前往接受调查,并诚实地陈述了相关情况。案件审理中,被告单位及被告人赔偿被害单位17.5万元并获得谅解。之后,上海市浦东新区人民检察院针对被告甲公司及涉案个人,以涉嫌假冒注册商标罪为由,正式提起公诉。对于检察院的起诉书中所列的指控,所有涉案当事人均未提出异议,并均表示认罪认罚,签署了相应的认罪认罚具结书。

二、诉讼经过

上海市浦东新区人民法院在审理后认定,被告单位甲公司在未得到注册商标所有人的许可情况下,擅自在相同商品上使用了与注册商标相同的商标,且情节严重,因此其行为已构成假冒注册商标罪。鉴于被告人作为该公司直接负责的主管人员,应当对其犯罪行为承担刑事责任,同样被认定为假冒注册商标罪。然而,考虑到被告单位及被告人均主动投案自首,积极赔偿被害单位并获得谅解,同时被告人也表现出认罪认罚的态度,法院决定对其予以从轻处罚。根据上述情况,法院作出如下判决:(1)被告单位甲公司犯假冒注册商标罪,判处罚金人民币10万元。(2)被告人诸葛某某犯假冒注册商标罪,判处有期徒刑一年六个月,缓刑一年六个月,并处罚金人民币5

[①] 案例来源:(2020)沪0115刑初985号。

万元。(3) 查获的假冒注册商标的葡萄酒予以没收。(4) 禁止被告人诸葛某某在缓刑考验期限内从事食品生产、销售及相关活动。宣判后，被告单位及被告人均未上诉，公诉机关亦未抗诉，判决已生效。

【主要法律问题】

是否可以将"BORDEAUX"这一地理标识的集体商标视为假冒注册商标罪的侵害对象？

【主要法律依据】

1. 《中华人民共和国刑法》(2017)

第二百一十三条　未经注册商标所有人许可，在同一种商品上使用与其注册商标相同的商标，情节严重的，处三年以下有期徒刑或拘役，并处或者单处罚金；情节特别严重的，处三年以上七年以下有期徒刑，并处罚金。

2. 《中华人民共和国商标法》(2019)

第三条　经商标局核准注册的商标为注册商标，包括商品商标、服务商标和集体商标、证明商标；商标注册人享有商标专用权，受法律保护。

本法所称集体商标，是指以团体、协会或者其他组织名义注册，供该组织成员在商事活动中使用，以表明使用者在该组织中的成员资格的标志。

本法所称证明商标，是指由对某种商品或者服务具有监督能力的组织所控制，而由该组织以外的单位或者个人使用于其商品或者服务，用以证明该商品或者服务的原产地、原料、制造方法、质量或者其他特定品质的标志。

集体商标、证明商标注册和管理的特殊事项，由国务院工商行政管理部门规定。

3. 《最高人民法院、最高人民检察院关于办理侵犯知识产权刑事案件具体应用法律若干问题的解释》(2004)

第一条第一款　未经注册商标所有人许可，在同一种商品上使用与其注册商标相同的商标，具有下列情形之一的，属于刑法第二百一十三条规定的"情节严重"，应当以假冒注册商标罪判处三年以下有期徒刑或者拘役，并处或者单处罚金：

(一) 非法经营数额在五万元以上或者违法所得数额在三万元以上的；

(二) 假冒两种以上注册商标，非法经营数额在三万元以上或者违法所得数额在二万元以上的；

(三) 其他情节严重的情形。

4. 《最高人民法院刑事审判第二庭关于集体商标是否属于我国刑法的保护范围问题的复函》(2009)

一、我国《商标法》第三条规定："经商标局核准注册的商标为注册商标，包括商品商标、服务商标和集体商标、证明商标；商标注册人享有商标专用权，受法律保护。"因此，刑法第二百一十三条至二百一十五条所规定的"注册商标"应当涵盖"集体商标"。

【理论分析】

假冒注册商标罪，是指未经注册商标所有人许可，在同一种商品、服务上使用与其注册商标相同的商标，情节严重的行为。

1. **假冒注册商标罪的客体**

假冒注册商标罪所侵犯的客体是国家的商标管理秩序和他人依法享有的注册商标的专用权。进一步而言，假冒注册商标罪所针对的对象特指那些已在中国商标局成功注册并处于有效期内的商品商标，这些商标持有者已经取得了对商标的专用权，应当受到法律的严格保护。

2. **假冒注册商标罪的客观方面**

假冒注册商标罪的客观方面表现为未经注册商标所有人许可，在同一种商品、服务上使用与其注册商标相同的商标，情节严重的行为。假冒注册商标罪的客观方面包括两个要素：

（1）行为人在未获取注册商标所有人明确许可的情况下，擅自于同种商品或服务上，采用了与注册商标完全一致的标识。其一，关于"使用"的界定。首先，这种使用不仅涵盖将商标直接附着于商品、商品的包装、容器、使用说明书、交易文件等，还涉及在服务过程中，通过服务标签、合同签署等方式使用与注册商标相同的标识，甚至包括在广告推广、展览展示等商业活动中，以任何形式展示或运用这些商标。进一步地，我们需要审视反向假冒行为是否构成假冒注册商标罪。反向假冒，简而言之，即未经商标权利人许可，擅自将他人商品上原有的注册商标替换为自己的商标，进而将此类商品再次投放到市场中的行为。这种行为本质上属于在他人商品上擅自使用自身商标标识的侵权行为。然而，由于行为人并未直接使用他人的商标，而仅仅是利用了其商品，因此，从严格意义上讲，这种行为并不直接构成假冒注册商标罪。但是，当反向假冒行为对他人的商业信誉或商品声誉造成严重损害，并引发重大经济损失或伴随其他恶劣情形时，应依据损害商业信誉、商品声誉罪的法律规定进行惩罚。此外，若此类行为同时符合生产、销售伪劣产品罪的构成要件，则应依法以该罪名予以定罪处罚。其二，在探讨"同一种商品"的定义时，我们需明确，这既涵盖了名称完全相同的商品，也包括那些名称不同但实质上指代同一事物的商品。在商标注册领域，名称的界定特指国家知识产权局商标局在注册过程中，依据《商标注册用商品和服务国际分类》为商品所赋予的官方称谓。值得注意的是，不同名称的商品有时在功能、用途、主要原料、消费对象、销售渠道等方面具有高度的相似性或一致性，这些商品在公众的认知中往往被归为一类。因此，在判定商品是否构成"同一种商品"时，我们必须细致地比对权利人注册商标时所核定的商品范围与行为人实际生产、销售的产品,①确保判断的准确性和公正性。这样的对比有助于确保商标注册系统的精确性,保护消费者利益,同时也为权利人提供更为清晰的法律保护。其三,关于"与其注册商标相同的商标"的认定,可以依据2020年《最高人民法院、最高人民检察院关于办理侵犯知识产权刑事案件具体应用法律若干问题的解释(三)》中的规定,只要存在法条所规定的六种具体情形之一,即可认定为是"与其注册商标相同的商标"。②对这六种情形进行概括可以总结出,"与其注册商标相同的商标"的认定关键在于,在外在特征方面做到与注册商标基本无差别,以至于达到足以对公众产生误导的程度。

(2)行为的情节严重。对于"情节严重"以及"情节特别严重"的标准,2004年《最高人民法院、最高人民检察院关于办理侵犯知识产权刑事案件具体应用法律若干问题的解释》第一条和2010年《最高人民检察院、公安部关于公安机关管辖的刑事案件立案追诉标准的规定(二)》第六十九条,从假冒的注册商标数量以及非法经营数额两个方面入手,对假冒注册商标罪的情节严重情形进行了规定。③将其规定为具有如下三种情形之一:一是非法经营数额在5万元以上或者违法所得数额在3万元以上的;二是假冒两种以上注册商标,非法经营数额在3万元以上或者违法所得数额在2万元以上的;三是其他情节严重的情形。

3. 假冒注册商标罪的主体

假冒注册商标罪的主体包括任何已满16周岁、具有刑事责任能力的自然人,也可以是单位。

4. 假冒注册商标罪的主观方面

假冒注册商标罪的主观方面是故意。犯罪行为的背后往往隐藏着对非法经济利益

---

① 参见2011年1月10日《最高人民法院、最高人民检察院、公安部关于办理侵犯知识产权刑事案件适用法律若干问题的意见》第五条。

② 参见2020年9月14日起施行的《最高人民法院、最高人民检察院关于办理侵犯知识产权刑事案件具体应用法律若干问题的解释(三)》第一条,其规定:"具有下列情形之一的,可以认定为刑法第二百一十三条规定的'与其注册商标相同的商标':(一)改变注册商标的字体、字母大小写或者文字横竖排列,与注册商标之间基本无差别的;(二)改变注册商标的文字、字母、数字等之间的间距,与注册商标之间基本无差别的;(三)改变注册商标颜色,不影响体现注册商标显著特征的;(四)在注册商标上仅增加商品通用名称、型号等缺乏显著特征要素,不影响体现注册商标显著特征的;(五)与立体注册商标的三维标志及平面要素基本无差别的;(六)其他与注册商标基本无差别、足以对公众产生误导的商标。"

③ 参见2004年12月22日起施行的《最高人民法院、最高人民检察院关于办理侵犯知识产权刑事案件具体应用法律若干问题的解释》第一条,其规定:"未经注册商标所有人许可,在同一种商品上使用与其注册商标相同的商标,具有下列情形之一的,属于刑法第二百一十三条规定的'情节严重',应当以假冒注册商标罪判处三年以下有期徒刑或者拘役,并处或者单处罚金:(一)非法经营数额在五万元以上或者违法所得数额在三万元以上的;(二)假冒两种以上注册商标,非法经营数额在三万元以上或者违法所得数额在二万元以上的;(三)其他情节严重的情形。具有下列情形之一的,属于刑法第二百一十三条规定的'情节特别严重',应当以假冒注册商标罪判处三年以上七年以下有期徒刑,并处罚金:(一)非法经营数额在二十五万元以上或者违法所得数额在十五万元以上的;(二)假冒两种以上注册商标,非法经营数额在十五万元以上或者违法所得数额在十万元以上的;(三)其他情节特别严重的情形。"

的追求，然而，推动行为人铤而走险的动机却多种多样，它们可能源自对巨额非法收益的渴望，或是为了处理滞销的商品等。然而，不论这些动机如何纷繁复杂，它们对于假冒注册商标罪是否成立并不具备决定性的影响。

【实操分析】

在2001年修订的《商标法》中，地理标志的界定得以明确，并且法律规定其可以以"证明商标"或"集体商标"的形式申请注册。一旦地理标志成功注册为集体商标或证明商标，其地位即符合我国《商标法》对"注册商标"的规范定义，并且在形式上亦与《刑法》中对注册商标的定义及其保护范围保持一致。这一规定不仅为地理标志的保护提供了法律基础，也确保了其在商标法律体系中的合法地位。《最高人民法院刑事审判第二庭关于集体商标是否属于我国刑法的保护范围问题的复函》（〔2009〕刑二函字第28号）对此也进行了明确。当行为人在商品上同时标注了自己的注册商标和他人的注册集体商标中的地理名称时，这种行为应被认定为使用了"相同的商标"。

本案中，被害单位将波尔多地区生产的葡萄酒在我国注册为地理标志产品，同时将"BORDEAUX"注册为集体商标。诉讼中，被告人辩称自己生产的商品中同样使用了波尔多的葡萄酒原液，在商品上冠以"BORDEAUX"字样，仅仅是呈现客观事实，不存在任何侵权行为。不可否认，"BORDEAUX"（波尔多）是法国的一个地名。而且按照《商标法》的相关规定，若他人在合理范围内使用注册商标中包含的地名元素，商标注册人则无权以此为由声称其行为构成商标侵权。故本案需要考察被告单位使用"BORDEAUX"的行为是否仅是正当使用地名的行为。我们认为，保护地理标志集体商标的目的在于保障受特殊自然、地理条件影响形成的特定商品的品质、信誉。合理使用地理标志集体商标不但要求该商品来自集体商标产品的产地，而且要求商品实质上达到该地理标志集体商标所要求的品质。本案证据无法证明查获的葡萄酒原液来自波尔多，也无证据支撑涉案葡萄酒达到波尔多地理标志产品章程中规定的相关品质要求。被告单位是在没有获得授权的情况下"搭便车"，攀附"BORDEAUX"集体商标积累的口碑、商誉而倾销假冒商品，涉案金额已达到"情节严重"的标准，应当判定为刑法打击的假冒注册商标行为。

【思考题】

侵权人在商品上加贴自有商标这一行为是否影响假冒注册商标罪的认定？

案例七　罗某洲、马某华等人假冒注册商标案[①]

【基本案情】

一、案件经过

"Airpods" "Airpods pro" 商标权人为苹果公司，核定使用商品包括耳机等。罗某洲（昇蓝公司法定代表人）与马某华（聆音公司法定代表人）于2020年9月起，将昇蓝公司以及聆音公司的相关场所、人员以及生产设施用于合作组装假冒苹果注册商标的蓝牙耳机并对外销售牟利。涉案蓝牙耳机部分成品上没有印制苹果商标标识，但与苹果手机进行蓝牙配对时出现"Airpods"或者"AirPodsPro"的电子弹窗。部分客户购买耳机后会另行印制苹果注册商标再交由聆音公司进行封装。经计核，马某华、罗某洲等人于2020年9月至11月销售涉案假冒蓝牙耳机金额共计21965394.72元。

二、诉讼经过

一审法院认为：被告人罗某洲、马某华等8人行为均已构成假冒注册商标罪，情节特别严重。在共同犯罪中，罗某洲、马某华均是主犯，明某、向某、李某、王某汝、吕某芳、梁某意均是从犯。向某、李某、王某汝、吕某芳、梁某意均可从轻处罚且均可适用缓刑。

马某华以及罗某洲在一审判决后提出上诉，其辩护意见称：罗某洲等人所制造的销售的表面及包装上无商标标识。与苹果手机配对弹窗出现"Airpods""AirPodsPro"标识的蓝牙耳机不属于我国《刑法》第二百一十三条规定的使用行为，不构成假冒注册商标罪，该部分经营数额应当从原判决认定的非法经营数额中剔除。

二审法院查明，本案已销售侵权耳机金额应调整认定为22106296.08元，同时认为，假冒注册商标犯罪中"使用"不限于将商标用于商品、商品包装或者容器等有形载体中，只要是在商业活动中用于识别商品来源的行为，就属于商标性使用。蓝牙耳机的消费者通过蓝牙配对寻找设备，对蓝牙耳机产品来源的识别主要通过设备查找正确的配对项实现蓝牙耳机功能。被告人生产的侵权蓝牙耳机连接手机终端配对激活过程中，在苹果手机弹窗向消费者展示"Airpods""AirPodsPro"商标，使消费者误认为其使用的产品是苹果公司制造，造成对产品来源的混淆和误认，构成假冒注册商标罪。二审法院裁定驳回上诉，维持原判。

【主要法律问题】

生产商品本身及外包装等有形载体中尚未显示注册商标，仅在配对中显示"Air-

[①] 案件来源：（2022）粤03刑终514号。

pods""AirPodsPro"等标识是否属于假冒注册商标罪中的"使用"行为,能否构成假冒注册商标罪?

【主要法律依据】

1.《中华人民共和国刑法》(2017)

第二百一十三条　未经注册商标所有人许可,在同一种商品上使用与其注册商标相同的商标,情节严重的,处三年以下有期徒刑或者拘役,并处或者单处罚金;情节特别严重的,处三年以上七年以下有期徒刑,并处罚金。

2.《最高人民法院、最高人民检察院关于办理侵犯知识产权刑事案件具体应用法律若干问题的解释》(2004)

第八条第二款　刑法第二百一十三条规定的"使用",是指将注册商标或者假冒的注册商标用于商品、商品包装或者容器以及产品说明书、商品交易文书,或者将注册商标或者假冒的注册商标用于广告宣传、展览以及其他商业活动等行为。

【理论分析】

假冒注册商标罪,是指未经注册商标所有人许可,在同一种商品、服务上使用与其注册商标相同的商标,情节严重的行为。

一、假冒注册商标罪的构成要件

(1)假冒注册商标罪所侵犯的客体主要包括两个方面:一方面是国家的商标管理秩序,另一方面是他人依法享有的注册商标的专用权。

(2)在客观方面,假冒注册商标罪体现为行为人在未经注册商标所有人许可的情况下,擅自在同一种商品或服务上使用与注册商标一致的商标标识,且情节严重。

(3)假冒注册商标罪的犯罪主体包括所有年满16周岁并具备刑事责任能力的自然人,此外,单位也可能成为犯罪主体。

(4)假冒注册商标罪的主观方面表现为故意。通常情况下,犯罪目的在于追求非法利益,然而,犯罪动机不受限制,可能包括非法获取巨额利润、促销滞销商品等。无论动机如何,均不影响假冒注册商标罪的成立。

二、假冒注册商标罪的认定

应从以下三个方面区分假冒注册商标罪与非罪:首先,需要明确的是,假冒商标是否属于已经注册的商标。这是判断是否构成假冒注册商标罪的关键因素之一。如果假冒的商标并非他人已经注册的商标,即使存在假冒行为,也不能被认定为犯罪。其次,需要认定是否在同一种商品或服务上使用了与他人注册商标相同的商标。如果在同一种商品或服务上使用了与他人注册商标近似的商标,或者在类似商品或服务上使用了与他人注册商标相同的商标,或者在类似商品或服务上使用了与他人注册商标近似的商标,这些行为都不构成假冒注册商标罪。根据《商标法》(2019)的规定,注册商标的有效期为 10 年,自核准注册之日起计算。注册商标有效期满,需要继续使用的,商标注册人应当在期满前 12 个月内按照规定办理续展手续;每次续展注册的有效期为 10 年;期满未办理续展手续的,注销其注册商标。因此,假冒他人注册商标的行为必须发生在注册商标的有效期限内,才可能构成假冒注册商标罪,否则不构成犯罪。最后,需要认定假冒商标的情节是否严重。如果假冒行为没有达到情节严重的程度,那么也不构成犯罪。①

三、假冒注册商标中"使用"的含义

关于商标的"使用"行为,学术界主要存在两种不同的解释:狭义解释和广义解释。狭义解释认为,商标的使用应有更为严格的理解。具体来说,如果一个行为人仅仅是制作了带有商标的商品,而这些商品被封存于仓库中,并没有被推向市场,那么这种行为就不能算作商标的使用。商标的使用,在他们看来,应当是指行为人将商标实际应用于商品或者商品包装、容器上,进而将商品在市场上进行销售,或者将商标用于广告宣传、参加展览等商业活动时,才能被认定为商标的使用。与此相对的是广义解释,这种观点认为商标的使用行为应有更广泛的理解。广义解释认为,任何将他人的注册商标用于商品交易文书上的行为,如在合同、发票等文件中使用商标,或者将商品用于广告宣传、商品展览等商业活动中,甚至在业务活动中口头提及商标,都应当视为商标的使用行为。商标的"使用"强调的是商标与商品的结合,这并不意味着商标必须直接附着在商品本身。只要商标的出现方式能够达到标识某种具体商品的作用,就应当被认定为商标的使用。这种观点强调了商标的作用,而不仅仅是形式,更符合商标的本质功能。②

《最高人民法院、最高人民检察院关于办理侵犯知识产权刑事案件具体应用法律若干问题的解释》第八条第二款,对《刑法》第二百一十三条中"使用"一词的含义进行了明确界定。这里明确指出了几种典型的侵犯知识产权的"使用"行为。首先,将注册商标或者假冒的注册商标直接应用于商品、商品包装或者容器上,以及产品说明书、商品交易文书等文件资料中,是明显的侵权行为。其次,采用他人的服务商标签订合同或在提供服务的过程中使用他人商标,同样属于侵犯知识产权的行为。这种行为往往发生在服务行业中,如餐饮、娱乐等领域。侵权者通过冒用他人的服务商标,误导消费者,获取不正当利益。最后,将注册商标或者假冒的注册商标用于广告宣传、展览以及其他商业活动,也是侵犯知识产权的一种表现形式。这种行为通过扩大侵权商标的知名度和影响力,进一步加剧了侵权行为的危害程度。值得注意的是,这些

---

① 高铭暄,马克昌. 刑法学 [M]. 10 版. 北京:北京大学出版社, 2022:441.
② 赵秉志,许成磊. 侵犯注册商标权犯罪问题研究 [J]. 法律科学(西北政法学院学报), 2002 (03):59-73.

"使用"行为不仅限于直接的物理性使用，还包括了间接的、虚拟的使用方式。例如，在网络环境中，侵权者可能通过电子商务平台、社交媒体等渠道，将侵权商标用于在线销售、宣传推广等商业活动。这种虚拟空间中的侵权行为同样需要受到法律的制裁。

商标，承载着识别商品来源的重要功能。这一功能是商标存在的基础，商标的识别性使消费者能够迅速辨认出不同的商品和服务，从而在繁多的市场选择中作出决策。在这个过程中，生产经营者通过注册并使用商标，向消费者明确传达商品的来源信息，增强消费者对品牌的认知和信任。在司法实践中，对商标识别性的理解尤为重要。根据上述相关司法解释，商标的"使用"并不仅限于将商标直接应用于商品本身、商品的包装或容器上，或者仅限于交易文书、广告宣传等有形载体。实际上，任何在商业活动中用以识别商品来源的行为，均可以被认为是商标的使用。这包括但不限于在电子商务平台上的展示、在社交媒体上的推广、口头提及以及在任何可能影响消费者识别商品的过程中出现的行为。在判断某一行为是否构成商标性使用时，需要综合考虑多个因素。首先，应当审视被告人的主观意图，即其使用商标的目的是不是识别商品来源。其次，使用方式本身是否具有误导性，是否在客观上破坏了注册商标的识别功能，导致消费者产生混淆和误认。最后，还需考虑该行业内的惯例和相关公众的认知水平，以确保对商标使用的判断既公平又具有合理性。在具体判定上分为两步：第一，首先需要明确商标使用的本质，其是否属于商标意义上的使用。商标所发挥的核心作用是供公众对于商品进行辨别及识别，因此在假冒注册商标罪中的使用必须是"发挥商标本质属性的使用"[①]。第二，需要判断商标的使用是否容易导致公众混淆、误认。

【实操分析】

刑法的解释应当与时代发展同步，适应社会变化。随着科技的不断进步，新技术和应用层出不穷，这就要求刑法的解释随之调整和适应。蓝牙技术便是其中之一。随着蓝牙技术的进步，物品之间的连接已经形成了一种无形状态。这种无形状态打破了传统的物理连接方式，使物品间的连接更加便捷和迅速。这种变化不仅深刻影响了商品的使用方式，也改变了商品之间的信息传播途径。在这种情况下，商标的使用方式也出现了新的形式。因此，对于刑法解释来说，就需要考虑这些新的技术应用和变化对刑法规定的影响。如何通过刑法解释来保护知识产权，防止侵权行为的发生，也是刑法解释需要关注的问题。

在本案中，罗某洲、马某华等人所生产的蓝牙耳机，是通过信息传播媒介进行信息交换，不再与手机进行有线连接，而是通过手机与蓝牙耳机之间的智能化识别、追踪等方式，进行物品之间的配对。因此原审被告所生产的耳机，虽然在商品、商品包装以及相关容器等并未显示苹果的注册商标，但在其生产过程中将蓝牙耳机的蓝牙协

---

① 黄青青.商标性使用在侵权认定中的地位［J］.中华商标，2016（08）：64-68.

议的设备名称设置为"Airpods"或者"AirPodsPro"等，在涉案耳机与苹果手机进行配对后，手机上的电子弹窗所显示与正版苹果耳机相同的"Airpods"或者"AirPods-Pro"的标识。对于购买蓝牙耳机的消费者而言，对于蓝牙耳机的使用并不仅仅是通过外包装或产品本身的外部形态进行识别，更为主要的是要实现蓝牙耳机与手机相连接从而产生使用价值。本案中涉案耳机所显示的"Airpods"或者"AirPodsPro"的标识商标权本应归苹果公司所有，其属于苹果公司注册商标专用权，因此原审被告人用此标识作为涉案耳机的标识，也正是假冒注册商标中对于"使用"所界定的应当属于商标意义上的使用。除此之外，根据深圳市人民检察院出具的深检审意〔2021〕2号《技术审查意见书》证实：（1）涉案蓝牙耳机在外观及配对、使用过程中的商标显示、使用方式均与苹果公司蓝牙耳机产品"Airpods"和"AirPodsPro"高度一致，在其软件系统中将"Airpods""AirPodsPro"作为设备名称使用，与苹果公司注册商标相同，易于发生误认；（2）涉案蓝牙耳机盗用苹果公司私有的通信协议，并将相应的软件烧录在耳机芯片中，显示了与苹果公司注册商标相同的"Airpods""AirPodsPro"标识，动图使用与苹果公司蓝牙耳机注册商标的使用方式相同，涉案蓝牙耳机实现盗用的苹果公司私有通信协议的软件程序等完全不需要也基本不可能与苹果蓝牙耳机一致。因此，消费者在使用涉案耳机时是通过苹果公司享有注册商标专用权的"Airpods""AirPodsPro"标识来对所购买的蓝牙耳机进行识别，原审被告所生产的涉案蓝牙耳机已经达到与苹果公司专用标识高度一致，极易致使公众混淆，误认为该耳机由苹果公司制造，从而造成消费者损失，也对苹果公司注册商标造成侵犯。

对于案件中原审被告辩护人辩护意见中所提及的，蓝牙耳机及外包装上并未显示苹果公司的注册商标，而仅仅是与苹果手机配对显示"Airpods""AirPodsPro"标识不构成假冒注册商标罪中的"使用"，属于不正确观点。因此罗某洲、马某华等人的行为构成假冒注册商标罪。

【思考题】

如何理解假冒注册商标罪中的"使用"二字？

案例八　斯平玛斯特公司诉某科技公司等假冒注册商标案[①]

【基本案情】

一、案件经过

权利人斯平玛斯特公司是1994年成立于加拿大的全球知名儿童娱乐公司，先后在

---

① 案例来源：（2018）粤0307刑初420号。

中国注册取得第 3728508 号 " "（有效期自 2017 年 4 月 21 日至 2027 年 4 月 20 日）、第 19331979 号 "HATCHIMALS" 注册商标（有效期自 2009 年 10 月 7 日至 2019 年 10 月 6 日），均核准使用在第 28 类玩具等商品上。

2017 年 4 月起，深圳 A、B 两公司未经商标权利人授权，大量生产、销售仿制在产品、包装上使用 " "" "" " 和 " " 等与权利人斯平玛斯特公司上述两个注册商标基本一致的标识的玩具。2017 年 9 月 18 日深圳市公安局某分局根据斯平玛斯特公司的报案，在 A 公司查获了 135 个假冒的哈驰魔法蛋产品，并将 A 公司的法定代表人汪某 1、员工汪某 2、周某抓获，后又将 B 公司法定代表人马某某抓获。经查，A 公司销售的假冒哈驰魔法蛋玩具系 A 公司的汪某、周某等人根据斯平玛斯特公司的产品仿制出来后委托 B 公司生产，由 A 公司提供产品包装，B 公司法定代表人马某某组织工人生产、包装。

A 公司和 B 公司的涉案金额均超过了人民币 15 万元的界限。鉴于案件情节严重，公安机关依法将本案提交至深圳市某区人民检察院，请求其对涉案犯罪嫌疑人进行逮捕审批。然而，在审查过程中，深圳市某区人民检察院以涉案侵权商品上所使用的商标与斯平玛斯特公司的注册商标并不构成《刑法》第二百一十三条所规定的"相同商标"，被告单位和被告人不构成犯罪为由作出不批准逮捕决定，公安机关据此于 2017 年 10 月 25 日将被告人马某某、汪某 1、周某、汪某 2 释放。斯平玛斯特公司对案件的上述处理结果不服，遂将各被告单位和被告人以构成假冒注册商标罪为由向深圳市龙岗区人民法院提起刑事自诉。

二、诉讼经过

2019 年 11 月 22 日，法院经审理认为，被控侵权标识分别与权利人的注册商标相比对，视觉上基本无差别，足以对公众产生误导，构成《刑法》第二百一十三条规定的"相同的商标"，判决各被告单位及被告人构成假冒注册商标罪，对被告单位各判处罚金人民币五万元；对被告人马某某、汪某 1、周某判处有期徒刑三年，缓刑四年，并处罚金人民币五万元；对被告人汪某 2 判处有期徒刑十个月，缓刑一年，并处罚金人民币一万元。被告单位和被告人认罪服判，没有上诉，该案判决已生效。

【主要法律问题】

（1）假冒注册商标罪构成要件中"相同的商标"如何进行认定？
（2）知识产权刑事自诉案件中举证责任由谁承担？

【主要法律依据】

1. 《中华人民共和国刑法》（2017）

第二百一十三条 未经注册商标所有人许可，在同一种商品上使用与其注册商标相同的商标，情节严重的，处三年以下有期徒刑或者拘役，并处或者单处罚金；情节特别严重的，处三年以上七年以下有期徒刑，并处罚金。

2.《中华人民共和国刑事诉讼法》(2018)

第五十一条 公诉案件中被告人有罪的举证责任由人民检察院承担，自诉案件中被告人有罪的举证责任由自诉人承担。

第二百一十条 自诉案件包括下列案件：

（一）告诉才处理的案件；

（二）被害人有证据证明的轻微刑事案件；

（三）被害人有证据证明对被告人侵犯自己人身、财产权利的行为应当依法追究刑事责任，而公安机关或者人民检察院不予追究被告人刑事责任的案件。

3.《最高人民法院、最高人民检察院关于办理侵犯知识产权刑事案件具体应用法律若干问题的解释》(2004)

第八条第一款 刑法第二百一十三条规定的"相同的商标"，是指与被假冒的注册商标完全相同，或者与被假冒的注册商标在视觉上基本无差别、足以对公众产生误导的商标。

4.《最高人民法院、最高人民检察院关于办理侵犯知识产权刑事案件具体应用法律若干问题的解释（二）》(2007)

第五条 被害人有证据证明的侵犯知识产权刑事案件，直接向人民法院起诉的，人民法院应当依法受理；严重危害社会秩序和国家利益的侵犯知识产权刑事案件，由人民检察院依法提起公诉。

5.《最高人民法院、最高人民检察院、公安部关于办理侵犯知识产权刑事案件适用法律若干问题的意见》(2011)

四、关于侵犯知识产权犯罪自诉案件的证据收集问题

人民法院依法受理侵犯知识产权刑事自诉案件，对于当事人因客观原因不能取得的证据，在提起自诉时能够提供有关线索，申请人民法院调取的，人民法院应当依法调取。

六、关于刑法第二百一十三条规定的"与其注册商标相同的商标"的认定问题

具有下列情形之一，可以认定为"与其注册商标相同的商标"：

（一）改变注册商标的字体、字母大小写或者文字横竖排列，与注册商标之间仅有细微差别的；

（二）改变注册商标的文字、字母、数字等之间的间距，不影响体现注册商标显著特征的；

（三）改变注册商标颜色的；

（四）其他与注册商标在视觉上基本无差别、足以对公众产生误导的商标。

【理论分析】

假冒注册商标罪,是指未经注册商标所有人许可,在同一种商品、服务上使用与其注册商标相同的商标,情节严重的行为。

1. 假冒注册商标的客体

假冒注册商标罪所侵犯的客体是国家的商标管理秩序和他人依法享有的注册商标的专用权。进一步而言,假冒注册商标罪所针对的对象特指那些已在中国商标局成功注册并处于有效期内的商品商标,这些商标持有者已经取得了对商标的专用权,应当受到法律的严格保护。

2. 假冒注册商标罪的客观方面

假冒注册商标罪的客观方面表现为未经注册商标所有人许可,在同类商品或服务上使用相同商标的严重行为。具体包括两个要素:

(1) 行为人在未获得注册商标所有人明确许可的情况下,擅自将与注册商标完全一致的标识用于同类商品或服务上。其一,关于"使用"的定义。这种使用不仅包括将商标直接附着于商品、商品包装、容器、说明书、交易文件等,还涵盖在服务过程中,通过服务标签、合同签署等方式使用相同的标识,甚至包括在广告宣传、展览展示等商业活动中展示或使用这些商标。进一步地,我们需要考察反向假冒行为是否构成此罪。反向假冒是指未经商标权利人许可,擅自将他人商品上的原有注册商标替换为自己的商标,并将此类商品再次投放市场的行为。这种行为本质上属于在他人商品上擅自使用自己商标标识的侵权行为。然而,由于行为人未直接使用他人商标,仅仅是利用了其商品,从严格意义上讲,这种行为并不直接构成假冒注册商标罪。但是,当反向假冒行为严重损害他人商业信誉或商品声誉,导致重大经济损失或伴随其他恶劣情形时,应依据损害商业信誉、商品声誉罪的法律规定予以惩处。此外,若此类行为同时符合生产、销售伪劣产品罪的构成要件,也应依法以该罪名定罪处罚。其二,在探讨"同一种商品"的定义时,我们需明确,这既涵盖了名称完全相同的商品,也包含了那些名称虽然不同但实质上指代同一事物的商品。在商标注册领域,名称的界定特指国家知识产权局商标局在注册流程中,依据《商标注册用商品和服务国际分类》为商品所赋予的官方称谓。值得注意的是,有时不同名称的商品可能在功能、用途、主要原料、消费对象、销售渠道等方面具有高度的相似性或一致性,这些商品在公众的认知中往往被归为一类。因此,在判定商品是否构成"同一种商品"时,我们必须细致地比对权利人注册商标时所核定的商品范围与行为人实际生产、销售的产品,[①] 确保判断的准确性和公正性。这样的对比有助于确保商标注册系统的精确性,保护消费

---

① 参见 2011 年 1 月 10 日《最高人民法院、最高人民检察院、公安部关于办理侵犯知识产权刑事案件适用法律若干问题的意见》第五条。

者利益，同时也为权利人提供更为清晰的法律保护。其三，关于"与其注册商标相同的商标"的认定，可以依据2020年《最高人民法院、最高人民检察院关于办理侵犯知识产权刑事案件具体应用法律若干问题的解释（三）》中的规定，只要存在法条所规定的六种具体情形之一，即可认定为是"与其注册商标相同的商标"。① 对这六种情形进行概括可以总结出，"与其注册商标相同的商标"的认定关键在于，在外在特征方面做到与注册商标基本无差别，以至于达到足以对公众产生误导的程度。

（2）行为的情节严重。对于"情节严重"以及"情节特别严重"的标准，2004年《最高人民法院、最高人民检察院关于办理侵犯知识产权刑事案件具体应用法律若干问题的解释》第一条和2010年《最高人民检察院、公安部关于公安机关管辖的刑事案件立案追诉标准的规定（二）》第六十九条，从假冒的注册商标数量以及非法经营数额两个方面入手，对假冒注册商标罪的情节严重情形进行了规定。② 将其规定为具有如下三种情形之一：一是非法经营数额在5万元以上或者违法所得数额在3万元以上的；二是假冒两种以上注册商标，非法经营数额在3万元以上或者违法所得数额在2万元以上的；三是其他情节严重的情形。

3. 假冒注册商标罪的主体

假冒注册商标罪的主体包括任何已满16周岁、具有刑事责任能力的自然人，也可以是单位。

4. 假冒注册商标罪主观方面

假冒注册商标罪主观方面是故意。犯罪行为的背后往往隐藏着对非法经济利益的追求，然而，推动行为人铤而走险的动机却多种多样，它们可能源自对巨额非法收益的渴望，或是为了处理滞销的商品等。然而，不论这些动机如何纷繁复杂，它们对于假冒注册商标罪是否成立并不具备决定性的影响。

---

① 参见2020年9月14日起施行的《最高人民法院、最高人民检察院关于办理侵犯知识产权刑事案件具体应用法律若干问题的解释（三）》第一条，其规定："具有下列情形之一的，可以认定为刑法第二百一十三条规定的'与其注册商标相同的商标'：（一）改变注册商标的字体、字母大小写或者文字横竖排列，与注册商标之间基本无差别的；（二）改变注册商标的文字、字母、数字等之间的间距，与注册商标之间基本无差别的；（三）改变注册商标颜色，不影响体现注册商标显著特征的；（四）在注册商标上仅增加商品通用名称、型号等缺乏显著特征要素，不影响体现注册商标显著特征的；（五）与立体注册商标的三维标志及平面要素基本无差别的；（六）其他与注册商标基本无差别、足以对公众产生误导的商标。"

② 参见2004年12月22日起施行的《最高人民法院、最高人民检察院关于办理侵犯知识产权刑事案件具体应用法律若干问题的解释》第一条，其规定："未经注册商标所有人许可，在同一种商品上使用与其注册商标相同的商标，具有下列情形之一的，属于刑法第二百一十三条规定的'情节严重'，应当以假冒注册商标罪判处三年以下有期徒刑或者拘役，并处或者单处罚金：（一）非法经营数额在五万元以上或者违法所得数额在三万元以上的；（二）假冒两种以上注册商标，非法经营数额在三万元以上或者违法所得数额在二万元以上的；（三）其他情节严重的情形。具有下列情形之一的，属于刑法第二百一十三条规定的'情节特别严重'，应当以假冒注册商标罪判处三年以上七年以下有期徒刑，并处罚金：（一）非法经营数额在二十五万元以上或者违法所得数额在十五万元以上的；（二）假冒两种以上注册商标，非法经营数额在十五万元以上或者违法所得数额在十万元以上的；（三）其他情节特别严重的情形。"

【实操分析】

一、假冒注册商标罪构成要件中"相同的商标"的认定

虽然《刑法》第二百一十三条对假冒注册商标罪进行了明确规定,然而,在实际司法操作中如何准确界定假冒注册商标罪中"相同的商标",始终是一个复杂且充满挑战的难题。

2004年12月《最高人民法院、最高人民检察院关于办理侵犯知识产权刑事案件具体应用法律若干问题的解释》第八条第一款规定,将《刑法》第二百一十三条中的"相同的商标"界定为与被假冒的注册商标完全相同,或者与被假冒的注册商标在视觉上基本无差别、足以对公众产生误导的商标。为了进一步厘清"相同的商标"的认定,2011年《最高人民法院、最高人民检察院、公安部关于办理侵犯知识产权刑事案件适用法律若干问题的意见》(以下简称《意见》)第六条规定,具有下列情形之一,可以认定为《刑法》第二百一十三条规定的"与其注册商标相同的商标":(1)改变注册商标的字体、字母大小写或者文字横竖排列,与注册商标之间仅有细微差别的;(2)改变注册商标的文字、字母、数字等之间的间距,不影响体现注册商标显著特征的;(3)改变注册商标颜色的;(4)其他与注册商标在视觉上基本无差别、足以对公众产生误导的商标。对于字体、大小、颜色及结构存在细微差别,不影响注册商标显著特征的,在视觉上会对消费者产生误导的应认定为"相同的商标"。

在本案中,深圳市龙岗区人民法院根据上述解释第六条规定,对比被控侵权商品、包装上使用的" HATCHIMALS "" Hatchimals™ "标识,与自诉人的"HATCHIMALS"注册商标仅在字体、字母大小写上存在细微差别,而" HATCHIMALS™ "标识与自诉人的"HATCHIMALS"注册商标完全相同;被控侵权商品上使用的" SPIN MASTER "标识与自诉人的" SPIN MASTER "注册商标仅颜色和下半部分形状略有不同(自诉人该注册商标并未指定颜色),两者在视觉上基本无差别,足以对公众产生误导,故被告单位使用的" HATCHIMALS "、" Hatchimals™ "、" HATCHIMALS™ "和" SPIN MASTER "标识,分别与自诉人的"HATCHIMALS"和" SPIN MASTER "注册商标构成《刑法》第二百一十三条规定的"相同的商标"。

二、知识产权刑事自诉案件中的证据收集问题

我国《刑事诉讼法》在第二百一十条规定了三种自诉案件类型。[①] 参照 2012 年颁布的《最高人民法院关于适用〈中华人民共和国刑事诉讼法〉的解释》（以下简称《刑诉解释》）第 1 条的规定，告诉才处理的案件类别包括侮辱、诽谤、暴力干涉婚姻自由、虐待以及侵占等五类案例。因此，涉及知识产权的刑事自诉案件并不归入这一特定类别。根据上述《刑诉解释》规定，知识产权相关案件（除非严重损害社会秩序或国家利益）通常归为第二类自诉案件。此外，第三类自诉案件则采用了更为宽泛的概括方式，几乎涵盖了所有涉及人身与财产权利侵害的刑事案件。综上所述，知识产权的刑事自诉案件在现行法律框架下，主要适用于第二类及第三类自诉案件的范畴。对于第二类自诉案件，由于犯罪情节轻微，权利人基于危害程度及维权成本的考虑，往往倾向于寻求行政机关进行行政处罚，或者提起民事诉讼制止侵权行为和进行索赔。对于知识产权权利人来说，侵权情节特别严重的案件才会迫切寻求刑事救济，因此知识产权刑事自诉案件多为第三类自诉案件。

在《刑事诉讼法》体系中，举证责任被精确地界定和分配。具体而言，《刑事诉讼法》第五十一条明确指出，在公诉案件中，人民检察院承担证明被告人有罪的举证责任；而在自诉案件中，举证责任则转移到自诉人肩上。进一步来看，《刑事诉讼法》第二百一十条为人民法院审理自诉案件时设立了明确标准，即当案件犯罪事实明确、证据充分时，应启动庭审程序。对于自诉人而言，他们不仅要提供确凿的证据来支持被告人侵犯了其人身或财产权益的指控，还需证明这一行为在法律上具备追究刑事责任的必要性。在此，"充分证据显示被告人侵害了人身、财产权益"构成了案件的事实与证据基础，而"行为符合法律追究刑事责任的标准"则是法律层面的必要条件。值得注意的是，知识产权领域的刑事自诉案件数量相对较少，其中一个关键因素便是自诉人需要承担举证的重担。与拥有专业侦查能力的公安机关相比，自诉人在收集证据以证明被告人犯罪行为方面往往面临较大的困难。因此，尽管法律赋予了自诉人举证的权利和责任，但在实际操作中，这一要求对于自诉人而言颇具挑战。

实务中自诉人调查取证能力受限，需要借助刑事侦查和法院调查取证等司法资源。根据 2011 年《最高人民法院、最高人民检察院、公安部关于办理侵犯知识产权刑事案件适用法律若干问题的意见》第四条，人民法院依法受理侵犯知识产权刑事自诉案件，对于当事人因客观原因不能取得的证据，在提起自诉时能够提供有关线索，申请人民法院调取的，人民法院应该依法调取。本案立案后开庭前，自诉人依法向法院申请调取公安机关侦查卷宗、查获的假冒哈驰魔法蛋产品等证据，并申请法院调取 A 公司在阿里巴巴平台上销售假冒哈驰魔法蛋产品的销售时间、销售价格、销售数量等。法院

[①] 我国《刑事诉讼法》第二百一十条规定："自诉案件包括下列案件：（一）告诉才处理的案件；（二）被害人有证据证明的轻微刑事案件；（三）被害人有证据证明对被告人侵犯自己人身、财产权利的行为应当依法追究刑事责任，而公安机关或者人民检察院不予追究被告人刑事责任的案件。"

根据自诉人申请调取了相关证据，为查清被告人的犯罪行为和定罪量刑打下坚实基础。自诉人依据法院调取的上述证据，充分证实被告单位及被告人在未获得自诉人授权的情况下，擅自在同一种商品上使用了与自诉人注册商标相同的商标，且情节特别严重，其行为已经构成假冒注册商标罪。

【思考题】

应当如何认定假冒注册商标罪中的"相同的商标"？

第五节　扰乱市场秩序罪

案例九　杨某洲等非法经营案[①]

【基本案情】

一、案件经过

被告人杨某洲（印度尼西亚共和国国籍）、甘某林（马来西亚联邦国籍）于2005年年初共同注册创建了德某亚洲公司，注册地位于英属维京群岛。为更好地开展业务并扩大发展，两人在我国国外租借了ICTS期货保证金交易平台（以下简称ICTS交易平台）。随后，杨某洲又于2006年8月创建了以企业管理和投资咨询为主营业务的上海德某投资顾问有限公司（简称德某公司）。除此之外，杨某洲还租赁了新的场地，作为德某公司的经营场所，该场所位于上海市某某东路某某广场801室至805室。在相关工作筹建完备之后，杨某洲、甘某林为非法牟取私利，在未经国家相关主管部门批准的情况下，于2006年9月4日至2009年1月14日，通过多种方式吸引客户实施相关保证金交易，比如公司业务员随机拨打电话、进行网站推广等。有意愿的投资客户可以前往德某公司线下签订客户交易协议书，德某公司在线下签订时以德某亚洲公司的名义进行。同时客户也可在公司网站注册登录并申请开户。客户在线下签订协议书或者线上开户后，会向德某亚洲公司的银行账户汇入资金，后续登录ICTS交易平台进行黄金、外汇、白银、原油等保证金交易。杨某洲、甘某林在中国境内即可对ICTS交易平台进行管理。德某公司与客户之间的交易方式主要有以下特点：第一，采用了标准化且集中的合约交易模式；第二，此类交易实行了保证金和当日无负债结算制度；第三，德某公司在此类交易中收取的保证金比例低于合约标的额的20%。经过审查发现，德某亚洲公司共计从945名客户处收取了超过1163万美元的保证金，并且在交易过程

---

①　案件来源：(2010) 沪高刑终字第79号。

中收取了超过305万美元的佣金作为服务费用。被告人许某与被告人杨某洲、甘某林为非法获取私利,在未取得有关部门批准的情况下,于2008年6月租用上海市某某西路某某大厦1205室作为经营场所,先后以德某公司分部、上海某峥投资管理有限公司(以下简称某峥公司)的名义对外招揽客户汇缴保证金至德某亚洲公司,在ICTS交易平台买卖外汇、黄金等合约。2008年6月1日至2009年1月14日,德某亚洲公司通过许某共收取48名客户保证金152万余美元,许某在交易过程中获得了总计超过41万美元的佣金收入。

二、诉讼经过

上海市人民检察院第二分院对杨某洲、甘某林、许某三人提起公诉,指控三人未经国家相关主管部门的批准,非法擅自开展期货业务,且情节严重,已构成非法经营罪。根据我国《刑法》第二百二十五条第(三)项的规定,三人的行为已触犯法律,应依法追究其刑事责任。

被告人杨某洲、甘某林及其辩护人分别提出,保证金交易在中国境外为法律所允许,因此杨某洲和甘某林对其所实施的保证金交易,并不知悉该行为的违法性,主观上并不明知我国法律不允许保证金交易;德某亚洲公司系在中国境外成立的公司,ICTS交易平台系向境外租借,投资人的钱款汇至香港东亚银行,被告人没有在我国非法从事上述活动;期货交易不包含被告人所实施的保证金交易。综上,杨某洲、甘某林的行为不符合非法经营罪的构成要件,不应当认定该罪。被告人许某对起诉指控的事实不持异议。

法院认为被告人杨某洲、甘某林、许某的行为,严重扰乱我国金融管理秩序,并造成我国众多客户的经济损失,构成非法经营罪。第一,被告人杨某洲、甘某林吸引客户在相关交易平台进行白银、黄金等保证金交易,此类交易主要有以下特点:其一,采用了标准化且集中的合约交易模式;其二,此类交易实行了保证金和当日无负债结算制度;其三,德某公司在此类交易中收取的保证金比例低于合约标的额的20%。以上特征符合我国《期货交易管理条例》所规定的期货交易特征。因此,上述保证金交易属于期货交易。故被告人杨某洲、甘某林及其辩护人提出该两人没有非法从事期货交易的辩解和辩护意见,无事实和法律依据,不予采纳。第二,我国《外汇管理条例》《期货交易管理条例》等均规定,禁止任何机构和个人未经批准擅自组织境外期货、外汇保证金交易,如果违反规定,构成犯罪的,依法追究刑事责任。杨某洲、甘某林对我国颁布的上述法律规定应当明知,故对两被告人及其辩护人提出该两人主观上不明知其行为系触犯我国法律的辩解和辩护意见,不予采纳。第三,杨某洲、甘某林、许某为开展各类保证金交易业务,在我国先后注册成立了德某公司和某峥公司。同时,他们利用德某公司、某峥公司名义在中国境内招揽客户、办理开户手续、受理客户投诉及疑问,且客户是在我国通过网络登录ICTS交易平台操作,交易信息是通过计算机信号实现跨境传输,杨某洲、甘某林还可在中国境内对ICTS交易平台进行维护。被告人杨某洲、甘某林的经营行为造成我国众多客户遭受经济损失，严重扰乱我国金融管理秩序。故两被告人的辩护人提出该两人没有在我国非法从事期货交易的辩护意见，与事实不符，不予采纳。

【主要法律问题】

（1）被告人杨某洲、甘某林的行为是否属于非法经营期货？

（2）被告人杨某洲、甘某林是否属于在我国境内非法经营期货业务，我国刑法对此是否有管辖权？

（3）被告人杨某洲、甘某林是否明知其行为触犯我国法律以及该抗辩理由是否影响定罪量刑？

【主要法律依据】

1.《中华人民共和国刑法》（2009）

第六条　凡在中华人民共和国领域内犯罪的，除法律有特别规定的以外，都适用本法。

凡在中华人民共和国船舶或者航空器内犯罪的，也适用本法。

犯罪的行为或者结果有一项发生在中华人民共和国领域内的，就认为是在中华人民共和国领域内犯罪。

第二百二十五条　违反国家规定，有下列非法经营行为之一，扰乱市场秩序，情节严重的，处五年以下有期徒刑或者拘役，并处或者单处违法所得一倍以上五倍以下罚金；情节特别严重的，处五年以上有期徒刑，并处违法所得一倍以上五倍以下罚金或者没收财产：

（一）未经许可经营法律、行政法规规定的专营、专卖物品或者其他限制买卖的物品的；

（二）买卖进出口许可证、进出口原产地证明以及其他法律、行政法规规定的经营许可证或者批准文件的；

（三）未经国家有关主管部门批准非法经营证券、期货、保险业务的，或者非法从事资金支付结算业务的；

（四）其他严重扰乱市场秩序的非法经营行为。

2.《全国人民代表大会常务委员会关于惩治骗购外汇、逃汇和非法买卖外汇犯罪的决定》（1998）

四、在国家规定的交易场所以外非法买卖外汇，扰乱市场秩序，情节严重的，依照刑法第二百二十五条的规定定罪处罚。

单位犯前款罪的，依照刑法第二百三十一条的规定处罚。

3.《最高人民法院关于审理骗购外汇、非法买卖外汇刑事案件具体应用法律若干问题的解释》(1998)

第四条 公司、企业或者其他单位，违反有关外贸代理业务的规定，采用非法手段，或者明知是伪造、变造的凭证、商业单据，为他人向外汇指定银行骗购外汇，数额在五百万美元以上或者违法所得五十万元人民币以上的，按照刑法第二百二十五条第（三）项的规定定罪处罚。

居间介绍骗购外汇一百万美元以上或者违法所得十万元人民币以上的，按照刑法第二百二十五条第（三）项的规定定罪处罚。

4.《期货交易管理条例》(2007)

第四条 期货交易应当在依法设立的期货交易所或者国务院期货监督管理机构批准的其他交易场所进行。

禁止在国务院期货监督管理机构批准的期货交易场所之外进行期货交易，禁止变相期货交易。

【理论分析】

一、非法经营罪概述

非法经营罪，是指违反国家规定从事经营活动，扰乱市场秩序，情节严重的行为。非法经营罪的构成要件是：

（1）非法经营罪侵犯的客体为国家的市场交易管理秩序。

（2）非法经营罪的客观方面表现为违反国家规定从事经营活动，扰乱市场秩序，且情节严重。非法经营罪的客观方面包括以下三个要素。第一，违反有关经营活动的国家规定①。第二，行为人非法从事经营活动，扰乱市场秩序。我国《刑法》第二百二十五条将非法经营罪的行为规定为如下几种：一是未经许可②经营法律、行政法规规定的专营、专卖物品③或者其他限制买卖的物品④；二是买卖进出口许可证⑤、进出口原

---

① 指违反全国人民代表大会及其常委会制定的法律和决定，国务院制定的行政法规、规定的行政措施、发布的决定和命令中有关经营活动的规定。
② 未经许可，是指未经国家有关主管部门的批准。
③ 专营、专卖物品，是指国家法律、行政法规明确规定必须由专门的机构经营、销售的物品，如食盐、烟草等。
④ 其他限制买卖的物品，是指国家根据经济发展和维护国家、社会和人民群众利益的需要，规定在一定时期实行限制性经营的物品，如化肥、农药等。这些物品的范围随着社会经济的发展而不断调整。
⑤ 进出口许可证，是指国家外贸主管部门对企业颁布的可以从事进出口业务的证明文件。

产地证明[①]以及其他法律、行政法规规定的经营许可证或者批准文件[②];三是未经国家有关主管部门批准,非法经营证券、期货或者保险业务,或者非法从事资金支付结算业务[③];四是其他严重扰乱市场秩序的非法经营行为。第三,行为的情节严重。[④]

(3) 非法经营罪的主体是一般主体,包括任何已满16周岁,具有刑事责任能力的自然人和单位。

(4) 非法经营罪主观方面表现为故意。

二、我国刑法的属地管辖权

我国《刑法》规定的属地管辖权是指我国对领域内的人,不问其国籍,都有对其进行规制以维护本国法秩序的权力。[⑤] 我国《刑法》第六条对属地管辖权作出详尽的规定,依据本条第一款,在中国领域内(包括领陆、领水与领空)犯罪,除法律有特别规定的以外,无论行为人是哪国国籍,都适用我国刑法。"法律特别规定"一般指以下三种情形:(1) 不适用我国刑法的情形。主要是指对于享有外交特权和豁免权的外国人,这类人的刑事责任,通过外交途径解决。(2) 不适用我国内地(大陆)刑法的情形。主要是指我国香港特区、澳门特区、台湾地区不适用我国内地(大陆)刑法。(3) 不适用我国刑法部分条文的情形。一是特别刑法与刑法条文竞合时,适用特别刑法。二是民族自治地方可以根据当地民族的政治、经济、文化的特点,在符合刑法基本原则的基础上制定变通或补充规定。

第二款规定船舶和航空器的刑事管辖权。需明确的是,无论船舶、航空器是军用还是民用,无论是航行途中还是停泊状态,都涵盖在内。它们既可以位于公海或公海的上空,也可以进入别国的领域内(当然,在别国领域内犯罪时,别国同样拥有相应的管辖权)。关键在于,只要犯罪行为发生在我国的船舶或航空器内,不论这些交通工具当前位于何处,我国都将依法行使刑事管辖权。

第三款对犯罪发生地进行阐释。首先,当犯罪行为及其结果都完全发生在我国领土范围内时,这自然毫无疑问地应受到我国刑法的规制。其次,若犯罪行为起始于我国领土内,即便其产生的最终影响或结果延伸到了境外,这种情形仍然属于我国刑法的管辖范畴。这是因为犯罪行为的发端地在我国,且可能对我国的安全、秩序或利益

[①] 进出口原产地证明,是指在国际贸易活动中,进出口产品时必须附带的由原产地有关主管机关出具的确认文件。

[②] 其他法律、行政法规规定的经营许可证或者批准文件,是指法律、行政法规规定从事某些生产经营活动者必须具备的经营许可证或者批准文件,如烟草专卖、种子经营、森林采伐、矿产开采、野生动物狩猎等许可证。

[③] 非法从事资金支付结算业务,包括如下情形:①使用受理终端或者网络支付接口等方法,以虚构交易、虚开价格、交易退款等非法方式向指定付款方支付货币资金的;②非法为他人提供单位银行结算账户套现或者单位银行结算账户转个人账户服务的;③非法为他人提供支票套现服务的;④其他非法从事资金支付结算业务的情形。

[④] 对于情节严重的具体标准,2022年4月修订后的《最高人民检察院、公安部关于公安机关管辖的刑事案件立案追诉标准的规定(二)》第七十一条作了比较全面的规定,其中包括非法经营烟草专卖品;非法经营证券、期货、保险业务,或者非法从事资金支付结算业务;非法买卖外汇行为等十二种情形。

[⑤] 张明楷. 刑法学[M]. 6版. 北京:法律出版社,2021:92.

造成了潜在的威胁或损害。再次，即使犯罪行为是在境外发生的，但其所带来的危害或结果却直接延伸至我国领土内，那么这种情况也同样需要依据我国刑法进行审理。这是因为犯罪结果的发生地在我国，意味着我国的利益或安全可能受到了直接的损害。最后，值得注意的是，即使犯罪行为或其结果并非完全发生在我国领土内，但只要其中有部分行为或结果涉及了我国领土，且这些行为或结果对我国国家或人民的利益构成了侵犯，那么这些行为也应被视为在我国领域内犯罪，从而适用我国刑法进行审理。综上所述，我国刑法的适用范围并非仅局限于犯罪行为及其结果的完全发生地，而是根据犯罪行为、结果的发生地以及是否对我国利益构成侵犯等因素进行综合判断。

三、违法性认识

违法性认识聚焦于行为人对其行为在刑法上的违法性是否有清晰的认识。在讨论这一问题时，我们常常会提及违法性认识错误的概念。这里的"错误"特指行为人在法律认知上的偏差，而非事实上的偏差。具体来说，它涉及的是行为人是否意识到法律禁止其当前行为，或者行为人是否错误地认为其行为在法律上是被允许的。

违法性认识错误可以分为两种类型：一是可以避免的违法性认识错误，这种情况下，行为人原本有可能通过合理的途径了解到其行为的违法性，但由于疏忽或其他原因未能认识到；二是不可避免的违法性认识错误，即行为人由于无法预见的因素或无法克服的困难，导致其在实施行为时无法认识到其行为的违法性。

关于成立犯罪是否需要违法性认识（可能性）的问题，一直存在学术和实务上的争议。这一争议涉及对犯罪主观要件的深入理解，以及对法律公正性和行为人责任能力的权衡。[①]

要确定成立犯罪是否需要违法性认识（可能性），首先在于明确违法性认识的对象，即探讨"违法性"的具体含义。在刑法理论上，对此存在多元观点。第一种观点倾向于将违法性认识解读为对前法律规范学说违反的认知，即只要行为人具备"反条理的认识"、"反社会的认识"、"道德危害性的认识"或"违反作为法规范基础的国家、社会伦理规范的认识"，即可视为具有违法性认识。第二种观点则强调法律层面的认识，认为违法性认识是指行为人明确知晓其"行为在法律上是不被允许的"或"行为被法律禁止"。这里的"法"不仅限于刑法，还包括其他法律规范，对任何法律的违反都构成违法性认识。第三种观点更加聚焦，它指出违法性认识主要关注行为人是否清晰认识到自己的行为违反了刑法中的禁止或评价规范，而不过多涉及对刑罚可罚性或具体法定刑的深入理解。因此，即使行为人在刑罚可罚性或法定刑的理解上存在偏差，这也不足以被视为法律认识上的错误，进而不会影响对其责任承担程度的评估。第四种观点则将违法性认识提升至违反可罚的刑罚的更高层面。它主张，违法性认识不仅应包含对行为是否违反刑法的认识，还应深入至对行为是否构成具体可罚的违法

[①] 张明楷. 刑法学［M］. 6版. 北京：法律出版社，2021：413-416.

行为的全面理解，这包括了对刑罚可罚性和法定刑的明确认知，即行为人需要具备"违反可罚的刑罚的认识"。

在审视上述四种关于违法性认识的观点时，我们可以发现它们各自有其侧重点和局限性：

第一种观点因其对"违法性"的认识过于宽泛，使禁止的内容变得模糊不清，缺乏具体的法律边界。第二种观点虽然将违法性认识限定在法律层面，但其范围过于宽泛，包括了对所有法律的违反。这种认识同样存在问题，因为在刑法上，并非所有违反法律的行为都会受到刑事追究。第四种观点将法定刑纳入违法性认识的对象中，但法定刑的认识错误不应影响行为人的责任。这一观点在一定程度上混淆了违法性认识与量刑认识，使违法性认识变得复杂且难以界定。

相比之下，第三种观点更为合理。它明确指出，违法性的认识应当是对刑法禁止规范或评价规范违反的认识，这是一种形式上的刑事违法性认识。这种认识既明确了违法性的法律边界，又确保了对行为人责任的准确评估。因此，在评估行为人是否具备违法性认识时，第三种观点提供了一个更为清晰、准确的指导原则。

在大陆法系国家，关于成立犯罪是否要求行为人具备违法性认识或其可能性，以及这一认识与故意之间的关系，学界存在诸多争议学说：

第一，违法性认识不要说。该学说主张，违法性认识并不构成故意犯罪的核心要素。即使存在违法性认识错误，这也不足以阻止故意的成立，更不会影响犯罪的判定。同样地，对违法性认识的可能性也不应被视作责任判断的关键因素。这一观点与罗马法中的"不知法律不免责"原则相契合。对于不要说的理论支撑，存在多种解读。一种观点认为法律是外在的规范，接受规范指引的人无须深究其违法性；另一种观点则假定国民普遍具备对违法性的认识；还有一种观点是故意犯罪的概念已经内在地包含了违法性认识的要素。然而，这些观点要么深受权威主义法律观的影响，要么仅是出于处罚的便利而进行的无据推断，抑或是混淆了违法性的实质内涵与形式表现。在实践中，可能会出现因对刑法的无知或误解而触犯法律的情况，甚至有些人可能在努力遵守法律的过程中，却无意中违反了刑法。此外，还可能存在这样的情况：行为人明知自己的行为可能产生危害后果，但基于充分的理由，他们真诚地相信自己的行为并不为刑法所禁止。显然，过度强调对违法性认识的不必要性，可能导致一种过于严苛的处罚倾向，这有悖于责任主义的原则。

第二，严格故意说。该说认为违法性的认识是故意的要素。因此，要认定故意，就必须现实地存在违法性的认识。基于该学说，对于存在违法性认识错误的情况，犯罪故意将被阻却。在处理过失犯罪时，若行为人在违法性认识上存在过失，将作为过失犯罪予以处罚。当行为人具备对犯罪事实的认知与违法性的意识时，会产生阻止其从事违法行为的内心抵抗。而若行为人选择突破这一抵抗并决定实施违法行为，这便构成了其承担更重刑事责任的依据。故意犯罪之所以相较于过失犯罪受到更严厉的处罚，关键在于故意中包含了明确的违法性意识。这一意识，正是区分故意与过失的关键所在。然而，严格故意说在实践中面临一些难以克服的困境。[①] 为了弥补这一理论的不足，有学者提出了修正观点[②]：一方面坚持违法性认识是故意犯罪成立的必要条件；另一方面则认为，当行为人因过失而未能认识到违法性时，其处罚应与故意犯罪相当。然而，这一修正观点缺乏坚实的理论依据，并且在逻辑上将故意与过失等量齐观，显得不够自洽。

第三，自然犯、法定犯区别主张说。此说基于社会责任论，对自然犯与法定犯在违法性认识上的作用进行了细致区分。在自然犯的情形下，违法性认识并非构成行为人主观故意的核心要素，因为自然犯所蕴含的反社会性质往往超越并独立于具体的刑法规定。只要行为人认识到所涉犯罪事实并付诸实施，就足以反映其内在的反社会倾向。然而，在法定犯的情况下，违法性认识则成为判定行为人故意成立的不可或缺的条件。法定犯之所以被法律界定为犯罪，往往基于特定的社会政策和立法考量，而非其本身所固有的自然犯罪属性。因此，在法定犯的语境下，仅对犯罪事实有所认识是不足以判定行为人具有反社会性格的，他们必须明确意识到自己的行为已经违反了法律的相关规定。尽管自然犯与法定犯的区分在违法性认识的判断上具有一定的参考价值，但这种区分本身并非绝对清晰和明确。因此，单纯依赖于这种区分来决定是否要求行为人具备违法性认识，显然存在一定的局限性和不合理性。我们需要更加深入地研究违法性认识在犯罪构成中的具体作用，并探讨如何在司法实践中更加准确地判断行为人的主观故意。

第四，限制故意说。该学说在探讨故意是否成立的问题上，提出了一种折中的观点，即不要求行为人具备直接的违法性认识，但强调将对违法性认识的可能性作为必要的条件。根据这一观点，即使行为人没有直接意识到行为的违法性，只要他们存在认识违法性的可能性，就不会阻碍故意的成立。相反，如果行为人连这种认识的可能性都不具备，那么故意便无法成立。进一步而言，这一学说在解析"可能性的认识"时，引入了"认识的可能性"这一过失要素，使对行为人主观状态的考量更加全面和细致。这种处理方式不仅考虑了行为人的实际认识，还关注了他们潜在的认知能力和对行为性质的潜在意识，从而更准确地反映了行为人在犯罪过程中的主观故意状态。

第五，责任说。违法性认识及其可能性不是故意及过失的要素（换言之，违法性认识和故意、过失成立没有关系），而是独立于故意之外的责任要素。只有具有违法性认识可能性，才能懂法守法，才具有非难可能性。错误能回避时，减轻责任，不能回避时，阻却责任。责任说又分为严格责任说和限制责任说。严格责任说认为正当化事由的错误是禁止的错误（违法性的错误）。限制责任说认为正当化事由属于事实错误。

---

① 首先，激情犯、确信犯、常习犯等常常欠缺违法性的认识，而刑法仍然予以处罚甚至加重处罚。这是严格故意说不能解释的。其次，根据严格故意说，因过失而欠缺违法性的认识时可能阻却故意，但如果缺乏过失犯的处罚规定就不可罚，这在刑事政策上是不合理的。最后，在行政犯中，要证明违法性的认识是困难的，严格故意说导致行政刑法难以达到行政管理目的。

② 宫本英修、佐伯千仞等学者提倡此种观点，即违法性的过失准故意说。

在我国学术领域，关于违法性认识（或可能性）在法律责任认定中的重要性，已经形成了多种主流的学术观点。首先，有一种观点坚持"不知法律不免责"的原则，即认为对法律的无知并不能成为逃避法律责任的借口。其次，另一种观点主张犯罪故意的认定应侧重于对违法性的认识，而非仅局限于对社会危害性的理解。根据这种观点，如果行为人明知自己的行为违法而仍然为之，那么应被认定为故意犯罪；如果行为人未能意识到违法性，但存在认识的可能性，则可能被视为过失犯罪；而若行为人既未意识到也未有可能意识到违法性，则通常不会构成犯罪。进一步地，有学者提出，在评估行为的社会危害性与违法性时，只需认识到其中任一要素即可对定罪产生影响。最后，还有一种观点认为，虽然违法性通常不被直接视为犯罪故意的核心要素，但应根据行为人的具体情况进行个别分析。特别是当行为人确实对法律无知，并真诚地相信自己的行为合法时，在法律评价时不应轻易将其归类为故意犯罪。

在探讨违法性认识与故意犯罪之间的关系时，学术界存在不同的见解。"严格故意说"认为违法性认识是构成犯罪故意的核心要素。这一学说强调，在评估是否构成故意犯罪时，必须考察行为人是否明确知晓其行为在法律上属于违法行为。换言之，只有当行为人明知自己的行为违法，并且有意实施时，才能被认定为故意犯罪。另一种观点则提出了"责任说"的概念，它对违法性认识（或可能性）在故意犯罪中的作用持有不同的看法。责任说认为，违法性认识（或可能性）并非构成犯罪故意的必要条件，而应作为一个独立的责任要素来考量。在这种观点下，即使行为人缺乏直接的违法性认识，也可能被认定为故意犯罪。然而，在追究责任时，会考虑行为人是否具备违法性认识的可能性，以及这种可能性对其行为的影响程度。这两种观点在理论上各有侧重，为理解违法性认识与故意犯罪之间的关系提供了不同的视角。在实际法律应用中，需要根据具体案件的情况和证据来综合判断行为人是否构成故意犯罪，并据此确定相应的法律责任。

在这些关于违法性认识与刑事责任关系的学说中，限制责任说提供了一个平衡且合理的视角。该学说提出，违法性认识的可能性是一个独立于故意和过失之外的责任要素，它在确定故意犯和过失犯时都起着关键作用。依据限制责任说，当行为人没有违法性认识的可能性时，不应追究其刑事责任。这一观点反映了法律的公正原则，即法律不应处罚那些无法认识到自己行为违法性的人。这一理论强调，追究刑事责任不仅应基于行为的违法性，还应考虑行为人是否具备违法性认识的可能性。在限制责任说的框架内，故意犯罪的成立不要求行为人实际认识到自己行为的违法性。即使行为人确实缺乏违法性认识的可能性，这并不会直接否定故意的成立，但会阻止刑事责任的追究。这意味着，即使行为人实施了符合违法构成要件的行为，只要他们在行为时并不具备违法性认识的可能性，他们就不应受到法律的谴责和刑事责任的追究。这种理论为司法实践提供了更为合理的指导，有助于平衡法律的公正与行为人的主观认识。它强调了行为人在实施行为时的主观状态，避免了过于严苛的刑事责任追究，同时维护了法律的权威和公正性。

【实操分析】

在本案中，关于被告人的行为是否构成非法经营罪，核心争议点主要集中在以下三个方面：(1) 被告人所实施的交易行为是否在非法经营期货的范畴内；(2) 被告人是否属于在中国境内非法经营期货业务，我国刑法对此是否享有管辖权；(3) 被告人主观上是否明知其行为触犯中国法律以及该抗辩理由是否影响定罪或量刑。

关于第一个问题，应当认为被告人所从事的交易活动属于非法经营期货，即符合期货交易特征的场外交易行为也应当属于期货交易范畴。

首先，期货市场是一个多元化且复杂的金融交易市场，其涵盖了场内交易市场，即交易所市场，以及场外交易市场，比如柜台市场和OTC（Over-the-Counter，场外交易）市场。一般来说，商品期货的交易只能在交易所市场，进行标准化合约的买卖，而商品远期合约则在场外市场进行，通过双方协商达成个性化的交易条款。对于金融衍生产品，尤其是那些具有期货性质的产品，以及除期货、期权和期货期权外的其他衍生金融产品，它们更多地在OTC市场寻求交易机会。针对本案，值得注意的是，我国《期货交易管理条例》对期货交易行为制定了清晰明确的规范和要求。这一条例为界定合法的期货交易活动提供了法律依据，同时为判断涉案行为是否违法提供了指导。根据该条例第四条第一款的规定①，我国期货交易必须在指定的场内交易场所进行。这也从反面体现了期货交易有场外交易的情况。因此，该条例第四条第二款明确规定，禁止在前款规定的期货交易场所之外进行期货交易。这一规定也映射出，期货交易存在场外交易的形式，但在我国，这种场外交易是被明确禁止的。这样的规定旨在维护市场的秩序，保障投资者的权益，确保期货交易在合法、规范的框架内进行。

其次，该行为是否具备期货交易的本质特征，是判断该行为是否构成期货交易的关键所在。依照案情详细记录，两位被告人所从事的交易活动明显符合期货交易的核心要素。其一，采用了标准化且集中的合约交易模式；其二，此类交易实行了保证金和当日无负债结算制度；其三，德某公司在此类交易中收取的保证金比例低于合约标的额的20%。研究和分析我国《期货交易管理条例》所规定的期货交易特征，包括其第二条、第十一条、第二十八条、第三十三条等相关规定，不难发现，杨某某和甘某某所从事的交易活动符合我国法律法规对于期货交易规定的特征。

最后，三位被告人的交易行为涉及外汇业务，触犯我国有关外汇管制的相关规定。依照我国外汇交易管制的相关规定②，在未经批准并登记的情况下经营外汇业务属于违法行为，在涉及非法经营外汇业务的交易中，双方当事人的权益均不受法律的保护。

---

① 我国《期货交易管理条例》第四条第一款规定："期货交易应当在依照本条例第六条第一款规定设立的期货交易所、国务院批准的或者国务院期货监督管理机构批准的其他期货交易场所进行。"

② 我国《外汇管理条例》《中国证监会、国家外汇管理局、国家工商行政管理局、公安部关于严厉查处非法外汇期货和外汇按金交易活动的通知》等规定，任何单位和个人在未经有关主管部门批准并且登记的情况下，不得经营外汇业务。

在本案中，三位被告人为获取非法利益，在未取得有关部门批准的情况下，以上海市某某西路某某大厦1205室作为经营场所，先后以德某公司分部、某峥公司名义对外招揽客户汇缴保证金至德某亚洲公司，在ICTS交易平台买卖外汇、黄金等合约，三位被告人的行为属于非法经营外汇业务。根据《全国人民代表大会常务委员会关于惩治骗购外汇、逃汇和非法买卖外汇犯罪的决定》第四条第一款[1]的规定，被告人的行为构成非法经营罪。

关于第二个问题，应当认为被告人属于在中国境内非法经营期货业务，我国刑法对此有管辖权。虽然辩护人主张德某亚洲公司系在中国境外成立的公司，ICTS交易平台系向境外租借，投资人的钱款汇至香港东亚银行，而德某公司、某峥公司虽在中国注册成立，但其仅起中介作用，因此被告人没有在我国非法从事上述活动。该辩护理由有不妥之处：首先，我国刑事管辖权中包含属地管辖权[2]。结合本案具体案情，被告人最初在境外创建德某亚洲公司，后为开展各类保证金交易业务，在我国先后注册成立了德某公司和某峥公司，以境内客户为经营对象，利用德某公司、某峥公司名义在中国境内招揽客户，造成中国客户损失资产。同时，该行为是未经主管机关批准进入中国市场，是非法交易行为，我国金融市场的正常秩序被严重扰乱，对中国境内正常金融机构的正常外汇、激活经营活动造成不正当竞争。鉴于此，应当肯定被告人的犯罪结果发生在中华人民共和国领域内，我国刑法对其具备刑事管辖权。其次，"交易行为发生在境外，境内两家公司仅发挥中介作用"的理由也值得深思。互联网信息技术飞速发展对传统经营模式产生一定冲击，网络经营模式具有跨时空性，不像传统经营行为一样受到地域性的限制。所以，从产品前期的营销推广、积极吸引目标客户、中期的详细协商交易直至最后的交易成交，甚至后续的维护等经营行为都能够在线上进行，这也体现了网络经营的高效性。在本案中，虽然德某亚洲公司是境外金融机构，但是其通过在境内设立的德某公司、某峥公司在中国境内招揽客户、协助办理开户手续，并通过电子邮件向境内客户发送交易需要的账号与密码，境内客户通过计算机登录交易系统，并发送交易指令给境外交易系统的服务器。服务器依据预先设定的交易规则，对指令信号进行自动、精确的配对成交。在这一过程中，计算机信号跨境传输，整个流程既完整又连续，且时间短暂高效。每一步骤都紧密相连，共同构成了该公司交易活动不可或缺的一部分。因此，被告人在中国设立的公司在整个犯罪链条中起着不可替代的作用，德某亚洲公司的非法经营行为发生在中国境内。

关于第三个问题，查证后应当认为被告人主观上明知其行为触犯中国法律。第一，被告人向工商机关注册登记的经营范围仅为投资咨询、企业管理，但被告人却以投资咨询公司的名义，非法组织境内居民参与境外外汇保证金交易活动，这一行为已超出

---

[1] 在国家规定的交易场所以外非法买卖外汇，扰乱市场秩序，情节严重的，应当以非法经营罪论处。

[2] 即凡在我国领域内犯罪的，除特殊情况外，都应当受到我国刑法约束。在我国领域内是指犯罪的行为地或犯罪的结果地在我国境内。

了其合法经营的范围。第二，公安机关在被告人的办公桌和电脑中搜获了明确禁止从事此类交易的规范性法律文件。这表明被告人对相关法律规定有着一定的了解，对于其行为的违法性应有清晰的认知。因此，被告人以不知法为理由进行抗辩，缺乏合理性，不应被法庭采纳。在司法实践中，被告人及其辩护人不能以自己没有认识到违法性为由而否认犯罪的成立（当然可以要求从轻处罚），只能以没有违法性认识的可能性为由作无罪辩解或者辩护。如果被告人的违法性认识错误没有回避可能性，司法人员就必须采纳这种辩解或者辩护意见，而不能以"不知法者不免责"或者"法律认识错误不影响刑事责任"为由拒不采纳。因此，司法人员需要对不知法的抗辩查明，并区分情况作出不同处理。① 本案中，就审理查明的事实来看，应当认为被告人主观上明知其行为触犯中国法律，具有违法性认识。因此行为人构成非法经营罪，且不存在减轻责任的情形。

【思考题】

如何理解非法经营罪与危险作业罪的界限？

---

① 第一，当行为人未能意识到自身行为的违法性质，并坚信其行为合法（即存在违法性认识错误），且这种错误是不可避免的，那么在这种情况下，行为人无须承担法律责任，其行为也不应被认定为犯罪。第二，若行为人虽未认识到自身行为的违法性，并认为其行为合法（即存在违法性认识错误），但实践上存在避免这种错误的可能性，那么行为人仍需承担责任。然而，鉴于其违法性认识的可能性，非难的程度应适当减轻，因此应予以从轻处罚。在确定从轻幅度时，应充分考虑行为人避免违法性认识错误的可能性，因为这种可能性越小，非难程度则相应降低。第三，若行为人虽未意识到自身行为的违法性，但具备违法性认识的可能性，且并未误以为自己的行为合法，则这种情况下虽不存在明确的违法性认识错误，但仍可考虑从轻处罚。第四，当行为人明确认识到自身行为的违法性，这属于明知故犯的情形。但是在量刑时，这一认识不应作为从重处罚的必然依据。

第四章

侵犯公民人身权利、民主权利罪

案例一 阿里克谢·波坡高夫故意伤害案[①]

【基本案情】

一、案件经过

被告人：阿里克谢·波坡高夫，男，俄罗斯联邦国籍，柬埔寨籍轮船船员。2007年1月12日，被告人与俄籍船员莫伊谢耶夫至上海市崇明区感觉酒吧消费。因被害人拉佰沙及达利瓦手扶门框站在酒吧门口，莫伊谢耶夫推开拉佰沙以进入酒吧。当被告人随后进入酒吧时，被人从身后用酒瓶砸中头部。被告人、莫伊谢耶夫即与拉佰沙、达利瓦等菲律宾籍船员发生争执。之后，因被多名菲律宾籍船员追赶，被告人逃至附近的堤坝，莫伊谢耶夫则至附近的海明珠酒吧告诉俄籍船员季莫什科夫与菲律宾籍船员发生争执等情况。尔后，莫伊谢耶夫、季莫什科夫与同在海明珠酒吧的俄籍船员阿里克谢·耶维奇先后走出酒吧，与已聚集在酒吧门口的多名手持酒瓶、石块等物的菲律宾籍船员对峙。菲律宾籍船员向俄籍船员叫骂并投掷酒瓶等物后，双方发生互殴。被告人此时从堤坝赶来，捡起砖块从拉佰沙右后方砸向其头部右侧致其倒地。拉佰沙倒地后另有他人朝其头部踢踩。随后，被害人拉佰沙昏迷不醒，被送入医院抢救，后因救治无效而死亡。尸体检验结论系因头面部遭受钝性外力作用致颅脑损伤而死亡。

二、诉讼经过

一审法院经审理认为：被告人阿里克谢·波坡高夫因琐事持砖块击打被害人的头部，致被害人死亡，其行为已构成故意伤害罪。鉴于被告人到案后认罪态度较好，并结合本案的起因等，可酌情对其从轻处罚。据此，该院以被告人阿里克谢·波坡高夫犯故意伤害罪，判处有期徒刑十四年，并处驱逐出境。

一审宣判后，被告人阿里克谢·波坡高夫不服并提出上诉。其上诉理由为：（1）无

[①] 案例来源：（2008）刑核字第22号。

法确认被告人持砖块击打被害人头面部的行为与被害人死亡结果之间存在唯一的、直接的因果关系。(2) 被害人存在重大过错，被告人的主观恶性程度不深。(3) 原判量刑过重。(4) 被告人实施的伤害行为具有一定的防卫性。

二审法院经开庭审理认为：(1) 上诉人击打被害人的行为不具有防卫性。(2) 上诉人的行为与被害人死亡的结果之间存在刑法上的因果关系。(3) 鉴于本案被害人在事件的起因上存在过错，上诉人到案后认罪态度较好且有悔罪表现等因素，以及上诉人所属国俄罗斯刑法对类似情况规定的法定刑较轻，故对上诉人及其辩护人要求对上诉人减轻处罚的意见，予以采纳。作出如下判决：(1) 撤销一审判决。(2) 判决上诉人阿里克谢·波坡高夫犯故意伤害罪，判处有期徒刑七年，并处驱逐出境，报请中华人民共和国最高人民法院核准。

最高人民法院经复核认为，二审法院审判程序合法，量刑适当，裁定核准二审法院的刑事判决。

【主要法律问题】

(1) 阿里克谢·波坡高夫持砖块击打被害人的行为是否具有防卫性？

(2) 阿里克谢·波坡高夫持砖块击打被害人头面部的行为与被害人死亡结果之间是否存在唯一的、直接的因果关系？

(3) 对外国籍被告人量刑时，是否应当考虑其所属国刑法的有关规定？

【主要法律依据】

《中华人民共和国刑法》（2006）

第八条　外国人在中华人民共和国领域外对中华人民共和国国家或者公民犯罪，而按本法规定的最低刑为三年以上有期徒刑的，可以适用本法，但是按照犯罪地的法律不受处罚的除外。

第二十条第一款　为了使国家、公共利益、本人或者他人的人身、财产和其他权利免受正在进行的不法侵害，而采取的制止不法侵害的行为，对不法侵害人造成损害的，属于正当防卫，不负刑事责任。

第二百三十四条　故意伤害他人身体的，处三年以下有期徒刑、拘役或者管制。

犯前款罪，致人重伤的，处三年以上十年以下有期徒刑；致人死亡或者以特别残忍手段致人重伤造成严重残疾的，处十年以上有期徒刑、无期徒刑或者死刑。本法另有规定的，依照规定。

【理论分析】

一、正当防卫的成立要件

从我国《刑法》第二十条规定的内容来看，正当防卫制度的设计不仅旨在保障公民在面临不法侵害时的自卫权，也在于确保这一权利的行使不超出合理界限和不被滥用，以免将正当防卫行为转化为违法行为甚至犯罪行为。因此，要构成刑法意义上的正当防卫，需严格满足以下五个具体且相互关联的条件：

（1）防卫意图。这一条件强调了防卫行为的主观基础，防卫人必须认识到不法侵害正在发生，且希望通过防卫手段制止不法侵害继续发生，以保护合法权益，而非仅出于报复或其他非法动机。

（2）防卫起因。不法侵害具有违法性，且必须现实存在，而不是产生于防卫人的主观臆想。这意味着，防卫行为不能基于虚构的威胁或基于防卫人的错误认识而实施，这确保了防卫权的行使有其坚实的法律依据和事实基础。

（3）防卫对象。防卫行为针对的对象必须是不法侵害人本人。直接针对不法侵害人本人进行防卫是最为直接且有效的阻止不法侵害继续实施的方式。

（4）防卫时间。不法侵害已经开始且不法侵害或其导致的危害状态正处于尚未结束的进行阶段是可以进行正当防卫的时间。这一时间界定确保了防卫行为的即时性和必要性，防止事前防卫和事后防卫行为被错误地视为正当防卫。

（5）防卫限度。防卫人采取的防卫手段未明显超过必要限度，且防卫行为在结果上未对不法侵害人造成重大损害。成立防卫过当要求同时满足手段过当和结果过当两个条件，若欠缺其一，则不认为是防卫过当。

二、介入因素对因果关系的影响

通常情况下，刑法上因果关系的认定不存在特别疑问。但在复杂多变的社会现实中，往往不是所有情况都能直接套用"行为—结果"的简单模式，在存在介入因素的场合，因果关系的认定便变得错综复杂，如何正确判断危害行为与危害结果之间的因果关系，认定行为人的刑事责任变成了难题。原因在于，介入因素的存在，既有可能推动原来因果关系的发展，与原危害行为共同促进危害结果的发生，也可能妨碍原来因果关系的发展，独自导致危害结果的发生，从而切断原危害行为与危害结果之间的联系，影响行为人刑事责任的承担。正是基于此，介入因素的研究在刑法理论学界占有较为重要的地位，对司法实践具有重要的指导意义。

介入因素在司法实践中主要表现为四种情形，即自然因素、第三人的行为、被害人的行为和被害人的特殊体质。自然因素是指地震、泥石流等自然现象。例如，甲在追杀乙的过程中，突然暴发泥石流将乙冲走，造成乙死亡。第三人的行为是指行为人和被害人以外的非与行为人共同犯罪的第三人实施影响因果关系进程的行为。例如，甲欲杀死乙，对乙下毒，丙在乙毒发前对乙开枪将乙打死。被害人的行为是指被害人自身实施的影响因果关系进程的行为。例如，甲追杀乙至桥上，乙在逃跑过程中不慎掉入河中，最终溺水身亡。被害人的特殊体质是指行为人实施危害行为前，被害人已经具备的特殊体质或患有的特殊疾病。例如，乙患有心脏病，而甲对此并不知情，轻微伤害乙，导致乙因心脏病发作而死亡。

我国刑法学界对于存在介入因素时，因果关系的认定存在条件说、相当因果关系说和危险现实化理论等学说。近年来，危险现实化理论，又称为合法则的条件说，得到我国以张明楷教授和黎洪教授为代表的众多学者的支持。该学说认为当案件存在介入因素时，需要先后经过考虑介入因素是否异常，即是否为先前的危害行为所引起，以及其对最终结果发生的作用力大小这两个步骤来认定案件因果关系的归属。首先要判断介入因素是否异常。若介入因素不异常，即其为前危害行为所引起，则介入因素属于实行行为所包含的内在危险，造成的结果应当归因于前危害行为。若介入因素异常，即其不为前危害行为所引起，则介入因素具有独立性，此时应当进一步判断介入因素对最终结果的作用力大小。介入因素对最终结果的作用力越小，原危害行为和最终危害结果之间的因果关系越紧密，反之亦然。

如前文所述的乙溺水身亡的结果，从一般人的角度看，乙在被甲持刀追砍的紧急状况下失足摔进河里并不异常，该介入因素为甲持刀追杀的实行行为所包含的危险。因此，乙溺死的原因应当归结于甲的追杀行为，甲构成故意杀人罪既遂。但在前述的第三人行为中，从一般人的角度看，丙对乙开枪的行为显然异常程度极高，不能直接将乙的死亡归结于甲的下毒行为，而应当进入第二步判断。从对最终结果的影响力上来看，丙在乙毒发前就将乙打死，甲的下毒行为对乙的生命并未造成实质威胁，丙的射击行为是造成乙死亡的直接和唯一原因，故甲的行为与乙的死亡结果没有因果关系，丙的射击行为与乙的死亡结果存在因果关系，甲构成故意杀人罪未遂，丙构成故意杀人罪既遂。在前述的被害人特殊体质案件中，乙心脏病病发是由甲的伤害行为引起的，甲的危害行为与乙的死亡之间结果存在因果关系。但需要强调的是，危害行为与危害结果之间存在因果关系不代表行为人一定要承担刑事责任。若行为人实施该危害行为时存在不具备主观要素或缺乏责任能力等阻却其承担刑事责任的事由，即使该行为与最终危害结果存在因果关系其也不承担刑事责任。该案中，甲显然主观上无法预见乙有心脏病，故其对乙的死亡结果在主观上不存在故意或过失，也就不对该死亡结果承担刑事责任。因此，甲构成故意伤害罪（轻伤），不构成故意伤害罪（过失）致人死亡。

三、对外国籍被告人量刑时，应当考虑其所属国刑法相关规定

关于在对外国籍被告人量刑时，是否应当考虑其所属国刑法的有关规定这一问题，存在两种观点。第一种观点认为，刑事裁量权是我国司法主权的重要体现，结合刑法面前人人平等原则，人民法院在对外国籍被告人的量刑时，应当严格依照我国刑法规

定，不考虑被告人所属国刑法的有关规定。第二种观点认为，人民法院在对外国籍被告人量刑时，既要考虑到我国国家主权原则和国民待遇原则，也要兼顾被告人所属国刑事法律的相关规定，这是刑罚个别化原则的体现。

笔者支持第二种观点，人民法院在对外国籍被告人量刑时，应当考虑到被告人所属国刑事法律的相关规定。这一做法背后的底层逻辑深远且重要。原因在于，罪责刑相适应原则作为量刑的核心指导思想，要求人民法院在对被告人量刑时应当充分考虑到被告人行为的社会危害性、主观恶性和人身危险性。在社会危害性层面，就外国籍被告人与我国被告人在我国境内实施相同的犯罪行为而言，二者不存在差别。主观恶性则不同，其受被告人个人成长背景及法律文化环境的深刻影响，行为人违反刑法意愿的强弱是影响主观恶性的重要因素。通常情况而言，被告人受其所属国法律规定的影响极深。即使身处他国，被告人也难以消除其所属国法律对其认知留下的烙印。如果被告人所属国对其所实施行为规定的刑罚较轻，甚至不认为是犯罪，说明其危害社会的意愿不强，主观恶性较弱，从罪责刑相适应原则出发，可以酌情对被告人从轻判处刑罚。同样，若被告人所属国对其实施行为规定的刑罚明显比我国规定的刑罚重，说明其危害社会的意愿强烈，主观恶性较强，从罪责刑相适应原则出发，可以酌情对被告人从重判处刑罚。人身危险性也是如此。人身危险性即再犯可能性与刑罚的特殊预防目的直接相关，是影响量刑的重要因素之一。如前文所述，被告人受其所属国法律规定的影响极深，如果被告人所属国对其所实施行为规定的刑罚较轻，甚至不认为是犯罪，而我国规定的刑罚重，则人民法院对其酌情从轻判处刑罚，达到与其所属国规定刑罚相近的程度，不仅能实现特殊预防目的，防止该外国籍被告人再次实施犯罪，也能使被告人服判，不提起上诉，从而节省司法资源。同样，若被告人所属国对其实施行为规定的刑罚明显比我国规定的刑罚重，而人民法院不考虑其所属国法律，仅依照国民待遇原则对其判处较轻的刑罚，显然是在变相鼓励其继续实施犯罪。笔者认为，在此情况下，人民法院可以酌情对被告人从重判处刑罚，从而实现刑罚的特殊预防目的。

除此之外，深入探究我国《刑法》第八条的相关规定，可以发现其中蕴含了对国际法原则的尊重及对外国人所属国法律文化的考量。该条款明确规定，凡外国人在中华人民共和国领域之外对我国国家利益或公民实施犯罪行为，若根据犯罪行为发生地的法律不予处罚，我国刑法将不延伸刑事管辖权以追究该外国人的刑事责任。这一规定不仅展现了我国刑法的域外效力之谨慎适用，还深刻体现了我国立法上对行为发生地法律以及行为人所属国法律规定的重视与尊重，彰显了我国在国际刑法合作中的相互尊重与法律协调精神。

人民法院在对外国籍被告人量刑时，应当兼顾被告人所属国刑事法律的规定，以确保判决的公正性、合理性和国际认可度。具体而言，在对外国籍被告人量刑时，首先应当根据被告人犯罪的情节、社会危害性程度等因素，在我国刑法规定的法定刑幅度内确定被告人应当判处的刑罚。其次要参照被告人所属国刑法的相关规定对应当判处的刑罚进行调整。若被告人所属国刑法对该行为规定的刑罚幅度轻于我国或者不认为是犯罪的，一般情况下可以对被告人酌情从轻处罚。需要减轻处罚的，应当依法报请最高人民法院核准。若被告人所属国刑法对该行为规定的刑罚幅度重于给我国的，一般情况下可以对被告人适度从重处罚，但不能加重处罚，否则是对罪刑法定原则的违背。

【实操分析】

对本案可作以下具体分析：

首先，被告人用砖块击打被害人的行为不属于正当防卫。上诉人阿里克谢·波坡高夫在与拉佰沙、达利瓦等菲律宾籍船员发生争执后被其追赶，逃至附近的堤坝，而后追赶的菲律宾船员离去，此时针对阿里克谢·波坡高夫的不法侵害已经结束。而后阿里克谢·波坡高夫从堤坝赶到酒吧门口，捡起砖块向拉佰沙进行袭击时，并未有针对其的不法侵害存在，故阿里克谢·波坡高夫的行为缺乏成立正当防卫的起因条件和时间条件。此外，阿里克谢·波坡高夫实施伤害行为显然是出于泄愤的目的而不是制止不法侵害和保护合法权益的目的，也不满足成立正当防卫的主观条件。综上所述，阿里克谢·波坡高夫的行为不属于正当防卫，也不具有防卫性。

其次，被告人用砖块击打被害人的行为与被害人的死亡结果之间存在刑法上的因果关系。阿里克谢·波坡高夫捡起砖块从拉佰沙右后方砸向其头部右侧致其倒地后，另有他人朝拉佰沙的头部踢踩，该他人踢踩的行为显然属于第三人行为类型的介入因素。在认定阿里克谢·波坡高夫的行为与拉佰沙死亡结果是否具有因果关系时，首先应当判断该他人踢踩行为的介入因素是否异常。从一般人角度来看，该他人对倒地的拉佰沙进行踢踩显然不是由阿里克谢·波坡高夫捡起砖块进行袭击的行为引起的，二者不具备并发关系，该踢踩行为的异常性极高。再进入第二步，判断该他人踢踩行为的介入因素对最终拉佰沙的死亡结果的影响力大小。阿里克谢·波坡高夫用砖块击打拉佰沙头部，拉佰沙即刻倒地，表明该打击对拉佰沙的头部造成了极为严重的伤害，且从尸体检验结论来看，被害人拉佰沙的死亡原因为头面部遭受钝性外力作用致使颅脑损伤，毫无疑问阿里克谢·波坡高夫的袭击行为是造成被害人拉佰沙死亡的直接且主要的原因。第三人的踩踏行为发生在拉佰沙倒地之后，其踩踏的部位是位于左侧还是右侧尚且不能确定，况且该伤害行为相对于死亡结果而言，至多是起到了加快被害人死亡结果发生的次要作用，并不能单独导致拉佰沙的死亡结果产生，从而中断阿里克谢·波坡高夫袭击行为和被害人拉佰沙死亡结果的因果关系。综上所述，阿里克谢·波坡高夫的行为与拉佰沙死亡的结果之间在刑法上存在直接确定的因果关系，其行为构成故意伤害致人死亡。

最后，本案发生于 2007 年，彼时俄罗斯刑法并不存在与我国故意伤害致人死亡相同的条款，但相似的条款如下：《俄罗斯刑法》第一百零五条规定，故意造成他人死亡的，处六年以上十五年以下剥夺自由，如果有其他严重情节的，如对两人以上实施的、多次实施的等，处八年以上二十年以下剥夺自由，或处死刑，或处终身剥夺自由。第六十一条规定，由于受害人的行为不合法或者不道德而实施犯罪的，对被告人应当减轻处罚。① 从条文内容我们可以得知，俄罗斯刑法对被告人阿里克谢·波坡高夫犯罪行为的处罚力度要远远轻于我国。我国法院在对被告人阿里克谢·波坡高夫进行量刑时，应当将我国与俄罗斯在刑事立法的差异性这一要素纳入考虑范围之中。

因此，本案二审法院决定报最高人民法院核准对被告人在法定刑以下减轻处罚时，显然不仅考虑到了本案存在激情犯罪、被害人过错和被告人积极认罪悔罪等情况，还兼顾了外国籍被告人所属国刑法的相关规定这一重要因素，最终本案的判决结果也实现了法律效果、社会效果和政治效果的有机统一。法律效果体现在判决严格遵循了法律条文与法治精神，准确适用了法律；社会效果则体现在判决充分考虑到了公众的情感与正义感，促进了社会和谐稳定；政治效果则反映在判决展现了中国司法的公正、开放与自信，以及在全球化语境下处理涉外案件的能力与智慧。这样的判决不仅是对个案的妥善处理，更是对我国法治形象的有力提升，为构建国际法治新秩序贡献了中国力量，增进了国际社会对中国法治进步的认可。

【思考题】

（1）在前文提到的自然因素为介入因素的案件中，甲的行为与乙的死亡结果之间是否存在刑法上的因果关系？

（2）为什么当被告人所属国刑法对被告人行为规定的刑罚幅度重于我国时，不能对其加重处罚？

案例二　桥本甲重婚案②

【基本案情】

一、案件经过

自诉人：桥本乙，女，日本国籍。被告人：桥本甲，男，日本国籍。二人于1990年在日本登记结婚。2004年5月，桥本甲与中国籍女子陈某莎相识并交往密切。次年11月，桥本甲向京都家庭裁判所申请调解离婚未果。2007年3月5日，桥本甲在桥本乙未到场的情况下，以协议离婚的形式在向敦贺市长申报离婚登记的文书上伪造桥本乙的签名，还伪造证人桥本甲之父、桥本乙之父的签名，骗取了离婚登记。两日后，

---

① 肖晚祥，邱胜冬. 对外国籍被告人量刑时，应当考虑其所属国的有关刑法规定[J]. 人民司法，2009(16)：18-20.
② 案例来源：(2010) 沪一中刑初字第135号。

敦贺市政府向桥本乙送达离婚登记通知，桥本乙于五日后向京都家庭裁判所提起该离婚无效的调解申请。京都家庭裁判所认为，桥本甲提交的离婚申报上载有的桥本乙的签名系伪造，并非其真实意思表示，于 2007 年 9 月 4 日作出判决：2007 年 3 月 5 日桥本甲与桥本乙的离婚无效。桥本甲虽经公示送达被传唤出庭，但在该案口头辩论日并未出庭。2007 年 10 月 3 日，桥本乙依据该判决恢复在桥本甲户籍登记中二人的夫妻关系。2008 年 3 月 13 日，桥本甲以诉讼时人在中国未被及时告知为由，向大阪高等裁判所上诉，要求撤销京都家庭裁判所判决。大阪高等裁判所认为桥本甲属于因可归责的事由导致未能遵守上诉期限，于 2008 年 8 月 26 日判决驳回上诉。

2007 年 6 月 13 日，桥本甲与陈某莎于中国重庆市登记结婚，并于 2008 年 10 月 30 日起租住于上海市。

二、诉讼经过

桥本乙以桥本甲、陈某莎犯重婚罪为由，向上海市第一中级人民法院提起刑事自诉，后其撤回了对陈某莎的控诉。

法院认为，被告人桥本甲伪造配偶桥本乙的签名骗取离婚登记并与陈某莎在中国登记结婚的行为构成重婚罪，判处拘役三个月。被告人桥本甲未上诉，判决已生效。

【主要法律问题】

（1）本案应当由哪个或哪些法院行使刑事管辖权？
（2）刑事诉讼中，人民法院对于我国领域外产生的证据应当如何审核与采信？

【主要法律依据】

1.《中华人民共和国刑法》（2009 第二次修正）

第六条 凡在中华人民共和国领域内犯罪的，除法律有特别规定的以外，都适用本法。

凡在中华人民共和国船舶或者航空器内犯罪的，也适用本法。

犯罪的行为或者结果有一项发生在中华人民共和国领域内的，就认为是在中华人民共和国领域内犯罪。

第二百五十八条 有配偶而重婚的，或者明知他人有配偶而与之结婚的，处二年以下有期徒刑或者拘役。

2.《中华人民共和国民事诉讼法》（2007）

第二百四十条 在中华人民共和国领域内没有住所的外国人、无国籍人、外国企业和组织委托中华人民共和国律师或者其他人代理诉讼，从中华人民共和国领域外寄交或者托交的授权委托书，应当经所在国公证机关证明，并经中华人民共和国驻该国使领馆认证，或者履行中华人民共和国与该所在国订立的有关条约中规定的证明手续后，才具有效力。

3.《最高人民法院关于民事诉讼证据的若干规定》(2008)

第十一条第一款 当事人向人民法院提供的证据系在中华人民共和国领域外形成的，该证据应当经所在国公证机关予以证明，并经中华人民共和国驻该国使领馆予以认证，或者履行中华人民共和国与该所在国订立的有关条约中规定的证明手续。

4.《最高人民法院关于执行〈中华人民共和国刑事诉讼法〉若干问题的解释》(1998)

第三百二十条第三款 在中华人民共和国领域外居住的外国人寄给中国律师或者中国公民的授权委托书，必须经所在国公证机关证明、所在国外交部或者其授权机关认证，并经中国驻该国使、领馆认证，才具有法律效力。但中国与该国之间有互免认证协定的除外。

【理论分析】

一、重婚罪

重婚罪，是指有配偶而与他人结婚或明知他人有配偶而与之结婚的行为。

重婚罪的客体是我国一夫一妻的婚姻制度。这一制度也是我国社会伦理道德的重要基础，旨在保障婚姻关系的稳定性、合法性及男女双方在婚姻中的平等地位。

重婚罪的客观方面包括两种情形：第一，有配偶者与他人登记结婚或形成事实上的婚姻关系；第二，明知他人有配偶而与之登记结婚或形成事实上的婚姻关系。将事实重婚认定为重婚罪并不意味着在法律上对事实婚姻的承认，而是为了更好地保护重婚罪客体即我国一夫一妻的婚姻制度。

由于重婚罪为对合犯，单个人不能构成重婚罪，故重婚罪的主体为两类人：第一，重婚者，指有配偶而与配偶以外的人结婚的人。第二，相婚者，指无配偶却与有配偶者结婚的人。

重婚罪的主观方面是故意。这意味着行为人对于自己或对方已有的婚姻关系存在是明知的，同时也清楚地知道自己与他人形成法律婚姻或事实婚姻关系的行为会破坏一夫一妻的婚姻制度，但仍希望或放任这种结果的发生。

值得注意的是，重婚罪与同居行为之间的界限清晰而微妙，主要在于双方的关系性质、公开程度以及是否构成法律或事实意义上的婚姻关系。同居作为一种居住和生活方式，其表现形式丰富多样，涵盖了多种人际关系状态：

(1) 合法的夫妻同居。这是指已经依照法律程序登记结婚的夫妻之间的同居生活，是婚姻关系的正常体现，受到法律的保护和认可，自然不构成任何违法行为。

(2) 婚外情同居。当有配偶的一方与非其配偶的第三方同居时，若他们仅限于私下的情感交往，未公开宣称或以夫妻名义生活，则这种行为虽在道德上可能受到谴责，却并不直接构成重婚罪。但是，一旦双方开始以夫妻名义共同生活，向外界明示或暗示他们是夫妻关系,如以夫妻名义共同参加社交活动、共用家庭地址、共同抚养子女等,就涉嫌构成重婚罪,因为其公然挑战了重婚罪所保护的法益即一夫一妻制的婚姻制度。

(3) 双方均为无配偶的同居。如果同居的双方均未婚,他们的同居关系则完全处于个人选择和自愿的范畴,当然不构成重婚罪。这种关系的法律地位较为宽松,更多地取决于双方的私人约定和相互理解,法律主要关注的是他们之间可能产生的财产权益纠纷和子女抚养问题。

二、我国刑法的属地管辖权

我国刑法的属地管辖包括以下三项内容:

首先,凡在我国领域内犯罪的,除法律有特别规定的以外,都适用我国刑法。此处的法律有特别规定包括以下四种情形:(1) 享有外交特权和豁免权的外国人的刑事责任,通过外交途径解决。(2) 民族自治地方由于特殊原因不能全部适用刑法规定的,可以由该自治区或者省的人民代表大会根据当地民族的政治、经济、文化特点和刑法基本原则,制定变通或者补充的规定,报请全国人民代表大会常务委员会批准施行。(3) 国家立法机关制定的特别刑法的特别规定。(4) 港澳特别行政区的法律保留。①

其次,凡在我国船舶或航空器内犯罪的,无论该船舶或者航空器位于何处,都适用我国刑法。这实质上是将我国的领域范围拓展到象征国家领域的船舶和航空器的空间,确保了法律保护的连续性和全面性,有效维护了国家安全与公民权益。

最后,犯罪的行为地或者结果地有一项发生在我国领域内的,都适用我国刑法。通常情况下,犯罪行为与其造成的直接后果会在地理空间上保持一致,如盗窃、故意伤害等犯罪,行为实施地往往也是结果发生地。然而,在全球化和互联网技术高度发展的今天,犯罪形式日益多样化,许多犯罪行为与结果之间可能出现地域上的分离,形成了所谓的跨国犯罪。例如,行为人甲在A国实施电信诈骗,乙在我国受骗,损失数万元,犯罪结果地在我国,则我国相关人民法院有权对该案行使刑事管辖权。这体现了我国刑法保护本国公民和维护国家利益的决心,同时要求我国司法机关在处理此类跨国案件时,需加强与国际刑警组织及其他国家司法部门的合作,共同打击跨境犯罪,保护国际社会的安宁与秩序。

三、对本案的分析

关于本案刑事管辖权的归属,存在三种观点。第一种观点认为,桥本甲与陈某莎在中国登记结婚时,其与桥本乙的婚姻关系已解除,此时桥本甲不构成重婚罪。桥本乙恢复在桥本甲户籍登记中二人的夫妻关系时,桥本甲户籍中同时存在桥本乙和陈某莎两位妻子,构成重婚罪。桥本甲构成重婚罪的行为地和结果地均发生在日本,中国法院无权行使刑事管辖权。

---

① 高铭暄,马克昌. 刑法学 [M]. 10版. 北京:北京大学出版社,2022:31.

第二种观点认为，桥本乙根据京都家庭裁判所的判决恢复在桥本甲户籍登记中二人的夫妻关系后，应视为二人夫妻关系未中断，桥本甲与陈某莎在中国重庆登记结婚时，其同时存在两位妻子，构成重婚罪。犯罪行为地发生在我国，我国人民法院有刑事管辖权。同时，重婚罪属于继续犯，桥本甲和陈某莎的婚姻登记地重庆和经常居住地上海都是犯罪行为地，两地法院都可对本案进行管辖。

第三种观点认为，桥本乙根据京都家庭裁判所的判决恢复在桥本甲户籍登记中二人的夫妻关系后，应视为二人夫妻关系未中断，桥本甲与陈某莎在中国重庆登记结婚时，其同时存在两位妻子，构成重婚罪。重婚罪属于状态犯，重婚罪既遂后的非法婚姻状态是不法状态的继续，而非犯罪行为的继续。故本案的犯罪行为地在我国重庆，应当由重庆相关法院行使刑事管辖权。

笔者支持第三种观点。理由在于：首先，仅从形式上看，桥本甲与陈某莎结婚时，桥本甲由于已经和桥本乙办理了离婚登记，其户籍中显示无配偶，此时其并不构成重婚罪。当桥本乙与桥本甲恢复婚姻关系时，桥本甲同时存在桥本乙和陈某莎两位妻子，此时桥本甲才构成重婚罪。根据京都家庭裁判所的裁决，2007年3月5日桥本甲与桥本乙之间的离婚手续因涉及桥本甲伪造签名的非法行为而被判定为无效。同时，《日本民法》第一百二十一条规定，被撤销的行为自始无效。具体到本案中，桥本甲与桥本乙的婚姻关系并未因桥本甲伪造签名骗取离婚登记而中断，相反，在桥本甲骗取离婚登记到京都家庭裁判所作出判决的期间，其与桥本乙的婚姻关系一直处于存续状态，二人在法律上仍然属于夫妻关系。也就是说，桥本甲是在有配偶的前提下与陈某莎结婚，且其明知自己能够得以解除与桥本乙的婚姻关系是由于其实施了伪造签名的行为，而非合法地解除二人夫妻关系，存在犯罪故意，且其行为完全符合重婚罪的构成要件。再者，桥本甲与陈某莎是在我国重庆进行的婚姻登记，犯罪行为地发生在我国。其行为破坏了我国一夫一妻的婚姻制度，犯罪结果地也发生在我国重庆，因此重庆市相关人民法院有权对此案行使刑事管辖权。

其次，继续犯成立的关键在于犯罪行为的持续性，从着手实施到行为终结，犯罪行为与其引起的不法状态必须同时存在。状态犯是指犯罪既遂后，其所造成的不法状态处于持续之中的犯罪。继续犯和状态犯在概念上有一定的相似性，司法实践中也容易混淆，但二者区别明显：继续犯的不法状态与犯罪行为同时存在并同时结束，而状态犯的不法状态则发生于犯罪行为终结之后，并在一段时间内持续。因此，可以推断重婚罪是继续犯还是状态犯，关键在于重婚行为与重婚罪所保护的法益——我国一夫一妻制婚姻制度受到侵犯的不法状态在时间上是同时存在还是先后发生。

重婚罪的本质在于已婚的行为人与配偶以外的其他人或未婚的行为人与已有配偶的人缔结新的婚姻关系，对我国一夫一妻制的婚姻制度造成破坏。缔结婚姻的方式分为法律婚和事实婚。以法律婚形式实施的重婚行为自办理结婚登记时宣告重婚罪既遂，行为人在登记结婚之后以夫妻为名共同生活使我国一夫一妻的婚姻制度处于持续受到侵害的不法状态，与状态犯所要求的不法状态发生于犯罪行为终了之后的构成要件相吻合。

问题在于事实重婚行为是否属于状态犯。有观点认为，事实重婚是根据同居时间的长短来认定的，属于实际重婚行为的持续，是犯罪行为的延续，因此事实重婚属于继续犯。① 笔者认为该观点是值得商榷的。在该观点看来，事实重婚要求行为人的非法同居关系已经稳定，在这一稳定的关系形成前，行为人的非法同居行为往往已经持续了相当长的一段时间。在这一阶段中，非法同居行为与其造成的不法状态同时处于继续状态，从这个角度来说，事实重婚行为与继续犯的概念相吻合。但继续犯要求犯罪行为与其造成的非法状态不仅应当同时开始，还应当同时终止，即在事实婚成立后，其对我国一夫一妻的婚姻制度造成的损害也随之终止。然而，显而易见的是，当行为人事实重婚成立后，其对我国一夫一妻的婚姻制度仍在造成持续的破坏，即这一不法状态在事实重婚犯罪既遂后仍处于继续状态。在这一点上，事实重婚行为与继续犯的概念相矛盾，却与状态犯的概念相契合。由此看来，事实重婚似乎兼具继续犯和状态犯的色彩。

在笔者看来，将事实重婚行为界定为状态犯更为合适。理由在于，事实重婚构建了一种长期且非法的同居关系，在这种关系正式确立之前，行为人已经非法同居了相当一段时间，若仅当这种非法同居达到某种稳定状态才视为重婚成立，无异于是对先前的非法同居行为采取了默许态度，这将对重婚罪所保护的法益，即我国一夫一妻的婚姻制度造成更大、更深层次的损害。因此，笔者认为，在事实重婚中，一旦行为人以夫妻名义开始非法同居，就应当认为其重婚罪已经实施并达到既遂状态，即以事实婚形式实施的重婚行为自行为人以夫妻名义同居时宣告既遂，从而对我国一夫一妻的婚姻制度实现更为周延的保护。而且，行为人在形成事实婚的社会关系之后以夫妻名义共同生活使我国一夫一妻的婚姻制度处于持续受到侵害的不法状态，也符合状态犯所要求的不法状态发生于犯罪行为终了之后的特征。

具体到本案中，桥本甲与陈某莎在我国重庆进行婚姻登记时，二人成立法律婚姻，桥本甲所触犯的重婚罪已经既遂。二人之后移居到上海共同居住的行为并不是重婚行为的继续实施，而是重婚行为造成的不法状态的继续。就本案的管辖权而言，本案的犯罪地为重庆，应当由重庆相关法院行使本案的刑事管辖权。虽然二人之后移居到上海共同居住，但上海只是不法状态的持续地而不属于犯罪地，故上海的相关法院无权行使本案的刑事管辖权。

【实操分析】

本案中，据以给被告人桥本甲定罪量刑的绝大多数证据都来自日本。在处理涉及境外的法律案件时，对那些在国外生成的证据采取审慎的态度并实施严格的审查流程显得尤为重要。这不仅关乎司法公正的基石，还直接影响判决结果的可靠性和国家间的法律合作。但在刑事诉讼中，对当事人、辩护人、诉讼代理人提供的域外证据，人民法院应当如何进行审查与认定，我国法律尚无明确规定，需要我们在司法实践中进行探索。

---

① 陈兴良. 刑法适用总论 [M]. 北京：中国人民大学出版社，2006：587.

一、民事诉讼中域外证据的审查与采信

我国民事法律法规中关于域外证据的审查与认定的规定较为成熟，可为刑事诉讼中人民法院对当事人、辩护人、诉讼代理人提供的域外证据如何进行审查与认定提供借鉴。

根据《最高人民法院关于民事诉讼证据的若干规定》（以下简称《民诉证据规定》）（2008）第十一条的规定可以得知，民事诉讼中，对于当事人提供的域外证据，必须经过一套严格的审核流程，以确保其真实性和合法性，进而才能够在我国法庭上被采纳为有效证据。这一规定凸显了国际法律合作与互认的重要性，特别是在全球化的背景下，跨国纠纷日益增多，确保域外证据的可信度成为维护司法公正的关键环节。具体而言，当事人提供的域外证据需要经所在国公证机关证明并经我国驻该国使领馆认证，或者履行我国与该所在国订立的有关条约中规定的证明手续后，才具有效力。之所以这样规定，是因为这些证明案件事实的证据产生于国外，由于各国主权的独立性，我国司法机关到境外对这些证据的真实性进行调查存在许多现实障碍，直接依据这些证据认定案件事实显然又伴随着证据是被伪造的风险。因此，对境外产生的证据必须谨慎对待，增加在认定程序中的限制，由该证据产生国的公证机关证明该证据的真实性和合法性，必要时还需经我国驻该国使领馆认证，以尽量消除司法地域性给民事诉讼带来的不利影响。要求履行我国与该所在国订立的有关条约中规定的证明手续也是为实现该目的服务的。由此所形成的制度被称为域外证据公证证明制度。这一制度的设立，实质上构建了一个跨国司法信任框架，既保障了我国司法判决的权威性和公正性，也促进了国家间的法律协调与合作。这一制度通过复杂的法律程序设计，成功地解决了主权独立性所带来的跨境证据采纳难题，为处理涉外民事案件提供了坚实的法律基础，确保了判决结果的公信力和执行力。

但域外证据公证证明制度在实践操作中引发了理论与实践层面的深层次探讨，核心问题聚焦于该制度设计的初衷究竟是旨在确立域外证据的"证据资格"还是影响其"证明力"的评估。这一区分至关重要，因为它直接影响证据能否进入审判程序以及如何在其中发挥作用。如果目的是前者，则未经公证和认证程序的域外证据根本不能作为证据使用。如果目的是后者，则其本身就属于法官自由心证的裁量范畴。对域外证据公证证明制度目的的不同理解，将导致截然不同的法律实践效果。明确这一制度的核心目的，不仅能指导司法实践的操作，还能促进国际司法协助的深入发展，确保跨国诉讼中的证据处理既严谨又不失灵活性，最终服务于司法公正与效率的双重目标。

笔者认为，基于对法律原则和司法实践的深入分析，可以合理推断，公证与认证程序的主要设计目的应在于确保域外证据的证据资格而不是确定域外证据证明力的大小。理由在于，首先，从法理上来看，证据的证明力本质上是一个主观评估过程，它涉及对证据内容的逻辑推理、相关性分析及与其他证据的相互印证，这些均属于法官自由心证的范畴，不应受制于固定的程序性要求。其次，从现存法律规定来看，无论在何种诉讼之中，证据证明力的大小都应当由法官自由心证，而不是由程序所确定，域外产生的证

据也不应当例外。最后，从表述来看，相关条文显然未涉及对域外证据证明力的有无或大小进行限制的规定，也未出现要求法官如何认定域外证据的证明力的规定。由此观之，显然设置公证认证程序的目的不是确定域外证据证明力的大小。

相反，公证认证程序实质上是允许域外证据跨越国界进入我国司法体系的"通行证"，意在确保域外证据的证据资格，保证了跨国证据在法律面前的平等对话权。域外证据经过公证认证程序，表明其得到了产生国的承认，真实性得到了确认，我国司法机关便不用再进行实地证实，节省了大量的司法资源，极大提高了诉讼效率。

但值得思考的是，如果域外证据未经公证认证程序，法院就应当一概不予采纳吗？如果该域外证据为证人证言且该外国证人愿意直接到庭发表证言，其证据真实性不要求必须经过公证认证程序，此时强行要求其经过公证认证程序是否属于多此一举，反而浪费了司法资源的和降低了诉讼效率，违背了程序设置的初衷。此外，在2007年《最高人民法院关于全面加强知识产权审判工作为建设创新型国家提供司法保障的意见》中也涉及了该问题："对于域外形成的公开出版物等可以直接初步确认其真实性的证据材料，除非对方当事人能够对其真实性提出有效质疑且举证方无法有效反驳，无须办理公证认证等证明手续。"由此可以表明，公证认证程序并非域外证据被我国法院采纳的必然要求，而仅是证明域外证据真实性的方式之一。若在域外证据的真实性已通过其他有效途径得到了充分证实的情况下，仅因该证据未经过公证认证程序就排除其证据资格，显然有失偏颇且不符合司法公正的原则。司法实践中，应当注重实质正义与形式正义的统一，确保裁判结果建立在全面、真实、可靠的证据基础之上。

二、刑事审判实践对域外证据的审核与采信

《最高人民法院关于执行〈中华人民共和国刑事诉讼法〉若干问题的解释》（1998）第320条规定了外国人委托中国律师或公民参加刑事诉讼的授权委托书应当办理有关公证认证手续。有观点认为，《民事证据规定》（2008）第十一条关于域外证据采纳的规定与《民事诉讼法》（2007）第二百四十条关于域外授权书的规定具有一致性，都需要经过所在国公证机关公证。刑事诉讼相关法律虽然未涉及域外证据采纳的内容，但《最高人民法院关于执行〈中华人民共和国刑事诉讼法〉若干问题的解释》（1998）对外国人委托中国律师或公民参加刑事诉讼的授权委托书进行了规定，因此，基于刑事诉讼和民事诉讼在证据审查认定上的相似性，刑事诉讼中对域外证据的采信可借鉴民事诉讼相关法律的规定，同时要考虑到刑事诉讼的证明标准高于民事诉讼的证明标准，在刑事诉讼中，当事人向人民法院提供的在我国领域外形成的证据也应经所在国公证机关公证、所在国外交部或其授权机关认证，并经我国驻该国使领馆认证。

这一观点仍有讨论与辨析的空间。原因在于，首先，授权委托书是被委托人表明其代理资格的法律文书，而证据是认定案件事实的材料，授权委托书侧重于确立代理人与被代理人之间的法律关系，确保代理行为的有效性与合法性，而证据则是判断案件事实真伪、决定被告人刑事责任有无及轻重的核心要素，二者在本质上并无相通之

处。仅根据民事诉讼相关法律对二者规定的认证手续相似就盲目进行类推适用，认定刑事诉讼相关法律也应当对域外证据的认证手续与对授权委托书的认证手续作相同规定，显然缺乏逻辑和法理上的依据。其次，若依据该观点随意地对法律条文进行类推适用，不考虑不同规范之间的差异，只会造成我国法秩序的混乱和实践中法律适用的混淆，不利于公平正义的实现。

笔者认为，就本质而言，域外证据和域内证据并无不同，二者都是证明案件事实的材料，区别只在于由于国家主权的独立性，我国司法机关到境外对这些证据的真实性进行调查存在许多现实障碍，导致域外证据的真实性更加难以确定。而无论是民事诉讼还是刑事诉讼，都要通过某些手段对域外证据的真实性进行审查，以防止证据被伪造而致使冤假错案的出现。在这一点上，民事诉讼和刑事诉讼的追求相同，二者在目的上具有相通性。正如上文所述，在民事诉讼中，公证和认证程序只是确定域外证据的真实性的手段之一，若能通过其他途径达到此目的，确定域外证据真实性的，就可以不经过公证和认证程序。刑事诉讼也同样如此，若当事人、辩护人、诉讼代理人能够证明其提供的证据的真实性，人民法院就应当在确认该证据合法性和关联性的前提下，认可该证据的证据资格，而不应当对确定证据真实性的手段作过多限制。

三、本案证据的采信

本案中，自诉人桥本乙向法院提供了居民票、离婚登记文书、裁判所的判决书等证据，若桥本乙能够通过某种或某些手段如质证证明这些证据的真实性，则人民法院在确认这些证据的合法性和关联性后，应当予以采纳以认定案件事实。至于这些证据证明力的大小，则应当由法官依据自由心证原则进行独立、客观的评价，为最终裁判提供坚实的事实基础。

四、对司法实践的建议

2019年最高人民法院对《民诉证据规定》进行了修正，并在该规定的第十六条对民事诉讼中域外证据的审查认定方式作出了改变。笔者认为，《民诉证据规定》（2019）是在广泛吸收近年来民事审判实践经验的基础上，紧密联系社会实际与司法需求而精心修正的，目的是保证人民法院正确认定案件事实，公正、及时审理民事案件，保障和便利当事人依法行使诉讼权利。通过对证据规则的系统梳理和完善，提升民事诉讼的效率与质量，确保每一起案件都能在合理的时间框架内得到公正、专业的审理，避免拖延，减少当事人的诉讼负担。《民诉证据规定》（2019）对域外证据的审查方式作出改变，也正是为这一目的服务的。

公文书是指外国有关机关颁布的具有明确法律意义的文书，如判决书、身份证明等。国内法院囿于国家主权的地域性而无法判断域外公文书的真伪，由文书形成国的有关机关对公文书的真实性予以证明，再结合公文书证据规则即公文书记载的事项推定为真实，但有相反证据足以推翻外，更有利于认定案件事实，提高诉讼的公正性。此外，文书形成国的公证机关对公文书真实性进行确认的方式较为简便，只需向相关机关求证即可，也有利于提高诉讼的效率。

涉及身份关系的证据由于其特殊性，多表现为公文书，如结婚证、户籍证明等，且对于身份关系的认证各国法律规定和实践情况不尽相同，所以对我国领域外形成的涉及身份关系的证据，不仅应当经所在国公证机关证明，以确认文书的真实出具及内容无误，还要经我国驻该国使领馆认证，以确定该证据的真实性和合法性，这一双重验证流程强化了证据的跨境法律效力，保证了其真实性和合法性得到两国法律体系的认可。但不同类型的证据在认证和采纳过程中应遵循不同的标准与程序，证据的不同性质决定了不可能所有涉及身份关系的证据都必须经过公证认证程序才能确认其真实性和合法性。因为对于书证以外的其他证据而言，公证和认证程序可能并不是确认证据资格最有效的方式。例如，若该域外证据为证人证言，由该证人出庭陈述证言显然相比于公证认证程序更能凸显该证据的真实性，更有利于实现司法公正。此外，随着信息技术的发展，电子化证据、远程视频作证等新型证据形式逐渐成为可能，这也为跨境身份关系证据的采信提供了新的路径。对于这类证据，其真实性与合法性的确认可能更多依赖于技术验证、数据加密、数字签名等现代科技手段，而非传统的公证认证流程。因此，在全球化背景下，对域外证据的处理需更加灵活多样，既要维护法律的严谨性，也要适应时代发展，确保司法程序的高效与公正。

如笔者在前文所述，民事诉讼与刑事诉讼对域外证据进行审查，都是为了维护司法公正，防止证据被伪造而导致冤假错案的出现。在民事诉讼中，公证和认证程序只是确定域外证据的真实性的手段之一，若能通过其他途径达到此目的，从而确定域外证据真实性的，就可以不经过公证和认证程序。但由于公文书以及涉及身份关系的证据的特殊性，它们在法律上的严肃性和对个人权益的深远影响，通过公证与认证程序来验证其真实性与合法性显得尤为关键，这是基于其权威性、标准化及国际认可度的考量。

刑事诉讼也应同样如此。故笔者建议，基于刑事诉讼程序与民事诉讼程序的差异，为提高刑事诉讼的效率、保证刑事诉讼的公正性以及维护法秩序的统一，刑事诉讼中对当事人、辩护人、诉讼代理人提供的域外证据的审查和认证可作如下规定：（1）域外公文书的认证：对于当事人、辩护人、诉讼代理人提供的我国领域外形成的公文书，应经所在国公证机关证明，或者履行我国与该所在国订立的有关条约中规定的证明手续。（2）域外涉及身份关系证据的认证：对于当事人、辩护人、诉讼代理人提供的在我国领域外形成的涉及身份关系的证据，应经所在国公证机关证明并经我国驻该国使、领馆认证，或者履行我国与该所在国订立的有关条约中规定的证明手续。（3）程序的变通：若能通过其他手段确认当事人、辩护人、诉讼代理人提供的在我国领域外形成的证据的真实性的，则无须办理公证认证等证明手续。

【思考题】

刑事案件中，人民法院对于我国域外产生的电子数据和视听资料应当如何审查与采信？

第五章

侵犯财产罪

案例一　杨某、阮某某、梁某某等诈骗案[①]

【基本案情】

一、案件经过

被告人杨某，男，1986年12月12日出生，汉族，初中文化，无业，中华人民共和国广西壮族自治区兴安县人，户籍住址及现住址为中华人民共和国广西壮族自治区兴安县。因犯强奸罪，2009年7月15日被中华人民共和国广西壮族自治区灵川县人民法院判处有期徒刑10年，2016年4月18日刑满释放。因涉嫌犯诈骗罪，2018年8月24日被中华人民共和国广西壮族自治区兴安县公安局刑事拘留；2018年9月29日被中华人民共和国广西壮族自治区桂林市公安局雁山分局执行逮捕。

被告人阮某某，女，1994年3月9日出生，越南社会主义共和国公民，莽族，初中文化，住越南（以上个人信息均为其自述）。因涉嫌犯诈骗罪，2018年9月15日被中华人民共和国广西壮族自治区兴安县公安局指定监视居住，同年9月17日被刑事拘留，同年10月19日被中华人民共和国广西壮族自治区桂林市公安局雁山分局执行逮捕。

被告人梁某某，女，1994年6月26日出生，越南社会主义共和国公民，傣族，小学文化，住越南（以上个人信息均为其自述）。因涉嫌犯诈骗罪，2018年8月23日被中华人民共和国广西壮族自治区兴安县公安局刑事拘留，同年9月30日被中华人民共和国广西壮族自治区桂林市公安局雁山分局刑事拘留。

被告人贲某某，女，1987年6月17日出生，越南社会主义共和国公民，侬族，小学文化，住越南（以上个人信息均为其自述）。因涉嫌犯诈骗罪，2018年8月25日被中华人民共和国广西壮族自治区兴安县公安局刑事拘留，同年9月30日被中华人民共

[①] 案例来源：（2019）桂0311刑初36号。

和国广西壮族自治区桂林市公安局雁山分局执行逮捕。

2018年6月，被告人杨某与阮某1（另案处理）商量，由阮某1找来越南女子，由杨某以介绍相亲为名收取彩礼钱。后阮某1通过越南女子"兰姐"（另案处理）找来两名越南女子阮某某、梁某某到中华人民共和国广西壮族自治区兴安县。杨某交代阮某某、梁某某相亲成功得钱后不要马上离开，即使要走也要等待一段时间后再找借口离开。但在商量利益分配时，阮某1与阮某某发生争执，阮某某表示不要阮某1介绍，自己去"嫁人"。之后，杨某以介绍相亲结婚为名，与桂林市兴安县湘漓镇蒋某2商定，将阮某某介绍给蒋某2的儿子蒋某5，并保证越南女子不会跑，从而骗取蒋某2四万元人民币。

被告人阮某某"嫁"到蒋某5家后，被告人梁某某随其住在蒋某5家。其间，蒋某2将梁某某介绍给同村李某1的儿子李某3，梁某某以相亲结婚为名，骗取李某1四万元人民币。

2018年6月，被告人杨某与阮某某商量，让其再介绍越南女子来兴安县以相亲结婚为名收取彩礼，阮某某找来了越南女子贡某某。杨某以介绍相亲结婚为名，通过兴安县居民文某将贡某某介绍给桂林市兴安县溶江镇的蒋某3，骗取蒋某3父亲蒋某1四万元人民币。之后杨某又单独收取蒋某1一万元人民币。

2018年6月20日，阮某某、梁某某、贡某某同时从被害人家中逃离。

2018年8月，被告人梁某某经梧州市龙圩区越南女子丁某及张某2介绍，以相亲结婚为名，骗取岑溪市诚谏镇孔任村谢某1五万元人民币，被告梁某某在谢某1家生活数日后逃离。2018年8月，被告人贡某某经平南县大鹏镇介脚村一中年越南女子介绍，以相亲结婚为名，骗取平南县大鹏镇陆屋屯陆某的父亲三万元人民币，贡某某在陆某家生活十余日后逃离。

身份确证：杨某户籍证明，广西壮族自治区公安厅出入境管理总队《关于涉案人员不明国籍身份核查结果的函》、身份核查结果证明，阮某某、梁某某、贡某某涉外案（事）件通报表、关于领事通报的声明书、关于领事探视的声明书、非法进入中国境内人员自述表，证实四被告人具有完全刑事责任能力，被告人阮某某、贡某某等人越南国籍未能确认，梁某某越南国籍身份属实。

二、诉讼经过

广西壮族自治区桂林市雁山区人民检察院以桂市雁检刑诉（2019）27号起诉书指控被告人杨某、阮某某、梁某某、贡某某犯诈骗罪，于2019年6月12日向广西壮族自治区桂林市雁山区人民法院提起公诉。广西壮族自治区桂林市雁山区人民法院依法适用普通程序，公开开庭审理了本案。广西壮族自治区桂林市雁山区人民检察院指派副检察长张某出庭支持公诉，被告人杨某、阮某某、梁某某、贡某某及四被告人的指定辩护人到庭参加诉讼。广西壮族自治区桂林市雁山区人民法院依照《刑法》第二百六十六条、第六十四条、第六十五条、第六十七条第三款、第五十二条、第五十三条、

第二十五条、第六条的规定,判决如下:

(1) 被告人杨某犯诈骗罪,判处有期徒刑五年,并处罚金人民币八万元。

(2) 被告人阮某某犯诈骗罪,判处有期徒刑三年四个月,并处罚金人民币七万元。

(3) 被告人梁某某犯诈骗罪,判处有期徒刑三年三个月,并处罚金人民币五万元。

(4) 被告人贲某某犯诈骗罪,判处有期徒刑三年一个月,并处罚金人民币五万元。

(5) 被告人阮某某交至法院的人民币三万元,依法退赔被害人蒋某2、李某1、蒋某1各一万元。

(6) 责令被告人杨某、阮某某退赔被害人蒋某2人民币三万元;被告人杨某、阮某某、梁某某退赔被害人李某1人民币三万元;被告人杨某、阮某某、贲某某退赔被害人蒋某1人民币三万元;被告人杨某退赔被害人蒋某1人民币八千元;被告人梁某某退赔被害人谢某1人民币四万八千元;被告人贲某某退赔被害人陆某人民币三万元。

【主要法律问题】

(1) 本案中各被告人的行为是否构成诈骗罪?

(2) 本案中各被告人在共同犯罪中的作用是什么?

(3) 被告人杨某是否成立累犯?

(4) 被告人阮某某、梁某某、贲某某是否具有坦白情节?

【主要法律依据】

1. 《中华人民共和国刑法》(2017)

第六条 凡在中华人民共和国领域内犯罪的,除法律有特别规定的以外,都适用本法。

凡在中华人民共和国船舶或者航空器内犯罪的,也适用本法。

犯罪的行为或者结果有一项发生在中华人民共和国领域内的,就认为是在中华人民共和国领域内犯罪。

第二十五条 共同犯罪是指二人以上共同故意犯罪。

二人以上共同过失犯罪,不以共同犯罪论处;应当负刑事责任的,按照他们所犯的罪分别处罚。

第二十六条 组织、领导犯罪集团进行犯罪活动的或者在共同犯罪中起主要作用的,是主犯。

三人以上为共同实施犯罪而组成的较为固定的犯罪组织,是犯罪集团。

对组织、领导犯罪集团的首要分子,按照集团所犯的全部罪行处罚。

对于第三款规定以外的主犯,应当按照其所参与的或者组织、指挥的全部犯罪处罚。

第二十七条 在共同犯罪中起次要或者辅助作用的,是从犯。

对于从犯，应当从轻、减轻处罚或者免除处罚。

第五十二条 判处罚金，应当根据犯罪情节决定罚金数额。

第五十三条 罚金在判决指定的期限内一次或者分期缴纳。期满不缴纳的，强制缴纳。对于不能全部缴纳罚金的，人民法院在任何时候发现被执行人有可以执行的财产，应当随时追缴。

由于遭遇不能抗拒的灾祸等原因缴纳确实有困难的，经人民法院裁定，可以延期缴纳、酌情减少或者免除。

第六十四条 犯罪分子违法所得的一切财物，应当予以追缴或者责令退赔；对被害人的合法财产，应当及时返还；违禁品和供犯罪所用的本人财物，应当予以没收。没收的财物和罚金，一律上缴国库，不得挪用和自行处理。

第六十五条 被判处有期徒刑以上刑罚的犯罪分子，刑罚执行完毕或者赦免以后，在五年以内再犯应当判处有期徒刑以上刑罚之罪的，是累犯，应当从重处罚，但是过失犯罪和不满十八周岁的人犯罪的除外。

前款规定的期限，对于被假释的犯罪分子，从假释期满之日起计算。

第六十七条 犯罪以后自动投案，如实供述自己的罪行的，是自首。对于自首的犯罪分子，可以从轻或者减轻处罚。其中，犯罪较轻的，可以免除处罚。

被采取强制措施的犯罪嫌疑人、被告人和正在服刑的罪犯，如实供述司法机关还未掌握的本人其他罪行的，以自首论。

犯罪嫌疑人虽不具有前两款规定的自首情节，但是如实供述自己罪行的，可以从轻处罚；因其如实供述自己罪行，避免特别严重后果发生的，可以减轻处罚。

第二百六十六条 诈骗公私财物，数额较大的，处三年以下有期徒刑、拘役或者管制，并处或者单处罚金；数额巨大或者有其他严重情节的，处三年以上十年以下有期徒刑，并处罚金；数额特别巨大或者有其他特别严重情节的，处十年以上有期徒刑或者无期徒刑，并处罚金或者没收财产。本法另有规定的，依照规定。

2.《最高人民法院、最高人民检察院关于办理诈骗刑事案件具体应用法律若干问题的解释》（2011）

第一条 诈骗公私财物价值三千元至一万元以上、三万元至十万元以上、五十万元以上的，应当分别认定为刑法第二百六十六条规定的"数额较大"、"数额巨大"、"数额特别巨大"。

各省、自治区、直辖市高级人民法院、人民检察院可以结合本地区经济社会发展状况，在前款规定的数额幅度内，共同研究确定本地区执行的具体数额标准，报最高人民法院、最高人民检察院备案。

3.《最高人民检察院关于认定累犯如何确定刑罚执行完毕以后"五年以内"起始日期的批复》（2018）

刑法第六十五条第一款规定的"刑罚执行完毕"，是指刑罚执行到期应予释放之日。认定累犯，确定刑罚执行完毕以后"五年以内"的起始日期，应当从刑满释放之日起计算。

4.《最高人民法院、最高人民检察院关于常见犯罪的量刑指导意见（试行）》(2021)

三、常见量刑情节的适用

（七）对于坦白情节，综合考虑如实供述罪行的阶段、程度、罪行轻重以及悔罪表现等情况，确定从宽的幅度。

1. 如实供述自己罪行的，可以减少基准刑的20%以下；
2. 如实供述司法机关尚未掌握的同种较重罪行的，可以减少基准刑的10%～30%；
3. 因如实供述自己罪行，避免特别严重后果发生的，可以减少基准刑的30%～50%。

（十五）对于累犯，应当综合考虑前后罪的性质、刑罚执行完毕或者赦免以后至再犯罪时间的长短以及前后罪罪行轻重等情况，应当增加基准刑的10%～40%，一般不少于3个月。

【理论分析】

一、诈骗罪的概念与构成

诈骗罪是指以非法占有为目的，用虚构事实或者隐瞒真相的方法，骗取公私财物，数额较大的行为。根据我国《刑法》第二百六十六条之规定，诈骗罪的犯罪构成是：

其一，诈骗罪的客体是公私财产的所有权。犯罪对象不以动产为限，不动产同样可成为诈骗罪的犯罪对象。本罪为普通诈骗罪，如若以欺骗手段骗取公私财物满足刑法其他规定，则应依据相应规定定罪处罚。诈骗罪要求成立本罪须满足数额较大，按照《最高人民法院、最高人民检察院关于办理诈骗刑事案件具体应用法律若干问题的解释》（法释〔2011〕7号）之规定，诈骗公私财物价值三千元至一万元应当分别认定为"数额较大"。

其二，诈骗罪的客观方面表现为用虚构事实或者隐瞒真相的欺骗方法，骗取公私财物，数额较大的行为。按照诈骗罪的逻辑构造，诈骗罪应当有以下五个环节：(1) 行为人实行虚构事实或隐瞒真相的欺骗行为；(2) 对方（受骗者）产生（或继续维持）错误认识；(3) 对方基于错误认识处分财产；(4) 行为人或第三者取得财产；(5) 被害人遭受财产损失。

其三，诈骗罪的主体为一般主体，即年满十六周岁、具有刑事责任能力的自然人。

其四，诈骗罪的主观方面是直接故意，且以非法占有为目的。

二、被告人在共同犯罪中的地位

我国《刑法》第二十五条第一款规定："共同犯罪是指二人以上共同故意犯罪。"刑法之所以规定共同故意犯罪，是因其犯罪现象中所呈现出的特殊性和复杂性，具有与单独个人故意犯罪迥异的犯罪特点。共同犯罪具有二人以上共同故意实施犯罪的表现形式,具有较单独犯罪更为严重的社会危害性实质,但刑法分则除少数情况(必要共犯)外,对犯罪形态的规定,都是以单独犯罪为标准的,即单独犯罪形态为标准形态,因而共同犯罪这种特殊犯罪形态就有必要在刑法总则中加以规定。①

中国刑法理论通说观点认为,共同犯罪的成立必须具备以下要件:(1)在犯罪主体方面,必须是两个以上具备相应刑事责任能力的人。(2)从犯罪客观方面来看,必须二人以上具有共同的犯罪行为。(3)在犯罪的主观方面,要求二人以上必须具有共同犯罪故意。②

共同犯罪因属多人犯罪,导致多人之间往往存在不同的行为分工,故共同犯罪行为可分为四种行为方式:一是实行行为,即直接导致危害结果发生的行为,属于刑法分则规定的犯罪构成要件的行为,决定着共同犯罪故意内容的实现;二是组织行为,即组织、策划、指挥共同犯罪的行为,其决定着共同犯罪的性质、规模等;三是教唆行为,即故意引起他人犯罪意图的行为,对他人犯意的形成起原因作用;四是帮助行为,即为共同犯罪创造便利条件的行为,对共同犯罪的实施起辅助作用。据此,共同犯罪行为可表现为两种情况:(1)共同的实行行为,即每个共同犯罪人都是实行犯,彼此之间不存在刑法意义上的分工,彼此均实施刑法分则所规定的犯罪构成要件之行为。基于刑法分则中具体犯罪构成的不同,共同的实行犯之间所实施的犯罪构成要件行为既可以相同,也可以不同。例如,甲、乙二人共同持刀对丙实施上伤害行为与甲、乙二人意图抢劫丙的财物,由甲实施暴力行为,由乙实施取财行为的抢劫行为相似,甲、乙二人均为共同的实行犯。(2)实行行为和组织行为、教唆行为、帮助行为的结合。即各共同犯罪人之间存在组织犯、教唆犯、实行犯和帮助犯的分工。例如,甲入户抢劫,乙在户外进行放风。显而易见的是,甲入户抢劫,同时实施了对人暴力及取财行为,应当属于抢劫罪的实行犯。而乙所实施的放风行为既不是对人暴力,也不是取财行为。因此,乙处于帮助犯的地位。在上述案件中,尽管甲、乙的行为方式不同,但它们都是指向同一犯罪,并且彼此配合,相互联系,形成一个有机的犯罪活动整体,因此都是共同犯罪行为。行为分工只决定刑事责任的大小,不妨碍共同犯罪的成立。

三、累犯的概念及特征

累犯,在不同角度有不同所指。作为犯罪人,累犯较非累犯的犯罪人的人身危险性更为严重;作为量刑情节,累犯是特定的再犯,是法定的从重量刑情节;作为量刑制度,累犯是刑法关于累犯的构成要件和法律后果的规定。中国刑法理论通常认为,累犯是指因犯罪而受过一定刑罚处罚的犯罪分子,在刑罚执行完毕或者赦免后,在法定期限内再次犯下被判处一定刑罚之罪的情形。我国《刑法》第一编第四章第二节系

---

① 贾宇. 刑法学总论 [M]. 北京:高等教育出版社,2019:228.
② 贾宇. 刑法学总论 [M]. 北京:高等教育出版社,2019:229-231.

统地规定了累犯制度，其中第六十五条设置一般累犯，该条指出："被判处有期徒刑以上刑罚的犯罪分子，刑罚执行完毕或者赦免以后，在五年以内再犯应当判处有期徒刑以上刑罚之罪的，是累犯，应当从重处罚，但是过失犯罪和不满十八周岁的人犯罪的除外。前款规定的期限，对于被假释的犯罪分子，从假释期满之日起计算。"

故构成一般累犯的条件包括：

（1）罪质条件：前罪与后罪均为故意犯罪。前后两罪或者其中一罪是过失犯罪的，不成立累犯。

（2）刑度条件：前罪与后罪均应当判处有期徒刑以上刑罚。前后两罪中若有一罪被判处的是拘役、管制或者单处附加刑，无论后罪多么严重，也不成立累犯。

（3）时间条件：前罪与后罪的时间间隔五年以上。后罪必须在前罪所判处的刑罚执行完毕或者赦免以后的五年之内发生。如若犯罪分子在刑罚执行完毕或者赦免五年以后再次犯罪的，则不构成累犯，只是酌定量刑情节。对于被假释的犯罪分子，五年的期限应从假释期满之日起计算。

（4）主体条件：前后罪均为已满十八周岁以上的自然人。故前后有一罪为不满十八周岁时，就不成立累犯。

累犯系曾犯罪被判处一定严厉的刑罚，在刑罚执行完毕或者赦免后的较短时间内又再次实施比较严重犯罪的人，这表明其比初犯者具有更大的主观恶性和人身危险性，从而进一步表明，在累犯者所实施的后罪与初犯者实施同样犯罪的情况下，罪行更为严重，理应受到更重的处罚，而且其再次犯罪的可能性和危险性也较初犯者大，有必要从重处罚，以加强对累犯者的教育和矫正。因此，累犯制度也是刑法罪责刑相适应原则与刑罚个别化原则的具体体现，旨在通过加强刑罚处罚力度，实现惩罚犯罪和教育矫正罪犯的实际效果，确保刑罚目的的实现。[①]

四、坦白的概念及特征

坦白，是指犯罪人被动归案后（如被司法人员当场抓获，被群众扭送至司法机关等不具备自动投案情节的情形），如实供述自己罪行的行为。自首与坦白有诸多相同之处：均以自己实施犯罪行为为前提；均在归案后如实供述自己的罪行；均为从宽处罚的情节。但自首与坦白也存在关键区别。一般自首与坦白的关键区别在于是否自动投案：前者是犯罪人自动投案后如实供述自己的罪行；后者是被动归案后如实供述自己的罪行。准自首与坦白的关键区别在于是否如实供述司法机关还未掌握的本人其他罪行，前者是如实供述司法机关还未掌握的本人其他罪行；后者是如实供述司法机关已经掌握的本人其他罪行。故自首与坦白的不同说明再犯可能性不同。坦白原为酌定量刑情节，《刑法修正案（八）》增设了第六十七条第三款，使坦白成为法定量刑情节。《刑法》第六十七条第三款规定，如实供述自己罪行的，可以从轻处罚；因其如实供述

---

① 贾宇. 刑法学总论[M]. 北京：高等教育出版社，2019：333.

自己罪行，避免特别严重后果发生的，可以减轻处罚。①

根据中国《刑法》第六十七条第三款的规定，坦白有三个特征：（1）犯罪人被动归案。即犯罪人或者是被司法机关采取强制措施而归案，或者是被群众扭送归案。（2）犯罪人交代的是被指控的罪行。（3）犯罪人如实供述自己罪行。所谓"如实供述自己罪行"，可参照1998年《最高人民法院关于处理自首和立功具体应用法律若干问题的解释》第1条之规定，即如实供述自己的罪行，是指犯罪嫌疑人自动投案后，如实交代自己的主要犯罪事实。犯有数罪的犯罪嫌疑人仅如实供述所犯数罪中部分犯罪的，只对如实供述部分犯罪的行为，认定为自首。共同犯罪案件中的犯罪嫌疑人，除如实供述自己的罪行，还应当供述所知的同案犯，主犯则应当供述所知其他同案犯的共同犯罪事实，才能认定为自首。

【实操分析】

一、本案各被告人之行为构成诈骗罪

根据诈骗罪之立法规定及其犯罪构成，本案被告人杨某、阮某某、梁某某、贲某某之行为应当构成诈骗罪。其原因在于：

其一，各被告人之犯罪行为，侵犯了被害人财产所有权。例如，被害人蒋某被骗取二十四万元人民币、李某被骗取十四万元人民币等。其数额已经远远超出了司法解释中三千元至一万元"数额较大"的标准。

其二，以相亲结婚为名骗取他人财物的行为在司法实践中极为普遍，尤其是"越南新娘"骗婚案增长速度极为猛烈。近年来，全国各地公安机关已经破获了大量"越南新娘"骗婚案，该系列案为有组织骗婚牟利团伙犯罪。时任公安部打拐办主任陈士渠表示，"网上团购越南新娘"的做法涉嫌违法，可能涉及拐卖或婚姻诈骗，公安部等部门将严打以涉外婚姻为旗号的非法营利行为。此类案件犯罪嫌疑人伙同越南适婚女青年，向中国内地乡镇单身大龄男青年谎称介绍"越南新娘"，收取巨额"彩礼"后，在适当时机指令"越南新娘"逃离被害人家庭。警方提供的信息显示，这些骗婚的"越南新娘"大多系非法入境、非法居留。由于缺乏合法居留权，这些"越南新娘"办不了结婚证，入不了户口，无法正常就业。即便其确实和被骗的乡镇单身大龄青年产生了感情，并有意一起长期共同生活的，也将会面临在华居住缺乏法律保障的困境。其所生子女难以落户，将来面临入学难等问题。加之语言不通，以及生活习惯差异无法融入当地社会生活。因而，绝大多数"越南新娘"都会陆续逃离。一旦被公安机关查获，即便其愿意留在当地，这些"越南新娘"也将被遣送回国。因此，乡镇单身大龄青年迎娶这些"越南新娘"的，往往会落得人财两空的结局。

就本案而言，多名被告人所实施的骗婚行为也完全符合诈骗罪的逻辑构造。（1）多

---

① 张明楷. 刑法学［M］. 北京：法律出版社，2021：739.

名被告人向被害人虚构了"越南新娘"将要和被害人结婚并长期生活,生儿育女的美好愿景;(2) 被害人在这种美好愿景的欺骗中产生了"越南新娘"将要和自己白头到老的错误认识;(3) 被害人基于上述错误认识而支付了大笔的彩礼费;(4) 被告人取得了大笔的彩礼费并逃离;(5) 被害人遭受巨额财产损失。

其三,本案的被告人都是年满十六周岁、具有刑事责任能力的自然人。

其四,本案的被告人均具备直接故意的主观心态以及非法占有他人财物的目的。刑法意义上的"非法占有",不仅是指行为人意图使财物脱离相对人而非法实际控制和管理,而且意图非法拥有或者不法拥有相对人的财物,为使用、收益、处分之表示。认定"非法占有目的"应当坚持主客观相一致的原则,既要避免单纯根据财产损失的结果客观归罪模式,也不能倚重仅凭被告人供述的主观归罪思路,而应当根据案件具体情况具体分析。就本案而言,上述被告人在骗得被害人财物后,纷纷在较短时间内就离开被害人家庭而携款潜逃,这就充分暴露出其并不打算返还被害人财产的意思,因此足以证明其具备非法占有目的。

总体而言,本案的四名被告人以非法占有他人财物为目的,借助相亲结婚的名义骗取他人财物,数额巨大,其四人行为已触犯我国《刑法》第二百六十六条之规定,应以诈骗罪追究四被告人刑事责任。

二、本案中各被告人在共同犯罪中的地位如何认定

本案中,毋庸置疑的是,被告人杨某和其他各"越南新娘"形成了诈骗罪的共同犯罪关系。(1) 从共同犯罪主体方面来看,被告人杨某和其他各"越南新娘"均系具备相应刑事责任能力的人。(2) 从犯罪的客观方面来看,被告人杨某和其他各"越南新娘"共同协作,对被害人实施了骗婚取财的诈骗犯罪行为。(3) 在犯罪的主观方面,被告人杨某和其他各"越南新娘"形成了以骗婚形式共同欺骗被害人财物的犯罪故意。因此,杨某和其他各"越南新娘"属于共同犯罪。

解决了共同犯罪的定罪问题之后,下一步就要考虑杨某和其他各"越南新娘"的量刑问题。本案的量刑方面存在如下疑问:如何认定被告人杨某和其他各"越南新娘"在共同犯罪中的地位?在本案审理过程中,被告人杨某的指定辩护人对公诉机关指控的罪名无异议。同时认为杨某系从犯,越南女子并不受他控制,其得到的钱不到犯罪金额平均金额的三分之一,只是个跑腿的,建议对杨某判处有期徒刑两年四个月,并处罚金。被告人梁某某的指定辩护人对公诉机关指控的罪名也无异议,认为应区分主从犯,梁某某在本案中作用小,建议对其判处有期徒刑两年至两年六个月,并处罚金。此外,被告人贲某某的指定辩护人,以及被告人阮某某的指定辩护人均提出了从轻处罚的类似辩护意见,并分别认为对被告人贲某某以及被告人阮某某应当判处有期徒刑两年五个月。

由此看来,本案四名被告人的辩护人都提出了自己当事人属于从犯的辩护意见。但是,按照共同犯罪理论,在所有被告人都到案的情况下,共同犯罪中可以出现各被

告人都是主犯或者既有主犯又有从犯的现象，但绝对不可能出现没有主犯而只有从犯的现象。那么接下来的问题是，在本案中谁应当是主犯，谁应当是从犯呢？或者，在本案中到底有没有从犯呢？对此应当根据诈骗罪的逻辑构造，结合共同犯罪基本理论才能作出准确的判断。

  诈骗罪的实行行为系以虚构事实或者隐瞒真相方式骗取他人财物。详而言之，虚构事实，是指行为人通过编造虚假的事实或理由，向受害人索取财物。隐瞒真相，是指行为人有意识地不告知或不完全告知受害人关键信息，导致受害人基于错误的认识作出决策，并自愿交付财物。本案中，杨某是诈骗罪的实行犯而非帮助犯。例如，"杨某以介绍相亲结婚为名，通过兴安县居民文某将贲某某介绍给桂林市兴安县溶江镇的蒋某3，骗取蒋某3父亲蒋某1四万元人民币。之后杨某又单独收取蒋某1一万元人民币"。在此过程中，杨某亲自实施了虚构"越南新娘"贲某某将会和蒋某3结婚并长期生活、生儿育女美好愿景，在获取蒋某3父亲蒋某信任后，先后骗取其二十五万元人民币巨额财物。另外，被告人梁某某、贲某某，以及阮某某也是诈骗罪的实行犯而非帮助犯。例如，被告人阮某某的供述与辩解能够证实："阮某某通过一个叫兰姐的越南女子偷渡到中国，并认识了凤姐；兰姐让阮某某嫁老公赚钱，还让阮某某再找一个越南女子来；阮某某叫了其朋友梁某某；经凤姐介绍，阮某某与梁某某到桂林找杨大哥，杨大哥告诉阮某某嫁人成功后如果要跑的话，就住一段时间再跑；杨大哥将阮某某介绍给了蒋某5，杨大哥得了蒋某5父亲四万元钱，阮某某就住到了蒋某5家；后兰姐通知阮某某离开，阮某某通知了梁某某逃离了兴安。"在该起骗婚类诈骗罪中，阮某某在和被害人蒋某5接触后，配合另一被告人杨某的骗局，虚构了自己将要和蒋某5结婚并以夫妻名义长期生活的事实，获得被害人信任后，又伙同杨某骗取被害人四万元人民币。在此过程中，阮某某以非法占有为目的，实施了虚构事实骗取他人巨额财物的完整的诈骗罪实行行为，系诈骗罪共同犯罪的实行犯。而被告人梁某某、贲某某在骗婚取财的诈骗罪中，也实施了和阮某某所类似的诈骗罪实行行为，同样系诈骗罪共同犯罪的实行犯。

  根据我国《刑法》第二十六条第一款的规定，主犯是指组织、领导犯罪集团进行犯罪活动或者在共同犯罪中起主要作用的犯罪分子。"在共同犯罪中起主要作用的犯罪分子"包括"在其他一般共同犯罪中起到主要作用的实行犯"。所谓"起到主要作用的实行犯"，通常是指在实行犯中，对犯罪的实施起关键性作用、直接造成严重的危害后果或者情节特别严重的犯罪分子。此外，我国《刑法》第二十七条第一款规定："在共同犯罪中起次要作用或者辅助作用的，是从犯。"这里所说的次要作用是与主犯的主要作用相对而言，指犯罪分子虽然直接实施了具体犯罪构成客观方面要件的行为，但在共同犯罪活动过程中较主犯所起的作用小。从中国刑法上述法条规定来看，实行犯也可以分为主要的实行犯（主犯），以及次要的实行犯（从犯）。

  实行犯是导致犯罪危害结果出现的最主要原因，故实行犯是共同犯罪的核心，组织、教唆犯和帮助犯也以实行犯为依托或对象。共犯从属说是共同犯罪本质方面的通说。按照共犯从属说，共同犯罪意图的最终实现完全依赖于实行犯的实行行为。就此而言，实行犯的实行行为对共同犯罪的社会危害程度有决定性作用，对组织犯、教唆犯、帮助犯所对应的刑罚轻重也有间接性影响。换言之，实行犯的刑罚越重，组织犯、教唆犯、帮助犯所对应的刑罚也应当越重，反之亦然。因此，实行犯在多数情况均被认定为共同犯罪的主犯。除主要作用的实行犯之外，司法实践中还存在大量"在共同犯罪中起次要作用的从犯"，即"次要的实行犯"。"次要的实行犯"通常存在于有两个以上实行犯的共同犯罪之中，此类实行犯虽实施了实行行为，但其实行行为对共同犯罪的参与及影响程度较低，尤其在层级型共同犯罪之中最为显著。例如，盗窃罪共同犯罪中次要的实行犯可能会按照主要的实行犯的要求，在仓库中搬运一些价值较低或数量较小的他人财物。或者在故意伤害罪共同犯罪案件中，赤手空拳使用了较轻微的暴力，其自身几乎没有对被害人的伤情造成实质性影响，而被害人的重伤则是由主要的实行犯持刀行凶所造成。可见，主要的实行犯和次要的实行犯在法益的危害或威胁程度上存在明显差异。不仅如此，主要的实行犯和次要的实行犯还能反映出各个实行犯之间主观犯意和人身危险性差异。加之罪责刑相适应原则在定罪、量刑方面的要求，有必要且应当将实行犯以社会危害性和人身危险性为依据进行程度划分，将其中社会危害性较低和人身危险性较小的实行犯认定为次要的实行犯，并依法享受从犯从宽处罚的待遇。

那么，在本案中，被告人杨某和多名"越南新娘"梁某某、贲某某，以及阮某某分别属于主要的实行犯（主犯），还是次要的实行犯（从犯）？

司法实践中，认定主要的实行犯（主犯）的标准是：（1）犯罪前犯罪人表现的主动性。例如，是否邀约他人参加犯罪活动，是否出谋划策、发动犯意等。（2）犯罪过程中犯罪人表现的积极性。例如，是积极主动地实施犯罪活动还是消极被动地参与实行犯罪；其行为是犯罪结果发生的主要原因还是次要原因。（3）犯罪完成后犯罪人表现的组织性。例如，是否控制、支配犯罪所得的赃款、赃物，有无组织、指挥逃匿、布置反侦查活动等。[1]认定次要的实行犯（从犯）的标准是：（1）地位较低。次要的实行犯处于次要的、从属的地位，尤其是在集团犯罪或聚众犯罪中，从犯听命于首要分子和其他主犯，一般不参与组织策划犯罪活动，而是接受主犯或首要分子指派的任务。（2）参与度较轻。次要的实行犯在共同犯罪中缺乏积极主动性，一般只参与一部分犯罪活动。（3）具体罪行较小。次要的实行犯虽然直接参加实施犯罪，但所起的作用不大，其行为不能单独、直接造成严重的危害后果或者情节较轻。

结合上述主要的实行犯（主犯）和次要的实行犯（从犯）的认定标准，不难看出，被告人杨某和多名"越南新娘"梁某某、贲某某，以及阮某某均属于主要的实行犯（主犯），而非次要的实行犯（从犯），其原因在于，对于杨某而言，其策划了骗婚取财类诈骗罪的实施方案，是多起诈骗罪案件的犯意发动者。不仅如此，其还直接实

---

[1] 贾宇. 刑法学总论[M]. 北京：高等教育出版社，2019：245.

施了虚构"越南新娘"愿意和多名被害人结婚生子的事实,骗取了被害人的信任及大量财物。此后,其又直接安排多名"越南新娘"逃离被害人家庭,造成了被害人人财两空的危害后果。就此而言,被告人杨某绝不是其辩护人所称的,在多起诈骗罪中仅仅起到了跑腿的作用,而应当是居于共同犯罪中主犯的地位。对于被告人梁某某、贡某某,以及阮某某而言,其也不是其辩护人所称的作用较小。例如,据被告人阮某某供述,其之所以偷渡到中国就是意图通过骗婚行为嫁老公赚钱。阮某某入境后,又找来其朋友梁某某,两人一起去桂林找到杨大哥(杨某),杨某又和其一起商量如何实施骗婚行为。因此,阮某某不是被动参与骗婚取财类诈骗罪,而是与杨某一起策划了犯罪过程,也是诈骗罪犯意的发起者之一。此外,在杨某将阮某某介绍给了蒋某5时,阮某某也主动配合了杨某的骗局,使被害人进一步加强了"越南新娘"会和其结婚生子的错误认识。事实上,就该起骗婚取财类诈骗罪案件而言,如果阮某某不到被害人家中,即便杨某把介绍婚姻的事情说得天花乱坠,被害人也不会轻易相信,更不会轻易就支付巨额现金。换言之,本案中能让被害人产生并强化错误认识的根本原因,并不是杨某中介海外姻缘的骗人话语,而是"越南新娘"阮某某的现身说法。因此,阮某某在本案中就处在了不可或缺的核心地位,依法应当被认定为诈骗罪的主犯。同理,亲自实施类似骗婚取财行为的梁某某、贡某某也应当是各自诈骗罪共同犯罪的主犯,而非其辩护人所称的从犯。

广西壮族自治区桂林市雁山区人民法院对本案各被告人均按照诈骗罪的主犯予以处置。该院审理后认为:"被告人杨某、阮某某、梁某某、贡某某以非法占有为目的,以相亲结婚为名骗取他人钱财,数额巨大,其行为已触犯《中华人民共和国刑法》第二百六十六条之规定,构成诈骗罪。公诉机关指控四被告人犯诈骗罪成立。对于被告人杨某的指定辩护人认为杨某在本案中作用较小,系跑腿的辩护意见因与本案查明事实不符,本院不予采纳;对于被告人梁某某的指定辩护人认为本案应区分主从犯,被告人梁某某的作用较小的辩护意见,因与本案查明事实不符,本院亦不予采纳。"

在此需要特别注意的是,广西壮族自治区桂林市雁山区人民法院对本案审理中所形成的,对于骗婚中介人和"越南新娘"在犯罪地位上不区分主从犯而全部认定为主犯的观点,应当成为司法机关处置类似骗婚取财类诈骗罪(而不仅是涉外骗婚取财类诈骗罪)中一条非常重要的裁判规则。而事实上,从类似案件的裁判文书中,也可以看到该观点已经得到普遍适用。例如,覃某甜、韦某梅、郑某珍、韦某美骗婚取财类诈骗罪一案[1]便是如此。该案的基本案情是,2011年覃某甜在贵港市区参与赌博时,认识同在赌场参与赌博的韦某梅等人,便一起借高利贷参与赌博,但却赌输了钱,为偿还高利贷,便商量决定以骗婚的方式骗取礼金来偿还高利贷。2011年11月,覃某甜、韦某梅、郑某珍商议后决定由覃某甜的女儿韦某美冒充新娘,通过假结婚骗取彩礼。覃某甜回家后,以利益引诱其女儿韦某美同意冒充新娘。后由韦某美冒充刘某梅、

---

[1] 案件来源:(2017)桂0804刑初143号。

覃某甜以假名陆某莲的名义冒充刘某梅的阿姨、韦某梅冒充刘某梅的姨妈、郑某珍冒充刘某梅的婶婶、郑某珍的父亲郑某留和母亲李某记冒充刘某梅的爷爷、奶奶，以韦某美假装嫁给被害人覃某林的方式骗取覃某林家送的礼金14000元、媒人介绍费2000元、购买服装费用2000元、价值人民币1087元的戒指一只和其他红包钱。假装结婚后，韦某美以发生交通事故为由，继续骗取覃某林人民币1000元。案发后，韦某美分得6000元，覃某甜、韦某梅各分得2500元。案发后，韦某美于2013年9月8日通过公安机关退回被害人覃某林人民币20000元。在本案中，多名被告人的辩护人也提出了从犯的辩护意见。但是，贵港市覃塘区人民法院则采取了不区分主从犯而全部认定为主犯的观点。该院经审理后认为："覃某甜、韦某梅、郑某珍、韦某美以非法占有为目的，通过假结婚的方式诈骗他人财物，数额较大，其行为已触犯刑律，构成诈骗罪，应受刑罚处罚。公诉机关的指控覃某甜、韦某梅、郑某珍、韦某美犯诈骗罪，证据确实、充分，罪名成立，予以支持。覃某甜、韦某梅、郑某珍、韦某美的涉案金额均为16000元，应在三年以下有期徒刑内量刑。覃某甜、韦某梅、郑某珍、韦某美在接受讯问时，如实供述犯罪事实，是坦白，可以从轻处罚。在共同犯罪中，四被告人均起主要作用，均为主犯，应当按其所参与全部犯罪处罚。"据此，贵港市覃塘区人民法院判决覃某甜犯诈骗罪，判处其有期徒刑一年零一个月；判决韦某梅犯诈骗罪，判处其有期徒刑一年零一个月；判决郑某珍犯诈骗罪，判处其有期徒刑十一个月；判决韦某美犯诈骗罪，判处其有期徒刑九个月，缓刑一年。

三、被告人杨某是否成立累犯

在本案中，被告人杨某应当成立累犯，其原因在于：（1）杨某之前所犯的强奸罪与本案中所犯的诈骗罪都是故意犯罪，符合累犯的罪质条件。（2）杨某之前所犯的强奸罪被判处十年有期徒刑，本案中所犯的诈骗罪也应当判处有期徒刑以上刑罚，符合累犯的刑度条件。（3）本案中杨某所犯的诈骗罪发生的时间，在杨某之前所犯的强奸罪所判处的刑罚执行完毕的五年之内，符合累犯的时间条件。（4）杨某在犯前后罪时均为已满十八周岁以上的自然人，符合累犯的主体条件。因此，其完全具备了普通累犯的成立条件。故此，广西壮族自治区桂林市雁山区人民法院对本案审理后认为："被告人杨某曾因故意犯罪被判处有期徒刑，刑罚执行完毕后五年内再犯应当判处有期徒刑以上刑罚之罪，系累犯，依法应从重处罚。"

四、被告人阮某某、梁某某、贲某某是否具有坦白情节

结合本案案情不难看出，被告人阮某某、梁某某、贲某某具有坦白情节，完全符合坦白的三个特征。其一，从本案到案经过来看，被告人阮某某、梁某某、贲某某是被公安机关抓获，系被动到案；其二，被告人阮某某、梁某某、贲某某到案后交代是自己伙同他人所实施的骗婚取财类诈骗罪。其三，被告人阮某某、梁某某、贲某某详细交代了其伙同他人如何产生了诈骗罪犯意、诈骗罪的实施过程，以及从被害人家里逃离的完整过程，已经如实交代了诈骗罪的全部细节事实，属于如实交代罪行。故此，

广西壮族自治区桂林市雁山区人民法院对本案审理后认为:"被告人阮某某、贲某某如实供述自己的罪行,并当庭认罪,依法可以从轻处罚。"

【思考题】

(1) 如何准确判断共同犯罪中被告人的地位?
(2) 如何区分自首和坦白?

案例二　陆某某、柯某某等诈骗案[①]

【基本案情】

一、案件经过

被告人陆某某,女,2001年1月1日出生,越南社会主义共和国公民,自述系越南人,现住河北省邯郸市鸡泽县。因涉嫌犯诈骗罪于2019年11月29日被鸡泽县公安局取保候审,2020年9月1日被邯郸市人民检察院取保候审。

被告人柯某某,女,1998年5月12日出生,国籍不详(自述系越南人),捕前在中国境内打工,无固定居所。因涉嫌犯诈骗罪,2019年11月29日被拘留审查,2020年5月12日被刑事拘留,同年6月18日被逮捕。

被告人梁某某,女,1990年12月25日出生,国籍不详(自述系越南人)。因涉嫌犯诈骗罪,2019年12月12日被鸡泽县公安局取保候审,2020年9月1日被邯郸市人民检察院取保候审。

被告人陆某某与梁某某先后到中国河北省鸡泽县武安市生活,后二人经朋友介绍相识。2019年11月17日,陆某某来到梁某某位于武安市的租住处,梁某某向陆某某介绍柯某某认识后,三人商议由陆某某出面以给柯某某介绍涉外婚姻为名骗取他人财物,得逞后柯某某伺机逃离。同年11月21日,陆某某安排柯某某在其位于鸡泽县的住处,与本村村民被害人陈某1相亲。次日,陆某某将柯某某送至陈某1家与陈某1同居,并向陈家索要彩礼8万元。同年11月23日,被告人柯某某借机逃离陈家。后陆某某分得5万元,柯某某分得2万元,梁某某分得1万元。案发后,陆某某退赃2000元,柯某某退赃1万元,梁某某退赃6300元,余款挥霍。

2019年11月28日,被告人陆某某向公安机关投案;同日,公安机关在邯郸市康德商场的麦当劳快餐店内将被告人柯某某抓获;同年12月11日,公安机关在武安市梁某某的租住处将梁某某抓获。

[①] 案例来源:(2020)冀04刑初73号。

二、诉讼经过

河北省邯郸市人民检察院以邯市检一部刑诉（2020）14号起诉书，指控被告人陆某某、柯某某、梁某某犯诈骗罪，向河北省邯郸市中级人民法院提起公诉。河北省邯郸市中级人民法院依法组成合议庭，公开开庭进行了审理。邯郸市人民检察院指派检察员出庭支持公诉，被告人陆某某、柯某某、梁某某及其辩护人到庭参加诉讼。河北省邯郸市中级人民法院依照《刑法》第二百六十六条、第六十七条、第二十五条、第七十二条、第七十六条和《最高人民法院关于处理自首和立功具体应用法律若干问题的解释》之规定，判决如下：

（1）被告人陆某某犯诈骗罪，判处有期徒刑二年，缓刑三年，并处罚金3000元（已缴纳）。

（2）被告人柯某某犯诈骗罪，判处有期徒刑二年，并处罚金2000元（已缴纳）。

（3）被告人梁某某犯诈骗罪，判处有期徒刑一年四个月，缓刑二年，并处罚金1000元（已缴纳）。

【主要法律问题】

（1）本案中被告人是否具备自首情节？
（2）本案中被告人是否具备立功情节？
（3）被告人积极退赃对量刑有何影响？
（4）是否需要对被告人判处罚金？

【主要法律依据】

1.《中华人民共和国刑法》（2017）

第六条 凡在中华人民共和国领域内犯罪的，除法律有特别规定的以外，都适用本法。

凡在中华人民共和国船舶或者航空器内犯罪的，也适用本法。

犯罪的行为或者结果有一项发生在中华人民共和国领域内的，就认为是在中华人民共和国领域内犯罪。

第二十五条 共同犯罪是指二人以上共同故意犯罪。

二人以上共同过失犯罪，不以共同犯罪论处；应当负刑事责任的，按照他们所犯的罪分别处罚。

第五十二条 判处罚金，应当根据犯罪情节决定罚金数额。

第五十三条 罚金在判决指定的期限内一次或者分期缴纳。期满不缴纳的，强制缴纳。对于不能全部缴纳罚金的，人民法院在任何时候发现被执行人有可以执行的财产，应当随时追缴。

由于遭遇不能抗拒的灾祸等原因缴纳确实有困难的,经人民法院裁定,可以延期缴纳、酌情减少或者免除。

第六十四条　犯罪分子违法所得的一切财物,应当予以追缴或者责令退赔;对被害人的合法财产,应当及时返还;违禁品和供犯罪所用的本人财物,应当予以没收。没收的财物和罚金,一律上缴国库,不得挪用和自行处理。

第六十七条　犯罪以后自动投案,如实供述自己的罪行的,是自首。对于自首的犯罪分子,可以从轻或者减轻处罚。其中,犯罪较轻的,可以免除处罚。

被采取强制措施的犯罪嫌疑人、被告人和正在服刑的罪犯,如实供述司法机关还未掌握的本人其他罪行的,以自首论。

犯罪嫌疑人虽不具有前两款规定的自首情节,但是如实供述自己罪行的,可以从轻处罚;因其如实供述自己罪行,避免特别严重后果发生的,可以减轻处罚。

第六十八条　犯罪分子有揭发他人犯罪行为,查证属实的,或者提供重要线索,从而得以侦破其他案件等立功表现的,可以从轻或者减轻处罚;有重大立功表现的,可以减轻或者免除处罚。

第二百六十六条　诈骗公私财物,数额较大的,处三年以下有期徒刑、拘役或者管制,并处或者单处罚金;数额巨大或者有其他严重情节的,处三年以上十年以下有期徒刑,并处罚金;数额特别巨大或者有其他特别严重情节的,处十年以上有期徒刑或者无期徒刑,并处罚金或者没收财产。本法另有规定的,依照规定。

2.《最高人民法院、最高人民检察院关于办理诈骗刑事案件具体应用法律若干问题的解释》(2011)

第一条　诈骗公私财物价值三千元至一万元以上、三万元至十万元以上、五十万元以上的,应当分别认定为刑法第二百六十六条规定的"数额较大"、"数额巨大"、"数额特别巨大"。

各省、自治区、直辖市高级人民法院、人民检察院可以结合本地区经济社会发展状况,在前款规定的数额幅度内,共同研究确定本地区执行的具体数额标准,报最高人民法院、最高人民检察院备案。

3.《最高人民法院关于处理自首和立功具体应用法律若干问题的解释》(1998)

第一条　根据刑法第六十七条第一款的规定,犯罪以后自动投案,如实供述自己的罪行的,是自首。

(一)自动投案,是指犯罪事实或者犯罪嫌疑人未被司法机关发觉,或者虽被发觉,但犯罪嫌疑人尚未受到讯问、未被采取强制措施时,主动、直接向公安机关、人民检察院或者人民法院投案。

犯罪嫌疑人向其所在单位、城乡基层组织或者其他有关负责人员投案的;犯罪嫌疑人因病、伤或者为了减轻犯罪后果,委托他人先代为投案,或者先以信电投案的;罪行尚未被司法机关发觉,仅因形迹可疑,被有关组织或者司法机关盘问、教育后,主动交代自己的罪行的；犯罪后逃跑，在被通缉、追捕过程中，主动投案的；经查实确已准备去投案，或者正在投案途中，被公安机关捕获的，应当视为自动投案。

（二）如实供述自己的罪行，是指犯罪嫌疑人自动投案后，如实交代自己的主要犯罪事实。

犯有数罪的犯罪嫌疑人仅如实供述所犯数罪中部分犯罪的，只对如实供述部分犯罪的行为，认定为自首。

共同犯罪案件中的犯罪嫌疑人，除如实供述自己的罪行，还应当供述所知的同案犯，主犯则应当供述所知其他同案犯的共同犯罪事实，才能认定为自首。

犯罪嫌疑人自动投案并如实供述自己的罪行后又翻供的，不能认定为自首；但在一审判决前又能如实供述的，应当认定为自首。

第二条 根据刑法第六十七条第二款的规定，被采取强制措施的犯罪嫌疑人、被告人和已宣判的罪犯，如实供述司法机关尚未掌握的罪行，与司法机关已掌握的或者判决确定的罪行属不同种罪行的，以自首论。

第三条 根据刑法第六十七条第一款的规定，对于自首的犯罪分子，可以从轻或者减轻处罚；对于犯罪较轻的，可以免除处罚。具体确定从轻、减轻还是免除处罚，应当根据犯罪轻重，并考虑自首的具体情节。

第五条 根据刑法第六十八条第一款的规定，犯罪分子到案后有检举、揭发他人犯罪行为，包括共同犯罪案件中的犯罪分子揭发同案犯共同犯罪以外的其他犯罪，经查证属实；提供侦破其他案件的重要线索，经查证属实；阻止他人犯罪活动；协助司法机关抓捕其他犯罪嫌疑人（包括同案犯）；具有其他有利于国家和社会的突出表现的，应当认定为有立功表现。

第六条 共同犯罪案件的犯罪分子到案后，揭发同案犯共同犯罪事实的，可以酌情予以从轻处罚。

第七条 根据刑法第六十八条第一款的规定，犯罪分子有检举、揭发他人重大犯罪行为，经查证属实；提供侦破其他重大案件的重要线索，经查证属实；阻止他人重大犯罪活动；协助司法机关抓捕其他重大犯罪嫌疑人（包括同案犯）；对国家和社会有其他重大贡献等表现的，应当认定为有重大立功表现。

前款所称"重大犯罪"、"重大案件"、"重大犯罪嫌疑人"的标准，一般是指犯罪嫌疑人、被告人可能被判处无期徒刑以上刑罚或者案件在本省、自治区、直辖市或者全国范围内有较大影响等情形。

4.《最高人民法院、最高人民检察院关于常见犯罪的量刑指导意见（试行）》(2021)

三、常见量刑情节的适用

（六）对于自首情节，综合考虑自首的动机、时间、方式、罪行轻重、如实供述罪行的程度以及悔罪表现等情况，可以减少基准刑的40%以下；犯罪较轻的，可以减少基准刑的40%以上或者依法免除刑罚。恶意利用自首规避法律制裁等不足以从宽处理的除外。

（九）对于立功情节，综合考虑立功的大小、次数、内容、来源、效果以及罪行的轻重等情况，确定从宽的幅度。

1. 一般立功，可以减少基准刑的20%以下；
2. 重大立功，可以减少基准刑的20%~50%；犯罪较轻的，减少基准刑的50%以上或者依法免除处罚。

（十）对于退赃、退赔的，应当综合考虑犯罪性质、退赃、退赔行为对损害结果所能弥补的程度，退赃、退赔的数额及主动程度等情况，可以减少基准刑的30%以下。对抢劫等严重危害社会治安犯罪的，应当从严掌握。

【理论分析】

一、自首的概念及特征

根据我国《刑法》第六十七条的规定，自首是指犯罪以后自动投案，如实供述自己的罪行的行为。被采取强制措施的犯罪嫌疑人、被告人和正在服刑的罪犯，如实供述司法机关还未掌握的本人其他罪行的，以自首论。[1] 前者被称为一般自首，后者被称为准自首。旨在激励犯罪人自动投案的自首制度适用于刑法中的所有犯罪，其设立出于促使犯罪人悔过自新以避免继续作案和促使案件及时侦破与审判的双重目的考量。详言之，犯罪人基于自己意志主动将自己交予国家追诉的客观行径，表现出犯罪人主观上具有认罪或悔罪态度，以及接受国家审查和裁判的自觉性，综合体现出犯罪人的人身危险程度已得到减弱。[2] 基于此，刑法在深入贯彻罪责刑相适应原则的基础上，充分考虑刑罚个别化原则，设置了自首制度，将其规定为从宽处罚的情节。[3] 这也是立法者将自首规定为任意的（"可以"而非"应当"）从轻、减轻处罚事由的缘由。

由我国《刑法》第六十七条可知，自首制度基于不同情景设置了相应的自首考量标准。我国《刑法》第六十七条第一款规定："犯罪以后自动投案，如实供述自己罪行的，是自首。"即一般自首。我国《刑法》第六十七条第二款规定："被采取强制措施的犯罪嫌疑人、被告人和正在服刑的罪犯，如实供述司法机关还未掌握的本人其他罪行的，以自首论。"即特别自首或准自首。

一般自首又称为普通自首，成立一般自首必须具备两个基本条件：

其一，自动投案。《最高人民法院关于处理自首和立功具体应用法律若干问题的解释》（1998）第一条第（一）项规定："自动投案，是指犯罪事实或者犯罪嫌疑人未被司法机关发觉，或者虽被发觉，但犯罪嫌疑人尚未受到讯问、未被采取强制措施时，

---

[1] 贾宇. 刑法学总论 [M]. 北京：高等教育出版社，2019：338.
[2] 自首与违背犯罪人意志的被动归案，以及犯罪人被动归案后的坦白行为，具有本质的差别。正是这种差别，表明自首犯的人身危险性相对较轻。
[3] 贾宇. 刑法学总论 [M]. 北京：高等教育出版社，2019：338.

主动、直接向公安机关、人民检察院或者人民法院投案。犯罪嫌疑人向其所在单位、城乡基层组织或者其他有关负责人员投案的；犯罪嫌疑人因病、伤或者为了减轻犯罪后果，委托他人先代为投案，或者先以信电投案的；罪行尚未被司法机关发觉，仅因形迹可疑，被有关组织或者司法机关盘问、教育后，主动交代自己的罪行的；犯罪后逃跑，在被通缉、追捕过程中，主动投案的；经查实确已准备去投案，或者正在投案途中，被公安机关捕获的，应当视为自动投案。"

其二，如实供述。《最高人民法院关于处理自首和立功具体应用法律若干问题的解释》（1998）第一条第（二）项规定："如实供述自己的罪行，是指犯罪嫌疑人自动投案后，如实交代自己的主要犯罪事实。犯有数罪的犯罪嫌疑人仅如实供述所犯数罪中部分犯罪的，只对如实供述部分犯罪的行为，认定为自首。共同犯罪案件中的犯罪嫌疑人，除了如实供述自己的罪行，还应当供述所知的同案犯，主犯则应当供述所知其他同案犯的共同犯罪事实，才能认定为自首。"

问题在于，上述两方面的根据或理由是只要具备其中之一即可，还是必须同时具备？正确的是后者而非前者。行为人虽自动投案后如实供述自己的罪行，但无悔过自新之意的，也因为其行为使案件的侦查与审判变得更加容易而应认定为自首。[①]

二、立功的概念及特征

根据我国《刑法》第六十八条之规定，立功是指犯罪人犯罪后揭发他人犯罪行为，查证属实，或者提供重要线索，从而得以侦破其他案件，以及其他有利于预防、查获、制裁犯罪的行为。[②] 立功制度的设立根据有两点：一是法律根据，即行为人在犯罪后揭发他人犯罪行为，或者提供重要线索，从而得以侦破其他案件的情境，充分表明行为人主观上对犯罪行为的否定态度，综合体现出行为人再犯罪可能性降低。二是政策根据，揭发他人犯罪行为，或者提供重要线索，有利于司法机关发现、侦破其他犯罪案件，从而实现刑法的确证。[③]

基于不同场景，我国《刑法》第六十八条将立功分为两种。其一，犯罪分子有揭发他人犯罪行为，查证属实的，或者提供重要线索，从而得以侦破其他案件等立功表现的，可以从轻或者减轻处罚，即一般立功。其二，有重大立功表现的，可以减轻或者免除处罚，即重大立功。重大立功以"重大犯罪""重大案件""重大犯罪嫌疑人"为考量标准，通常为犯罪嫌疑人、被告人可能被判处无期徒刑以上刑罚或者案件在本省、自治区、直辖市或者全国范围内有较大影响等情形。

对于立功的具体细节标准，《最高人民法院关于处理自首和立功具体应用法律若干问题的解释》（1998）第五条规定："根据刑法第六十八条第一款的规定，犯罪分子到案后有检举、揭发他人犯罪行为，包括共同犯罪案件中的犯罪分子揭发同案犯共同犯

[①] 张明楷. 刑法学 [M]. 北京：法律出版社，2021：734.
[②] 贾宇. 刑法学总论 [M]. 北京：高等教育出版社，2019：350.
[③] 张明楷. 刑法学 [M]. 北京：法律出版社，2021：740.

罪以外的其他犯罪，经查证属实；提供侦破其他案件的重要线索，经查证属实；阻止他人犯罪活动；协助司法机关抓捕其他犯罪嫌疑人（包括同案犯）；具有其他有利于国家和社会的突出表现的，应当认定为有立功表现。"

三、退赃及其对量刑的影响

退赃是一种重要的从宽处罚量刑情节。退赃是被告人的悔罪表现之一。被告人在对他人财物形成非法占有状态之后，主动将其归还被害人的，不仅减少了被害人的财产损失，也表明被告人主观恶性的减弱。退赃的量刑原则是根据退赃是不是包括全部赃款，退赃是否迅速等进行综合判断。人民法院量刑时，会作出综合考量，酌情从宽处罚。对此，《最高人民法院、最高人民检察院关于常见犯罪的量刑指导意见（试行）》（2021）规定："对于退赃、退赔的，应当综合考虑犯罪性质、退赃、退赔行为对损害结果所能弥补的程度，退赃、退赔的数额及主动程度等情况，可以减少基准刑的30%以下。对抢劫等严重危害社会治安犯罪的，应当从严掌握。"

四、罚金刑及其优点

罚金是法院判处犯罪分子向国家缴纳一定数额金钱的刑罚方法。罚金与没收财产同属财产刑，其与行政罚款、民事赔偿等非刑罚处罚措施在处罚性质、适用对象、适用程序、适用主体、适用依据等方面存在严格区别。[①]

罚金并非现代刑法产物，中国的罚金刑制度可追溯至西周时期的"罚丝""罚帷"等财产刑制度。罚金刑以犯罪人的金钱为前提条件，其通过犯罪人对金钱的依赖以实现惩罚的目的。罚金的功效受犯罪人的金钱实力所左右，相较于收入较低的古代，罚金刑直至近代人民收入水平提高才得以发挥实效。相较于自由刑和生命刑，罚金刑具有显著的优点：一是罚金刑不以剥夺自由或生命为手段，其避免了因犯罪人关押而导致的"交叉感染"；二是罚金刑对犯罪人及其家庭的社会生活造成的影响较小，其能够避免监禁引发的社会隔离和社会脱离，有利于改造犯罪人；三是罚金刑的执行成本较低、收益较高，能够使国家财政有效降低支出、增加收入；四是罚金刑与犯罪行为的危害后果、犯罪人的财产状况等要素相适应，能够对犯罪人起到一定的特殊预防作用；五是经济犯罪和以营利为目的的犯罪均以金钱为犯罪资本，剥夺犯罪资本的罚金刑便能够实现对经济犯罪和以营利为目的的犯罪的有效控制；六是当存在司法问题时，罚金刑易于纠正；七是中国刑法构建出自然人和单位的二元制刑事责任主体体系，不同于自然人，自由刑和生命刑无法适用于"无血无肉"的单位，但单位通常以资本联合为形式，以资本获取为目的，故以剥夺资本为手段的罚金刑能够有效应对单位犯罪。基于以上因素考虑，罚金刑逐渐成为世界各国的主流刑罚。[②] 中国刑法主要将罚金刑适用于贪财型犯罪或财产犯罪，以及少数妨害社会管理秩序犯罪、侵犯公民人身权利和

---

① 贾宇. 刑法学总论 [M]. 北京：高等教育出版社，2019：338.
② 张明楷. 刑法学 [M]. 北京：法律出版社，2021：705.

民主权利犯罪、危害公共安全犯罪。

【实操分析】

一、本案中被告人是否具备自首情节

根据我国《刑法》第六十七条以及司法解释条文之规定，结合本案案情来看，被告人陆某某具备自首情节，而被告人柯某某和梁某某不具备自首情节。2019年11月28日，被告人陆某某向公安机关投案，其投案后，如实供述了其伙同被告人柯某某、梁某某共同预谋，谎称要和被害人陈某1结婚并长期生活，获取陈某信任后，骗取其8万元彩礼的犯罪事实。因此，被告人陆某某完全具备自首的两个基本条件。而其他两名被告人柯某某和梁某某因均是在其居住地被公安机关现场抓获，系被动到案，而非"自动投案"。因此，邯郸市中级人民法院审理后认为，被告人陆某某具有自首情节，可以对其减轻处罚。而被告人柯某某和梁某某犯罪后并没有主动到公安机关投案，其行为不符合自首的法律规定，依法不能认定自首。但是因其到案后如实供述犯罪事实，可以从轻处罚。

二、本案中被告人是否具备立功情节

根据我国《刑法》第六十八条以及司法解释条文之规定，结合本案案情来看，被告人柯某某具备立功情节。就本案而言，需要讨论的问题是，被告人是否存在着一般立功的情节而非重大立功。本案中，柯某某在被公安机关抓获后，带领侦查人员找到被告人梁某某住处，从而使公安机关顺利抓捕了梁某某。柯某某在到案后，向公安机关提供了被告人梁某某住址信息，并带领侦查机关去该住址。这表明柯某某对骗婚取财类诈骗罪持否定态度，因而其再犯罪可能性会有所减小。另外，其行为在客观上有利于公安机关便捷抓捕同案犯，也有助于检察机关顺利进行审查起诉及人民法院高效审理案件。一定程度上减少公检法等机关人力、财力或物力的投入，节约了司法成本，同时还能提高办案效率。综上来看，柯某某的上述行为符合立功的各项要件，满足《刑法》第六十八条和司法解释之规定，依法应当成立立功。因此，邯郸市中级人民法院审理后认为，被告人柯某某具有立功情节，可以对其减轻处罚。

三、被告人积极退赃对量刑有何影响

本案中，各被告人到案后均有一定程度的退赃。其中，陆某某退回赃款2000元，柯某某退回赃款1万元，梁某某退回赃款6300元，均返还被害人陈某1。但从退赃程度来看，陆某某获得赃款5万元，仅仅退回2000元，退赃比例过低。柯某某获得赃款2万元，退回1万元，梁某某获得赃款1万元，退赃6300元，该二名被告人退赃比例较高。因此，邯郸市中级人民法院审理后认为，对于柯某某及梁某某的辩护人所提，被告人柯某某和梁某某能够积极退赃的辩护意见予以采纳。

四、是否需要对被告人判处罚金

诈骗罪本质上是一种贪利性犯罪，对诈骗罪被告人适用罚金，不仅能够打击其贪念实现以罚治贪的效果，还能切断其再次实施诈骗罪的资金来源，毕竟很多诈骗罪实施过程中，犯罪人还需要一定的成本支出。正基于此，刑法将罚金刑作为诈骗罪的刑罚之一，并要求在判处自由刑的同时并处罚金刑。我国《刑法》第五十二条规定："判处罚金，应当根据犯罪情节决定罚金的数额。"就诈骗罪而言，犯罪所得数额是决定罚金刑的重要情节，本案中，被告人陆某某获利5万元，柯某某获利2万元，梁某某获利1万元。因此，在本案中邯郸市中级人民法院分别判处被告人陆某某罚金3000元，柯某某罚金2000元，梁某某罚金1000元。判决以上内容，既符合刑法罪责刑相适应的基本要求，也契合中国刑法有关罚金刑的立法规定。

【思考题】

（1）如何理解立功的意义？
（2）如何理解罚金刑的意义？

案例三　林某某诈骗案[①]

【基本案情】

一、案件经过

外国人林某某于2005年10月至2006年6月，虚构自己在境外银行存款1550万美元并用于在中国投资的事实，其以该款项汇款至中国需支付相关费用为由，先后多次骗取中油某集团有限公司（以下简称中油公司）人民币共计551万余元；除此之外，林某某同样以该虚构事实，于2006年4月至2006年11月先后多次骗取毛某人民币共计547万元。

二、诉讼经过

公诉机关根据所掌握的证据，指出，林某某的行为具有明显的非法占有目的，情节严重，已经严重侵犯了他人的财产权益，通过虚构事实、隐瞒真相等手段，骗取他人的财物。林某某的诈骗行为已经达到了数额特别巨大、情节特别严重的程度。基于以上事实，公诉机关认为：被告人林某某的行为已经触犯了我国《刑法》第一百四十一条之规定，构成诈骗罪。

[①] 案件来源：（2010）高刑终字第42号。

一审法院经审理认为：被告人林某某无视中华人民共和国法律，以非法占有为目的，虚构其有巨额存款准备在中国境内投资的事实，以其存款汇入中国需要向境外多个机构交纳各种费用为由，骗取他人钱款，数额特别巨大，其行为已构成诈骗罪，其所诈骗钱款均未追回，犯罪情节特别严重，依法应予惩处。依照我国《刑法》第二百六十六条、第六条第一款、第六十一条、第六十四条，作出如下判决：（1）林某某犯诈骗罪，判处无期徒刑，并处没收个人全部财产；（2）向林某某追缴犯罪所得人民币10986846元。后林某某提出上诉。

二审法院经审理认为：上诉人林某某以非法占有为目的，在中华人民共和国境内虚构事实骗取他人钱款，其行为触犯我国《刑法》，已构成诈骗罪，且数额特别巨大，犯罪情节特别严重，依法应予惩处。一审法院根据林某某犯罪的事实、性质、情节及对于社会的危害程度所作的判决，事实清楚，证据确实、充分，定罪及适用法律正确，量刑适当，审判程序合法，应予维持。

【法律依据】

《中华人民共和国刑法》（2009第二次修正）

第六条　凡在中华人民共和国领域内犯罪的，除法律有特别规定的以外，都适用本法。

凡在中华人民共和国船舶或者航空器内犯罪的，也适用本法。

犯罪的行为或者结果有一项发生在中华人民共和国领域内的，就认为是在中华人民共和国领域内犯罪。

第三十五条　对于犯罪的外国人，可以独立适用或者附加适用驱逐出境。

第二百六十六条　诈骗公私财物，数额较大的，处三年以下有期徒刑、拘役或者管制，并处或者单处罚金；数额巨大或者有其他严重情节的，处三年以上十年以下有期徒刑，并处罚金；数额特别巨大或者有其他特别严重情节的，处十年以上有期徒刑或者无期徒刑，并处罚金或者没收财产。本法另有规定的，依照规定。

【主要法律问题】

对于林某某多次诈骗且数额特别巨大，对其应当判处无期徒刑（或者死缓）时，是否应当对其附加驱逐出境？

【理论分析】

驱逐出境，作为一种特殊的刑罚方式，旨在强制性地使犯罪的外国人离开中国国（边）境。我国《刑法》第三十五条规定："对于犯罪的外国人，可以独立适用或者附加适用驱逐出境。"这意味着，驱逐出境既可以作为独立的刑罚手段，也可以作为其他刑罚的附加措施。驱逐出境的适用对象具有明确性，即仅限于犯罪的外国人，包括拥有外国国籍的人和无国籍的人。这一特点使驱逐出境并未被列入一般附加刑的类别之中，而是单独成条，以体现其特殊性。我国作为一个拥有独立主权的国家，对境内所有外国人的行为都有明确的法律要求。外国人在我国境内犯罪，除享有外交特权和豁免权的特殊情况外，均应受到我国刑法的制裁。这是维护我国法律权威和社会秩序的必要手段。对于那些犯罪的外国人，如果他们继续留在我国境内可能对我国国家、社会及公民利益构成威胁，或者存在再次犯罪的可能性，那么可以依法对其采取驱逐出境的刑罚措施。这既是对其犯罪行为的严厉惩处，也是对我国国家利益和社会稳定的有力维护。驱逐出境作为一种特殊的附加刑，在我国刑法体系中具有不可替代的地位。它以其独特的适用对象和灵活的适用方式，为打击外国人在我国境内的犯罪行为提供了有力的法律武器。但是，应当慎重适用驱逐出境。首先，需要对犯罪行为本身的性质及其所涉及的具体情节进行深入的分析和评估。其次，还要综合考虑犯罪嫌疑人的个人情况，包括但不限于其在我国的居住时长、家庭状况以及社会关系等因素。最后，同样需要关注我国与犯罪嫌疑人所属国家之间的外交关系，以及国际形势背景。这些因素对于确保刑罚的公正性和适当性具有不容忽视的作用。在实际操作中，对于犯罪的外国人，我国法律并未规定"应当"驱逐出境，而是规定了"可以"驱逐出境。[①] 适用驱逐出境不仅要考虑罪行的严重性和犯罪人的个人情况，还要兼顾国家利益、外交关系以及国际形势等多重因素。

驱逐出境作为一种特殊的法律手段，在我国法律体系中占据了重要位置。它不仅在刑法中作为附加刑的一种形式出现，也在《出境入境管理法》中作为行政处罚措施有所规定。然而，尽管两者都涉及驱逐出境的概念，但它们之间存在着本质的区别。首先，从处罚的性质和适用的对象来看，驱逐出境作为附加刑，主要针对的是在我国领土内犯罪的外国人。当外国人在我国境内实施了犯罪行为，并被依法判处刑罚时，法院可以根据具体情况决定是否对其附加驱逐出境的处罚。这种处罚形式的目的在于，除对犯罪行为进行惩处外，还要迫使犯罪者从我国境内离开，以保障国家安全和社会秩序。而《出境入境管理法》中规定的驱逐出境，则主要适用于违反该法规定且情节严重的在我国境内的外国人，公安机关可以依法对其作出驱逐出境的行政处罚决定。其次，适用机关及法律依据也存在明显差异。作为附加刑的驱逐出境，其法律依据是我国《刑法》。法院在审理刑事案件时，如果发现被告人是外国人并需要对其作出附加驱逐出境的处罚，将依据刑法相关规定进行判决。而作为行政处罚的驱逐出境，其法律依据则是《出境入境管理法》的相关规定。公安机关在查处外国人违法行为时，如果认为情节严重需要驱逐出境，将依据该法规定作出相应决定。最后，从执行时间来看，两者也存在不同。作为附加刑的驱逐出境，在独立适用时，从判决发生法律效力之日起执行。这意味着一旦判决生效，犯罪者就必须立即离开我国境内。而在附加适用时，驱逐出境的执行则会在主刑执行完毕之日起开始。这意味着犯罪者需要先完成其主刑的刑罚，然后再被驱逐出境。

---

① 张明楷. 刑法学 [M]. 6版. 北京：法律出版社，2021：712.

相比之下，作为行政处罚的驱逐出境，在公安机关作出决定后通常会立即执行。总之，尽管驱逐出境在《刑法》和《出境入境管理法》中都有所体现，但它们在性质、对象、法律依据和执行时间等方面存在显著差异。

针对驱逐出境的具体实施，我国法律规定了严格的程序和标准。首先，根据《出境入境管理法》第八十一条第三款的规定，被驱逐出境的外国人，自被驱逐出境之日起的十年内不准入境。这一规定确保了被驱逐出境的外国人无法在短期内再次进入我国，有效地防止了他们继续在我国境内从事违法犯罪活动。此外，对于已经获得中国永久居留资格的外国人，如果其犯罪行为严重到一定程度，还会面临更为严厉的处罚。根据《外国人在中国永久居留审批管理办法》第二十四条的规定，公安部有权取消其在中国的永久居留资格，并收缴其所持有的《外国人永久居留证》或者宣布该证件作废。

驱逐出境的执行涉及多个部门之间的协作与配合，以确保这一措施的有效实施。根据《最高人民法院、最高人民检察院、公安部、外交部、司法部、财政部关于强制外国人出境的执行办法》的规定：

首先，关于执行主体，被人民法院判处适用驱逐出境刑罚或被公安机关处以驱逐出境行政处罚的外国人，其执行工作由公安机关依据相应的法律文书进行。公安机关在执行过程中，须严格遵循法律程序，确保被驱逐出境的外国人的合法权益不受侵犯。

其次，关于费用承担问题，被强制出境的外国人应当自行承担离境的机票、车票、船票等费用。如果本人无法承担，且不属于按协议由我国有关单位提供旅费的情况，其本国使、领馆应负责解决费用问题。然而，在实际操作中，一些外国使、领馆可能会拒绝承担费用，或者在华无使、领馆的情况也可能存在。针对这些情况，我国政府将承担相应费用。

在出境口岸的选择上，应事先确定并就近安排。如果被强制出境的外国人前往与我国接壤的国家，也可以安排从边境口岸出境。这样的安排可以更好地保障国家的边境安全和公共秩序。

在出境过程中，边防检查站须凭对外国人强制出境的执行通知书、决定书或者裁决书以及被强制出境人的护照、证件安排放行。执行人员要监督被强制出境的外国人登上交通工具并离境后方可离开。对于从边境通道出境的情况，执行人员同样需要严格监督，确保被驱逐出境的外国人完全离开我国国境后方可离开。

【实操分析】

一、本案具体观点争议

对于本案具体定性问题不存在争议，而对于犯罪人身为外国人的林某某是否应当一并对其附加驱逐出境，在审理中存在分歧。

在司法实践中，对外国人犯罪行为的处罚，法院将全面考虑犯罪事实的具体情况、犯罪的性质、犯罪的情节以及犯罪行为对社会的危害程度等多个因素。基于综合考量，法院会决定是否对犯罪外国人实施单独或附加的驱逐出境刑罚。具体而言，一方面，若其犯罪行为相对较轻，且根据案件具体情况不需要对其判处主刑，法院可以单独对外国人作出驱逐出境的判决；另一方面，对于那些罪行严重、社会危害性大的外国人，法院在判处有期徒刑作为主刑的同时，还可以附加判处驱逐出境。这种情况下，驱逐出境的执行将在主刑执行完毕后开始。对于判处无期徒刑的外国籍犯罪人，存在以下两种争议：

对于如林某某等被判处无期徒刑的外国籍犯罪分子，一种观点认为，应当在刑罚执行完毕后对其执行驱逐出境的措施。[1] 这一观点的提出，主要基于以下几个方面的考量。从社会危害性的角度来看，被判处无期徒刑或死缓的外国籍犯罪人，其所犯罪行往往极为严重，对社会和人民安全构成的威胁也更为突出。相较于仅被判处有期徒刑的犯罪人，这些外国籍犯罪人的社会危害性显然更大。因此，在刑罚执行完毕后，将其驱逐出境，既是对其罪行的应有惩处，也是对社会安全的必要保障。从我国刑罚执行制度的角度来看，被判处无期徒刑的犯罪分子在符合一定条件的情况下，有可能获得减刑，从而转为有期徒刑。这也意味着，即使最初被判处无期徒刑，但在刑罚执行过程中，这些犯罪人仍有可能获得一定程度的自由。对于外国籍犯罪人来说，在刑罚执行完毕后，对他们执行驱逐出境具有可能性，是符合我国刑罚执行制度的。从法律规定的角度来看，我国《刑法》第三十五条明确规定了对犯罪人驱逐出境的适用条件。对于被判处无期徒刑或死缓的外国籍犯罪人，在刑罚执行完毕后，可以依法执行驱逐出境，这是符合法律规定的。

另一种观点则认为，类似于林某某等被判处无期徒刑的外国籍犯罪人，不得对其直接附加驱逐出境。[2] 支持该种观点主要是由于被判处有期徒刑等社会危害性相对于无期徒刑或死缓较低的外国籍犯罪人，在主刑刑期期满后被驱逐出境，而被判处无期徒刑或死缓的犯罪人无须判处驱逐出境从逻辑上似乎无法说通，但若直接宣告其附加驱逐出境，则否认了犯罪人有被终身监禁的可能性。

二、被判处无期徒刑的外国籍犯罪人不应直接对其宣告附加驱逐出境

首先，对于外国籍犯罪人在判处无期徒刑或者死缓的同时对其附加适用驱逐出境将导致刑罚自身体系矛盾。《全国法院审理涉外、涉侨、涉港澳台刑事案件工作座谈会纪要》中指出："对于判处无期徒刑或者死缓的外国籍被告人，不宜在判决主文中附加适用驱逐出境，否则与主刑的字面含义相矛盾。虽然我国刑法规定判处无期徒刑或者死缓的犯罪分子，于刑罚执行期间在一定条件下可以减刑或者假释，但是否减刑或假释，在判决时均是不确定的。"在本案中对林某某使用无期徒刑，是对其使用了我国刑法主刑中的一种，无期徒刑所带来的法律效果是剥夺犯罪人的终身自由，若犯罪人终

---

[1] 于志刚. 在华外国人犯罪的刑事法律应对 [J]. 中国社会科学, 2012 (06): 134-150, 208.
[2] 徐翠萍. 涉外刑事审判原则及程序初探 [J]. 刑侦研究, 1999 (05): 19-23.

身自由已被剥夺，在对其适用驱逐出境则会导致与无期徒刑自由刑的刑罚本质相冲突，有损我国法律的权威。

其次，对于被判处无期徒刑的外国籍犯罪人在减刑时是否可以一并作出附加驱逐出境的裁定，《全国法院审理涉外、涉侨、涉港澳台刑事案件工作座谈会纪要》有关回答中指出："驱逐出境是刑罚的一种，只能在经过审理后作出的判决中依法宣告，而不能在减刑或假释的裁定中增加适用，否则，既与法理不合，也剥夺了被告人的辩护权和上诉权。"在实践中，尽管被判处无期徒刑、死缓的外国犯罪人通常都会得到减刑或假释，但我们不能预先对其行为进行判断，而无视其入狱后的现实表现。[1] 因此部分观点认为根据具体案件情况有必要驱逐出境的法院可以在作出减刑裁定时一并对被告人附加驱逐出境的说法，没有保障被告人的诉讼权利。

综上，对于判处无期徒刑的外国籍犯罪人，根据《刑法》第三十五条文义规定，可以独立适用驱逐出境，也可以附加适用驱逐出境，同时也可以不适用，归根结底需结合案件具体情况以及国家安全外交等因素作出综合判断。本案中对林某某所作出的判决正是如此。

【思考题】

外国籍犯罪人在被判处无期徒刑或死缓时是否应当对其一并附加判处驱逐出境？

案例四　金某某敲诈勒索案[2]

【基本案情】

一、案件经过

经查明，被告人金某某（朝鲜籍）自2006年11月30日起至2007年7月25日止，在北京市东城区、西城区、崇文区、朝阳区、丰台区、海淀区等多地，蓄意制造交通事故共计26起。其中，被告人金某某以自身被撞伤为借口，先后24次向杜某等人索取赔偿款项，累计金额达人民币12420元，性质严重，影响恶劣。

二、诉讼经过

公诉机关经审慎审查，认定被告人金某某罔顾中华人民共和国法律，以非法占有为目的，实施敲诈勒索他人钱财的行为，且情节严重，该行为已触犯我国《刑法》第二百七十四条之明文规定。因此，公诉机关依法建议，应当以敲诈勒索罪追究被告人

---

[1] 杜邈. 外国犯罪人刑罚适用应注意的问题 [J]. 中国检察官，2013 (08)：13-15.
[2] 案例来源：(2007) 二中刑终字第1049号判决书。

金某某的刑事责任。此外，鉴于被告人金某某此前已有犯罪记录，且系累犯，根据我国《刑法》第六十五条的相关规定，应从重处罚。公诉机关提请法院在依法审理此案时，充分考虑以上事实与法律条款，依法对被告人金某某予以惩处。

金某某辩护人称金某某自始至终否认自己所发生的交通事故是故意制造的，交通责任大多认定司机全责，且交通事故仅能记录客观情况，无法证明金某某在事故发生过程中的主观情况，且金某某称有多起事故尚未向事主索要钱财，大多数事故司机均未准确描述其所驾驶的车辆是否碰到金某某。

法院经过审理，认定被告人金某某严重违反中华人民共和国法律，以非法占有为目的，多次采取故意制造交通事故及谎称被撞伤的手段，敲诈勒索他人财物，且数额达到较大标准，其行为已完全符合敲诈勒索罪的构成要件，依法应当予以惩处。鉴于被告人金某某曾因犯罪受过刑罚处罚，且在刑罚执行完毕后五年内再次犯下应判处有期徒刑以上刑罚的罪行，构成累犯，根据法律规定，应从重处罚。同时，考虑到被告人金某某的部分敲诈勒索犯罪行为因未遂或中止而未能完成，法院在量刑时酌情予以考虑。此外，被告人金某某前次被判处的罚金刑尚未执行完毕，依据相关法律规定，应当与本次判决的刑罚合并执行。综上，依据我国《刑法》第六条第一款、第二百七十四条、第二十三条、第二十四条、第六十五条第一款、第七十一条、第六十九条、第六十一条、第六十四条之规定，判处被告人金某某犯敲诈勒索罪，判处有期徒刑二年六个月，并与前罪未执行的罚金人民币1000元合并执行，决定执行有期徒刑二年六个月。继续追缴被告人金某某的违法所得，并发还各被害人。

【主要法律依据】

《中华人民共和国刑法》（2006）

第六条第一款　凡在中华人民共和国领域内犯罪的，除法律有特别规定的以外，都适用本法。

第二十三条　已经着手实行犯罪，由于犯罪分子意志以外的原因而未得逞的，是犯罪未遂。

对于未遂犯，可以比照既遂犯从轻或者减轻处罚。

第二十四条　在犯罪过程中，自动放弃犯罪或者自动有效地防止犯罪结果发生的，是犯罪中止。

对于中止犯，没有造成损害的，应当免除处罚；造成损害的，应当减轻处罚。

第六十五条第一款　被判处有期徒刑以上刑罚的犯罪分子，刑罚执行完毕或者赦免以后，在五年以内再犯应当判处有期徒刑以上刑罚之罪的，是累犯，应当从重处罚，但是过失犯罪除外。

第二百七十四条　敲诈勒索公私财物，数额较大的，处三年以下有期徒刑、拘役或者管制；数额巨大或者有其他严重情节的，处三年以上十年以下有期徒刑。

【主要法律问题】

金某某系朝鲜籍人员，针对其多次犯罪，是否应当对其附加判处驱逐出境？

【理论分析】

驱逐出境，这一刑罚方法在我国法律体系中扮演着重要的角色，旨在强制犯罪的外国人离开我国国（边）境。这一制度不仅体现了我国法律的严肃性和公正性，也是维护国家安全和社会稳定的重要手段。

在我国的法律体系中，驱逐出境分为两种类型。首先，作为行政处罚手段的驱逐出境，其法律依据主要源于《出境入境管理法》的相关规定。该法第八十一条第二款明确指出，当外国人违反本法规定，且情节严重但尚未构成犯罪时，公安机关有权依法对其处以驱逐出境的行政处罚。这种处罚方式适用于那些虽然行为不当但尚未构成刑事犯罪的外国人，通过将其驱逐出境，达到维护社会秩序和公共安全的目的。其次，作为刑罚种类的驱逐出境，其适用范围更为狭窄，仅针对犯罪的外国人。这种刑罚方法体现了我国法律对于外国犯罪分子的特殊处理方式，既体现了法律的威严，也兼顾了国际关系的复杂性。驱逐出境作为一种刑罚，既可以独立适用，也可以作为附加刑与其他刑罚一起适用。在具体适用时，需要综合考虑犯罪的性质、情节以及犯罪分子本人的情况，同时还需要考虑外交关系的需要。

在适用驱逐出境刑罚时，通常遵循一定的标准。对于罪行较轻，不宜判处有期徒刑，但又需要驱逐出境的犯罪分子，可以单独判处驱逐出境。这样的处理方式既体现了对犯罪行为的惩罚，又避免了过度严厉的刑罚。而对于罪行严重，应判处有期徒刑的犯罪分子，必要时也可以附加判处驱逐出境。这样的处理方式既体现了对犯罪行为的严惩，又体现了对国际关系的尊重。驱逐出境的执行时间也根据不同情况而有所不同。对于单独判处驱逐出境的，从判决确定之日起计算执行时间；而对于附加判处驱逐出境的，则从主刑执行完毕之日起计算执行时间。这样的规定确保了刑罚执行的连贯性和有效性。

【实操分析】

在本案中，对于金某某敲诈勒索的行为定性不存在争议，而是对于本案中最终量刑并未判处附加驱逐出境产生了争议，本案焦点集中于外国人犯罪是否应当附加驱逐出境的问题。

经过法院详细审理查明，本案涉及的犯罪人金某某，虽持有朝鲜籍身份，但长期以来一直在中国境内居住，且其直系亲属也均定居于中国。具体来说，金某某的生父目前生活在河北省，而他的同母异父的姐姐车某某与弟弟车某则均在北京生活。此外，金某某本人在中国还育有一名私生女。在1998年11月，金某某就曾因犯抢劫罪被法院判处有期徒刑四年，并附加驱逐出境的刑罚。然而，在执行这一判决的过程中，由于金某某在朝鲜并无亲属，朝鲜驻华使馆拒绝接受其驱逐出境。经北京市公安局出入境管理处请示公安部并获得同意后，法院未对金某某执行驱逐出境的判决。这一情况表明，尽管金某某在中国犯罪，但由于其特殊的生活背景，驱逐出境的执行存在实际困难。2006年2月，金某某又因盗窃罪被法院判处有期徒刑一年，并处罚金人民币1000元，同时再次附加驱逐出境的刑罚。然而，在执行此次驱逐出境的过程中，同样遇到了与上次相同的问题，即朝鲜驻华使馆拒绝接受。因此，金某某再次未被执行驱逐出境。这一事实进一步凸显了金某某在中国境内犯罪却难以执行驱逐出境的困境。

对于金某某此次再次犯敲诈勒索罪是否应附加判处驱逐出境的问题，产生了激烈的争论。一种观点认为，考虑到金某某长期在中国居住，且其亲属、父母及子女均在中国生活，之前被判处驱逐出境已遭受朝鲜驻华使馆拒绝的情况，因此在认定此次敲诈勒索罪名时，不应再对其附加判处驱逐出境。这种观点主要基于金某某与中国社会的紧密联系以及驱逐出境执行的实际困难。然而，另一种观点则坚持认为，金某某非中国公民，且他在中国境内屡次犯罪并遭受刑罚处罚，属于累犯。其社会危害性较重，且应从重处罚。因此，对其应当依法附加判处驱逐出境，以维护中国社会秩序和安全。

根据《全国法院审理涉外、涉侨、涉港澳台刑事案件工作座谈会纪要》的规定，在针对外国籍被告人适用驱逐出境的刑罚时，我们需要从多个角度进行深入的分析和考虑。在涉及金某某的具体案件中，我们需要根据实际情况进行综合考量。虽然金某某为朝鲜人，但我们应该全面分析其犯罪情况、家庭背景、在朝鲜的居所情况等因素。特别是当法律规定不明确时，我们更应结合实践作出有利于实际操作的判决。这可以避免空判现象的发生，确保判决的公正性和有效性。此外，我们还需要注意到国际司法合作的重要性。在驱逐出境的过程中，我们需要积极与相关国家进行沟通，确保被告人被合法、有效地遣返回国。这有助于维护国际法律秩序和国际关系稳定，同时有助于防止被告人逃避法律制裁。

【思考题】

对于多次犯罪的外国人是否应当对其适用驱逐出境？

案例五　雷某等盗窃案[①]

【基本案情】

一、案件经过

2008年5月11日2时许，被告人雷某、麦某及麦克·雷恩（另行处理）在北京市

[①] 案件来源：（2008）二中少刑初字第1449号判决书。

顺义区某广场内闲逛时，经过广场某公司所属的苹果牌电脑专卖店，遂将该店的双扇外开玻璃门晃开进入店内，窃走该公司的苹果牌笔记本电脑4台、苹果牌播放器4台、苹果牌MP3、MP4各1个及OMIZ牌蓝牙耳机1个。三人离开时，被该广场巡逻的保安员发现并追赶，在中国国际展览中心（新馆）南门南侧路口，保安员将被告人雷某、麦某及麦克·雷恩围住，三人分别从各自衣服内拿出所窃物品。经鉴定，上述物品共计价值人民币53448元。

二、诉讼经过

检察院指控称：被告人雷某、麦某于2008年5月11日1时许，到北京市顺义区某店铺内，盗窃苹果牌笔记本电脑4台、音乐播放器6台、蓝牙耳机1个，盗窃物品经评估价值达到人民币53448元。上述物品已起获并发还。被告人雷某与麦某的行为已构成盗窃罪，但是由于两个被告人均为不满18周岁的未成年人，检察院建议对其减轻处罚。

法院审判认为：被告人雷某、麦某伙同他人采用秘密手段窃取公司财物，且数额巨大，其行为均已构成盗窃罪，应依法惩处。北京市人民检察院第二分院指控被告人雷某、麦某犯罪的事实清楚，证据确实、充分，指控罪名成立。被告人雷某、麦某共同实施盗窃行为的过程中均积极主动，因此在共同犯罪中作用大小相当。鉴于二被告人作案时尚未成年，着手实施盗窃前未进行预谋，主观恶性较小，能够如实供述犯罪事实，有悔罪表现，且系初犯，赃物已发还被害单位等情节，依法对其所犯盗窃罪均予以减轻处罚。判决被告人雷某犯盗窃罪，判处罚金人民币2万元；被告人麦某犯盗窃罪，判处罚金人民币2万元。

【主要法律依据】

《中华人民共和国刑法》（2006）

第六条第一款、第三款 凡在中华人民共和国领域内犯罪的，除法律有特别规定的以外，都适用本法。

犯罪的行为或者结果有一项发生在中华人民共和国领域内的，就认为是在中华人民共和国领域内犯罪。

第十七条第三款 已满十四周岁不满十八周岁的人犯罪，应当从轻或者减轻处罚。

第二十五条第一款 共同犯罪是指二人以上共同故意犯罪。

第五十二条 判处罚金，应当根据犯罪情节决定罚金数额。

第五十三条 罚金在判决指定的期限内一次或者分期缴纳。期满不缴纳的，强制缴纳。对于不能全部缴纳罚金的，人民法院在任何时候发现被执行人有可以执行的财产，应当随时追缴。如果由于遭遇不能抗拒的灾祸缴纳确实有困难的，可以酌情减少或者免除。

第六十一条 对于犯罪分子决定刑罚的时候，应当根据犯罪的事实、犯罪的性质、情节和对于社会的危害程度，依照本法的有关规定判处。

第二百六十四条 盗窃公私财物，数额较大或者多次盗窃的，处三年以下有期徒刑、拘役或者管制，并处或者单处罚金；数额巨大或者有其他严重情节的，处三年以上十年以下有期徒刑，并处罚金；数额特别巨大或者有其他特别严重情节的，处十年以上有期徒刑或者无期徒刑，并处罚金或者没收财产；有下列情形之一的，处无期徒刑或者死刑，并处没收财产：

（一）盗窃金融机构，数额特别巨大的；
（二）盗窃珍贵文物，情节严重的。

【主要法律问题】

雷某和麦某均为外国籍未成年犯罪人，监护人长期生活在中国国内，对其犯罪行为是否应当判处驱逐出境？

【理论分析】

我国《刑法》第三十五条对于驱逐出境作出了规定，驱逐出境在我国是指对于犯罪的外国人强迫其离开我国国（边）境的一种刑罚方法。虽然在我国刑法规范中尚未将驱逐出境作为一种明确的附加刑予以规定，但在理论与实践中均将驱逐出境认定为附加刑的一种，且适用对象仅限定于外国国籍人以及无国籍人。适用的方法包括独立适用或者附加适用。

驱逐出境，这一刑罚方式因其适用对象的特殊性，即仅针对外国籍人士或无国籍人士，故而不具备广泛适用的普遍性。在我国刑罚体系中，驱逐出境并未列入一般刑种的范畴。根据我国刑法之规定，外国人在我国境内犯罪，除享有外交特权和豁免权的特殊个体需通过外交途径妥善处理外，其余均应严格遵循我国刑法之规范。这意味着，除了管制和剥夺政治权利的特定刑罚之外，其他各项刑罚对于外国籍犯罪者同样适用，彰显法律面前人人平等的原则。在司法实践中，若人民法院审慎判断后认为，某外国籍犯罪者继续在我国境内居留，可能对我国国家和人民的利益构成潜在威胁，或存在再次犯罪的风险，便可依法判处其驱逐出境，以彻底消除其在我国境内再次犯罪的可能性。综上所述，驱逐出境作为一种独特的刑罚方式，其适用范围虽有限，但其对外国籍犯罪者的有力制裁，既有效捍卫了我国的国家安全和人民福祉，又彰显了我国法治秩序的庄严与公正。

刑法中关于驱逐出境的规定，凸显了审慎的态度。其适用并非硬性规定，而是根据犯罪分子的具体情形、犯罪性质与情节、个人背景，以及我国与其国籍国之间的外交关系和国际形势等多重因素，由人民法院进行细致权衡后作出决定。我国作为独立自主的主权国家，始终坚持在法律适用上的平等原则。不论国籍，只要是在我国境内犯下的罪行，均应受到我国法律的公正制裁。对于外国犯罪者，除了享有外交特权和豁免权的特殊个体，其余均须依照我国刑法进行惩处。

关于外国籍未成年人犯罪的情况，不宜一概采取驱逐出境的处罚措施。我国针对违法犯罪的未成年人，始终贯彻教育、感化、挽救的指导方针，并坚守以教育为主、惩罚为辅的基本原则。《最高人民法院关于审理未成年人刑事案件具体应用法律若干问题的解释》（2006）第十一条规定："在对未成年罪犯适用刑罚时，必须深入考量此举是否有助于未成年罪犯的教育与矫正。"因此，在决定对未成年人适用从轻或减轻处罚时，除了考量其行为的社会危害性，更应当深入分析行为人的个体特征，综合评估其人身危险性以及主观恶性。在评估外国籍未成年人的犯罪情况时，我们还需注重对其文化背景、家庭环境、成长经历等方面的考量。文化背景的差异可能导致进行法律教育和矫正时，教育的有效性和针对性难以确保。而家庭环境和成长经历对未成年人的性格塑造和行为模式具有重要影响。对于外国籍未成年人而言，其家庭背景和成长经历可能更加复杂和特殊。因此，在评估其犯罪情况时，应深入了解其家庭环境和成长经历，以便更准确地判断其人身危险性和主观恶性。

对于监护人长期生活在中国境内的外国籍未成年犯罪人，我们不应简单地"一刀切"适用驱逐出境的处罚措施。首先，需要明确的是驱逐出境这一刑罚措施的主要目的，其本质在于防止外国籍犯罪人再次实施危害中华人民共和国国家以及人民相关利益的犯罪行为。然而，这一目的在未成年犯罪人身上需要结合案件实际考量。相较于成年人，未成年人的身心发展尚未成熟，他们正处于人格塑造的关键时期。未成年人可塑性更强，行为更容易受到社会环境和家庭氛围的影响。此外，未成年人的自我辨认和控制能力相对较弱，这使他们更容易接受改造和教育，从而改变原有的错误行为和思维模式。进一步而言，即使16周岁以上的未成年人在刑法上已经具备了完全刑事责任能力，但在民事法律上，他们仍然不具有完全民事行为能力。这意味着他们的许多行为和决策都需要在监护人的引导和监督下进行。监护人在此过程中发挥着至关重要的作用，若将未成年犯罪人驱逐出境，可能会对他们的监护人造成极大的困扰和不便，甚至可能影响到未成年人的改造和教育效果。其次，还需要考虑驱逐出境对于未成年犯罪人本身的负面影响。一旦被驱逐出境，他们可能会面临语言、文化、心理等多方面的适应问题。这些问题不仅可能加重他们的心理负担，还可能影响他们的改造进程。最后，驱逐出境也可能导致他们与家人和社会的联系中断，或迫使其家人等一并被"驱逐出境"，导致正常生活、工作中断，可能再次增加未成年人犯罪的风险。

【实操分析】

在本案中，被告人雷某与麦某具有外国国籍，系外国公民，具备适用驱逐出境的前提条件。但是否对二人适用驱逐出境，应当结合中国对于未成年犯罪人的处理方案以及二人自身情况综合考量。

被告人麦某父亲为国外某公司长期派驻中国的气象专家，从2004年起一直生活在中国，为气象服务提供准确技术支持；母亲是国外某公司的职员，长期生活在中国。雷某的父亲曾经在北京工作，后因家族发生变故到中国台湾工作，母亲则一直在北京生活。雷某、麦某均随作为监护人的父母长期生活在北京,并且在某国际学校就读。若对雷某与麦某实施驱逐出境,将导致二人及监护人的正常工作、生活秩序均被打破,关于二人被判处驱逐出境的刑罚后果,其牵连效果不仅体现在个人层面,更会对两个家庭产生深远的影响。根据这一判决,这两个家庭都将不得不离开中国境内,这样的结果显然与法律的罪责自负、不株连无辜的基本精神相悖。从罪责自负的角度来看,驱逐出境作为一种刑罚,旨在惩罚犯罪者本人,而非其无辜的家人。然而,在外国籍未成年人犯罪的情况下,由于牵连效应,两个家庭都需承担这一后果。此外,这样的判决还会对我国的少年司法国际形象产生不良影响。我国在司法领域一直秉持着公正、公平、文明的原则。若处理少年犯罪问题时,采取过于严厉或不合情理的刑罚,这将使国际社会对我国少年司法的评价产生怀疑。

同时,被告人雷某、麦某均是刚满17周岁的在校学生,此前均未有过犯罪、违法行为,同时此次犯罪并未有事前通谋,二者盗窃行为被保安员发现后,二人将藏在衣服内的赃物放在地上,并马上承认错误。在公安机关的多次讯问和法庭审理过程中,其如实交代了自己的犯罪事实,认罪态度良好,二人也对自己的行为表示了深深的悔恨。从人身危险性的角度来看,由于二人主动交代了犯罪事实,其人身危险性相对较小。同时在此次犯罪中,二人所盗窃的财物已经返还给了被盗窃的店铺,弥补了受害店铺的经济损失。因此,在审判过程中,应当充分考虑这些因素,以公正、公平的态度对待他们的罪行,不应对其判处驱逐出境。

【思考题】

(1) 对于外国籍未成年犯罪人是否应当一律适用驱逐出境?

(2) 对外国籍未成年犯罪人判处驱逐出境时应当综合考量哪些因素?

第六章

妨害社会管理秩序罪

第一节　扰乱公共秩序罪

案例一　张某某等非法控制计算机信息系统案[①]

【基本案情】

一、案件经过

南京市鼓楼区人民检察院根据我国《刑法》第一百八十六条第二款的相关规定，正式对张某某、彭某某、祝某、姜某某提起了公诉。起诉书内容显示，自2017年7月起，这四位被告人在马来西亚吉隆坡的一处出租屋内，合伙实施了一项针对有安全漏洞的服务器的非法活动，意图通过这些漏洞为赌博网站增加广告曝光度，从而获取广告费用。首先，他们会寻找并识别出存在安全漏洞的服务器作为目标，然后精心地将木马程序植入这些服务器中。一旦木马程序成功植入，他们就会利用名为"菜刀"的远程控制软件，将服务器上的木马程序连接起来，进而实现对目标服务器后台的完全控制。这种控制包括但不限于浏览、增加、删除、修改等操作权限。在获得了对目标服务器的控制权限后，被告人会向这些服务器上载一些特殊的静态页面。这些页面不仅包含了赌博相关的关键词，还设定了自动跳跃功能，以确保当搜索引擎爬虫访问这些服务器时，能够大大增加赌博网站的广告被击中的概率。经过调查和取证，检察机关发现，截至2017年9月底，这四位被告人已经成功链接了113个安装有后门程序的服务器，为赌博网站带来了巨大的广告曝光和潜在的经济收益。这一行为不仅严重破坏了网络安全秩序，也违反了我国的相关法律法规。

[①]　案例来源：（2018）苏0106刑初487号。

二、诉讼经过

在南京市鼓楼区人民法院的深入审理过程中,揭示了张某某、彭某某、祝某和姜某某四人联合进行的非法行为。经过仔细的调查和审查证据,法院确认他们共同违反了国家法律法规,通过非法手段控制了国内的计算机信息系统。这一行为严重违背了国家对于计算机信息系统安全的保护规定,因此被认定为非法控制计算机信息系统罪。

在案件审理过程中,公诉机关对四被告人实施侵犯计算机信息系统犯罪的事实进行了清晰的阐述,并且提交的证据确凿、充分。然而,法院在仔细研究案情后认为,公诉机关提出的罪名并不完全准确。尽管四被告人对目标服务器的数据进行了修改和添加等侵权行为,但经过深入的技术分析和系统审查,法院发现他们的行为并未对信息系统的核心功能造成实质性的破坏,也没有导致系统无法正常运行。同时,他们也没有在系统中添加或删改具有重大价值的数据。

基于以上事实,法院认为四被告人的行为不符合破坏计算机信息系统罪中对计算机信息系统中存储、处理或者传输的数据进行删除、修改、增加的行为定义。因此,法院决定以非法控制计算机信息系统罪对四被告人进行定罪。

在定罪后,法院依照我国《刑法》第二百八十六条第二款等相关法律规定,对四被告人分别判处了两年六个月到五年六个月不等的有期徒刑,并附加了相应的罚金。这一判决旨在维护国家法律法规的权威,保障计算机信息系统的安全,同时也对四被告人的犯罪行为给予应有的惩罚。

然而,被告人姜某某在一审宣判后,对法院的量刑提出了异议,认为量刑过重。他随后向南京市中级人民法院提起了上诉。南京市中级人民法院在审理过程中,对一审的判决进行了全面的审查,并认为一审法院在审理过程中事实清楚,证据确实、充分,定罪量刑并无不当。因此,南京市中级人民法院最终作出了驳回上诉的决定,并维持原判。这一决定再次强调了国家对计算机信息系统安全的重视,以及对违法行为的严厉打击态度。

【主要法律问题】

在本案中,被告人的行为是否构成破坏计算机信息系统罪或非法控制计算机信息系统罪?二者区别在哪里?

【主要法律依据】

《中华人民共和国刑法》(2017)

第二百八十五条第一款、第二款 违反国家规定,侵入国家事务、国防建设、尖端科学技术领域的计算机信息系统的,处三年以下有期徒刑或者拘役。

违反国家规定,侵入前款规定以外的计算机信息系统或者采用其他技术手段,获取该计算机信息系统中存储、处理或者传输的数据,或者对该计算机信息系统实施非法控制，情节严重的，处三年以下有期徒刑或者拘役，并处或者单处罚金；情节特别严重的，处三年以上七年以下有期徒刑，并处罚金。

第二百八十六条 违反国家规定，对计算机信息系统功能进行删除、修改、增加、干扰，造成计算机信息系统不能正常运行，后果严重的，处五年以下有期徒刑或者拘役；后果特别严重的，处五年以上有期徒刑。

违反国家规定，对计算机信息系统中存储、处理或者传输的数据和应用程序进行删除、修改、增加的操作，后果严重的，依照前款的规定处罚。

故意制作、传播计算机病毒等破坏性程序，影响计算机系统正常运行，后果严重的，依照第一款的规定处罚。

单位犯前三款罪的，对单位判处罚金，并对其直接负责的主管人员和其他直接责任人员，依照第一款的规定处罚。

【理论分析】

一、非法获取计算机信息系统数据、非法控制计算机信息系统罪

非法获取计算机信息系统数据、非法控制计算机信息系统罪，是指违反国家规定，侵入国家事务、国防建设、尖端科学技术领域以外的计算机信息系统或者采用其他技术手段，获取该计算机信息系统中存储、处理或者传输的数据，或者对该计算机信息系统实施非法控制，情节严重的行为。

非法获取计算机信息系统数据、非法控制计算机信息系统罪的客体是计算机信息系统的安全。对象是国家事务、国防建设、尖端科学技术领域以外的计算机信息系统及其中存储、处理、传输的数据。

非法获取计算机信息系统数据、非法控制计算机信息系统罪的客观方面表现为违反国家规定，侵入我国《刑法》第二百八十五条第一款规定以外的计算机信息系统或者采用其他技术手段，获取该计算机信息系统中存储、处理或者传输的数据，或对该计算机信息系统实施非法控制，情节严重的行为。[1]

非法获取计算机信息系统数据、非法控制计算机信息系统罪的主体为一般主体，包括自然人和单位。

非法获取计算机信息系统数据、非法控制计算机信息系统罪的主观方面是故意。

二、破坏计算机信息系统罪

破坏计算机信息系统罪，是指违反国家规定，对计算机信息系统功能进行删除、修改、增加、干扰，造成计算机信息系统不能正常运行，以及对计算机信息系统中存储、处理或者传输的数据和应用程序进行删除、修改、增加的操作，或者故意制作、

---

[1] 高铭暄，马克昌. 刑法学［M］. 10版. 北京：北京大学出版社，2022：540.

传播计算机病毒等破坏性程序,影响计算机系统正常运行,后果严重的行为。[1]

破坏计算机信息系统罪的客体是国家对计算机信息系统的安全运行管理制度和计算机信息系统的所有者与合法用户的合法权益。具体而言,破坏计算机信息系统罪的犯罪对象即为那些至关重要的计算机信息系统。这些系统不仅涵盖了存储、处理和传输数据的各个环节,还包括了运行在计算机上的各种应用程序以及系统的整体功能。无论是庞大的数据中心,还是个人用户的电脑,只要它们承载着关键的数据和程序,就可能成为破坏计算机信息系统罪的潜在目标。数据作为计算机信息系统的核心组成部分,其安全性和完整性对于个人、企业乃至国家都具有极其重要的意义,一旦数据遭到非法获取、篡改或破坏,将会带来无法估量的损失。应用程序作为用户与计算机系统进行交互的桥梁,其正常运行对于系统的稳定性和用户的使用体验至关重要。系统功能,则是指计算机信息系统所具备的各种操作和处理能力,这些能力的稳定和安全,是系统正常运行的基础。

破坏计算机信息系统罪的客观方面表现为行为人违反国家规定,破坏计算机信息系统且造成严重后果的行为。具体来说,破坏行为可以细分为以下三种情况。首先是破坏计算机信息系统功能的行为。这种行为通常表现为行为人故意对计算机信息系统的核心功能进行删除、修改、增加或干扰。这些操作会导致系统无法正常运行,甚至完全瘫痪,给个人、企业或国家的正常工作和生活带来严重影响。当这种破坏行为造成严重后果时,便构成了破坏计算机信息系统罪。其次是破坏计算机信息系统数据和应用程序的行为。数据和应用程序是计算机信息系统的核心组成部分,它们的安全性和完整性对于系统的正常运行至关重要。行为人通过对系统中存储、处理或传输的数据和应用程序进行非法删除、修改或增加,会导致数据丢失、泄露或应用程序崩溃,从而给系统带来严重的安全隐患和后果。最后是故意制作、传播计算机病毒等破坏性程序的行为。这种行为通常表现为行为人出于非法目的,制作或传播具有破坏性的计算机程序,如病毒、木马等。这些程序会在计算机系统中潜伏并伺机发作,对系统进行破坏和攻击,导致系统崩溃、数据丢失等严重后果。

破坏计算机信息系统罪的主体为一般主体,包括自然人和单位。

破坏计算机信息系统罪的主观方面为故意,行为人的犯罪目的与动机如何,不影响破坏计算机信息系统罪的成立。

三、非法控制计算机信息系统罪与破坏计算机信息系统罪的区分

1. "非法控制"与"破坏"存在竞合关系

在早期的计算机信息系统安全领域,侵犯行为通常以一种直接、公然且粗暴的方式呈现,这种暴力式的破坏不仅直接威胁信息系统的正常运行,还会对社会秩序和公共利益造成严重损害。因此,在当时的刑法体系中,"破坏"一词被赋予了极为广

---

[1] 高铭暄,马克昌. 刑法学 [M]. 10版. 北京:北京大学出版社,2022:541.

泛的内涵，旨在全面涵盖各类对计算机信息系统构成威胁的行为。然而，随着计算机信息系统技术的飞速发展，新型的犯罪形态逐渐增多，尤其是非法控制等更为隐蔽、复杂的犯罪形式。这些新型犯罪不仅难以用传统的"破坏"概念来简单界定，而且其危害性更大，影响范围也更广。非法控制行为可能涉及对系统数据的篡改、对用户隐私的窃取，甚至可能通过操纵系统来实施网络攻击或进行其他非法活动。因此，仅仅使用"破坏"这一罪名来评价所有的计算机信息系统犯罪行为，已经显得力不从心。

在深入探讨我国《刑法》第二百八十五条第二款关于非法控制计算机信息系统罪的规定时，我们不难发现其中并未明确提及非法控制的客观方面。然而，在其第二百八十六条第一款和第二款中，对于破坏计算机信息系统罪，则明确规定了包括修改、增加等具体的客观行为方式。尽管在法律文本上存在这样的差异，但在实践中，侵犯计算机系统的手段和方法却往往相似。首先要先侵入计算机系统，获得浏览、修改、增加、删除等权限，然后控制，再根据最终目的采取进一步的行动。为了控制系统，就必然要对计算机系统内的数据进行修改、增加甚至删除等操作；为了破坏系统，也必然要取得对计算机系统的控制权限。关于"非法控制"与"破坏"之间的关系，学术界一直存在法条竞合说与想象竞合说的争论。法条竞合说认为，由于非法控制行为通常会导致他人计算机系统无法正常工作，因此非法控制可以被视为破坏的一种特殊形式。然而，想象竞合说则持不同观点，它认为破坏行为可以实现非法控制的目的，同时非法控制行为也可能导致破坏的后果。两者并非相互排斥，而是可以同时存在于同一个事实之中。

要准确区分"非法控制"与"破坏"，关键在于理解两者所侵害的利益和造成的后果。非法控制主要侵害的是网络参与者的自主权，即他们对自己数据的控制权和决定权。而破坏则可能导致更为严重的后果，如计算机信息系统无法正常运行，重要数据的真实性、完整性和可用性受到损害，甚至可能通过摧毁核心应用程序引发系统全面崩溃或关键功能丧失的抽象危险。显然，这些行为类型有其各自特定的范围，当一种行为不仅侵害了网络参与者的自主权，还破坏计算机信息系统正常运行或数据和应用程序的真实性、完整性、可用性，则属于"非法控制"与"破坏"计算机信息系统的想象竞合。[1]

在探讨非法控制与破坏计算机信息系统的关系时，我们不难发现两者在客观行为上确实存在一定的重合。具体来说，非法控制计算机系统的过程中，往往伴随着对系统数据的修改、增加等破坏性行为，以实现对系统的完全控制。反之，在破坏计算机信息系统的行为中，攻击者往往也需要先获得对系统的控制权限，进而实施破坏操作。此外，从刑法的角度来看，非法控制计算机系统罪与破坏计算机信息系统罪在法定构

---

[1] 程红，赵浩. 计算机信息系统犯罪中"非法控制"和"破坏"的界限与竞合 [J]. 中共山西省委党校学报，2022，45（06）：72-78.

成要件上也体现了这种重合与递进的关系。非法控制计算机系统罪要求行为达到"情节严重"的程度，而破坏计算机信息系统罪则强调"后果严重"。然而，这两个概念并非完全并列，而是存在一定的包含关系。在刑法学中，"情节"一词通常包含了行为的方式、手段、动机、目的以及造成的后果等多个方面，因此，"后果"可以视为"情节"的一个组成部分。

基于以上分析，我们可以得出以下结论：在非法控制与破坏计算机信息系统之间，不能简单地根据行为方式来判断其性质。对于修改、增加计算机系统数据等行为，它们并非仅属于破坏犯罪所专有，同样也可以是非法控制计算机信息系统罪的重要客观方面。因此，在处理涉及计算机信息系统安全的案件时，我们需要综合考虑行为的性质、目的、手段以及造成的后果等多个方面，以准确判断其是否构成非法控制或破坏计算机信息系统罪，并依法予以惩处。同时，我们也应认识到非法控制计算机信息系统罪的客观方面与破坏计算机信息系统罪的客观方面之间具有部分重合，但破坏计算机信息系统罪的客观方面相较非法控制计算机信息系统罪更为递进，对两者客观方面的区分有助于我们更全面地理解和把握这两个罪名的法律适用。

2. 非法控制计算机信息系统的修改、增加行为，并不要求达到造成计算机信息系统破坏的程度

破坏计算机信息系统罪中修改、增加的客观方面，应造成计算机信息系统不能正常运行、影响计算机信息系统正常运行的结果。在探讨我国《刑法》第二百八十六条关于破坏计算机信息系统罪的具体规定时，我们需要深入理解和分析每一条款的内容与要求。该条第一款和第二款都明确提到了对计算机信息系统进行修改、增加的行为方式，但这两款之间存在明显的差异。

第一款除了规定修改、增加的行为，还特别强调了这种行为必须导致计算机信息系统不能正常运行的结果，这一结果要求是构成犯罪的重要条件。

相比之下，第二款在描述修改、增加行为时并未直接规定必须造成计算机信息系统不能正常运行的结果。然而，这并不意味着第二款在适用时可以完全忽视系统正常运行状态的重要性。有观点认为，只要对数据和应用程序实施了修改、增加等操作行为，就可以构成第二款所规定的犯罪。然而，这种解释过于表面化和形式化，没有充分考虑到刑法保护计算机系统数据完整和运行正常状态的立法目的。实际上，破坏计算机信息系统罪的本质在于保护计算机系统数据的完整性和运行状态的稳定性。无论是第二百八十六条第一款还是第二款，都应当从保护法益的角度出发进行解释和适用。即使第一款没有明确规定必须造成计算机信息系统不能正常运行的结果，但其客观方面仍然不能超出"造成计算机信息系统不能正常运行"或"影响计算机系统正常运行"的范围。因此，在适用《刑法》第二百八十六条第二款时，我们不能仅关注行为人是否实施了修改、增加的行为，还需要考察这种行为是否对计算机信息系统的正常运行造成了影响或破坏。只有当行为人的行为导致计算机系统无法正常运行或影响其正常运行时，才能构成破坏计算机信息系统罪。否则，即便行为人实施了

修改、增加行为，也不能简单地将其定性为破坏计算机信息系统罪，从而避免该罪的滥用。

我们认为，对于"不能正常运行"的理解，不应仅局限于计算机系统完全瘫痪或无法启动的极端情况。实际上，随着信息技术的飞速发展，计算机系统的复杂性日益增加，任何微小的故障或异常都可能对系统的正常运作产生重大影响。因此，我们应当将"不能正常运行"的概念扩展到更广泛的范围，包括系统无法按照既定模式运转、运行效率明显降低、系统性能严重下降等情形。

具体来说，不能正常运行应当包括两种情况：全部故障和部分故障。全部故障指的是计算机系统整体崩溃，无法执行或发挥任何操作或功能；而部分故障则是指系统中的某些功能或组件出现异常，导致系统整体性能下降或某些功能无法正常使用。在实践中，诸如系统浏览限缩、反应速度迟滞、运转能力变缓、非主要功能中断等情形，都应被视为系统不能正常运行的表现。

此外，我们还需要注意到，破坏行为并不一定需要导致计算机系统完全无法运转才能构成犯罪。在某些情况下，即使破坏行为并未影响系统的主体功能，但如果其导致了系统性能下降、安全隐患增加等后果，也应当视为对计算机系统正常运行的影响。例如，黑客通过攻击导致网站流量骤减、用户访问受限等，虽然网站主体功能并未受损，但这种行为已经对计算机系统的正常运行造成了实质性影响。但是否达到刑事打击所要求的"不能正常运行"的程度，对此尚无定论，需要结合今后的立法和司法实践，以及具体案件等进行分析。①

在深入解析非法控制计算机信息系统罪时，我们必须明确，其中的修改、增加行为并非任意而为，而是有着严格的界限。这些行为应当以不破坏计算机系统的实质性数据、功能以及有价值数据为前提。这意味着，尽管行为人非法控制了计算机信息系统，但在其操作过程中，必须保持高度的谨慎和自律，避免对系统造成实质性的损害。在实际案例中，行为人在对计算机信息系统进行非法控制时，往往出于牟利或利用的目的。他们可能会根据自己的意图和需求，对系统进行使用和控制，并实施一些较轻微的修改、增加行为。这些行为的主要目的是维持他们对系统的控制，以便继续从中牟利。值得注意的是，这些修改和增加行为通常都较为隐蔽，不易被察觉。它们往往被称为"盗窃使用"，因为行为人并没有直接破坏系统的正常运行，也没有对有价值数据的完整性造成明显的损害。然而，这并不意味着这些行为就是无害的。事实上，即使这些修改和增加行为看起来微不足道，它们也可能对系统的稳定性和安全性构成潜在威胁。因此，在判定非法控制计算机信息系统罪时，我们不仅要关注行为人是否实施了控制行为，还要仔细审查他们在对系统进行修改、增加时是否遵循了上述前提。如果行为人在控制过程中，对系统进行了破坏性的修改或增加，导致系统实质性数据、功能或有价值数据受损，那么他们就可能面临更严重的法律后果。由此来看，非法控

---

① 付景威. 破坏计算机信息系统罪的理解与认定 [J]. 中国刑事警察，2023（03）：59-63.

制计算机信息系统罪的修改、增加,具有适当的范围和限度,并以不达到破坏的结果为前提。①

【实操分析】

一、我国法院对本案具有刑事管辖权

本案被告人的犯罪行为虽发生在马来西亚吉隆坡市租住的公寓内,但根据我国《刑法》第七条的规定,我国法院具有刑事管辖权。

首先,非法控制计算机信息系统罪是我国刑法体系中的一项重要罪名,明确规定了对此类非法行为的刑事制裁措施。这一罪名的设立旨在保护计算机信息系统的安全,维护网络空间的正常秩序。其次,根据我国《刑法》第二百八十五条第一款和第二款的规定,对于非法控制计算机信息系统罪,其法定最高刑可达七年以下有期徒刑。然而,需要指出的是,我国《刑法》第七条所提到的"可以不予追究",并非意味着在任何情况下都绝对不予追究。这里的"可以"一词,表明在特定情况下,法律赋予了司法机关一定的裁量权,根据案件的具体情况和犯罪人的主观恶性等因素,决定是否追究其刑事责任。这体现了刑法在维护社会秩序与保障人权之间的平衡。最后,根据我国《刑法》第十条的规定,中国公民在我国领域外犯罪,如果依照我国刑法应当负刑事责任的,即便已经经过外国审判,我国仍然有权依照本国刑法进行追究。这一规定体现了我国作为一个独立自主的主权国家,在刑事司法领域拥有独立的管辖权。然而,如果犯罪人在外国已经受到刑罚处罚,我国刑法也考虑了这一实际情况,规定在特定情况下可以免除或者减轻处罚。这既是对外国司法判决的尊重,也是为了避免对犯罪人进行双重处罚,体现了刑法的人道主义精神。需要注意的是,这里的"免除或者减轻处罚"并非必然结果,而是需要根据具体案件的情况和犯罪人的表现等因素进行综合判断。

《最高人民法院、最高人民检察院、公安部关于办理信息网络犯罪案件适用刑事诉讼程序若干问题的意见》(以下简称《意见》)进一步规范了信息网络犯罪案件的管辖。《意见》严格遵循刑事诉讼法中关于刑事案件管辖的相关规定,详细界定了信息网络犯罪案件的犯罪地,这些地点包括但不限于用于实施犯罪的网络服务所使用的服务器所在地、网络服务提供者所在地、被侵害的信息网络系统及其管理者所在地,以及犯罪过程中涉及的犯罪嫌疑人、被害人或其他涉案人员所使用的信息网络系统所在地等。此外,还包括被害人受到侵害时的所在地和被害人财产遭受损失的地方。为了更有效地减少信息网络犯罪案件在管辖权上可能产生的争议,《意见》还针对此类案件的分案并案处理规则、指定管辖等具体问题作出了详尽的规定和说明,以确保案件的审理能够更加高效、公正。这些措施的实施,无疑将极大地提高我国信息网络犯罪案件处理的规范性和效率。

---

① 皮勇. 我国新网络犯罪立法若干问题[J]. 中国刑事法杂志, 2012 (12): 44-49.

综上，我国法院对本案具有刑事管辖权。

二、本案中被告人构成非法控制计算机信息系统罪

本案中，行为人在信息网络系统中植入木马程序，通过这种方式来非法获取网站服务器的控制权限，然后对计算机信息系统中的数据进行修改、增加，并将网页链接代码上传到相关计算机信息系统之中，这种行为应当认定为我国《刑法》第二百八十五条第二款采用其他技术手段非法控制计算机信息系统的行为。

在本案中，被告人采用了非法手段侵入特定网站，随后实施了一系列隐蔽性极强的修改和增加操作，以实现对网站的控制。值得注意的是，被告人所植入的赌博广告网页设计得极为巧妙，它在网站的正常使用过程中并不会自动弹出，从而避免了干扰访问者的正常操作和使用体验。然而，当行为人通过外网搜索引擎进行检索时，该赌博广告便会悄然出现并被检索到。被告人巧妙地利用了政府网站的功能优势，使其在搜索引擎中的排名靠前，相较于普通站点而言，这样的设计使赌博广告更容易被用户搜索到。被告人的这些修改和增加行为，其真实意图在于利用网站资源，通过控制计算机接受被上传的网页链接代码来实现其非法目的。需要强调的是，尽管被告人对网站进行了修改和增加操作，但这些行为并未对目标服务器的正常运转造成实质性影响或破坏。基于这一事实，我们可以认定被告人的行为构成了对计算机信息系统的非法控制，而非破坏。因此，在本案中，被告人的行为应被定性为非法控制计算机信息系统罪。

我国《刑法》第二百八十五条第二款详细描述了非法控制计算机信息系统行为的两种方式：一种是侵入式的，这种方式通常比较直接且简单，通过直接侵入计算机信息系统来实现控制；另一种是其他技术手段方式，这种方式相对于单纯的侵入式控制来说，实施的手段更为多样和复杂。在本案中，行为人对计算机实施的控制行为并非简单的直接侵入，而是采用了更加复杂和间接的方式。这种控制方式脱离了行为人的直接操作，显示了较高的技术性和隐蔽性。根据我国《刑法》第二百八十五条第二款的规定，这种复杂的控制行为应当被认定为采用"其他技术手段"实施的对计算机信息系统的非法控制。因此，结合本案的具体情况，可以明确行为人的行为符合我国《刑法》第二百八十五条第二款关于采用其他技术手段实施计算机信息系统非法控制的规定。

三、保证法律适用的统一性

1. 非法控制计算机信息系统罪与破坏计算机信息系统罪的本质区别

非法控制计算机信息系统罪与破坏计算机信息系统罪之间的本质区别，就是行为人的行为有没有造成计算机的信息系统数据不完整或不能运行正常状态。正如前文所述，两罪在修改、增加等客观行为上有很多重合之处，但非法控制计算机信息系统罪的修改和增加具有一定的限度和范围，既没有导致计算机信息系统不能正常运行，也

没有对计算机系统的正常工作产生影响。相反地，破坏计算机信息系统罪中的修改和增加，应当存在造成计算机信息系统不能正常运行或影响计算机系统正常运行的结果。若未造成系统功能实质性破坏或者不能正常运行的，不应当认定为破坏计算机信息系统罪。

2. 在实施对计算机信息系统非法控制过程中同时侵犯不同客体，应对行为人择一重罪处罚

行为人在实施对计算机信息系统非法控制过程中，同时侵犯了不同客体，应按罪责刑相统一的原则，对行为人择一重罪处罚。

在本案中，行为人非法控制的计算机信息系统既包括国家政府机关的，也涉及普通单位，这引发了关于定罪处罚的争议。一种观点是，根据我国《刑法》第二百八十五条第二款的规定，非法控制计算机信息系统罪的对象明确排除了国家事务、国防建设、尖端科学技术领域的计算机信息系统。因此，针对国家政府机关计算机信息系统的行为应构成非法侵入计算机信息系统罪，而对普通单位计算机系统的行为则构成非法控制计算机信息系统罪，两者应数罪并罚。另一种观点则认为，行为人在整个犯罪过程中具有单一的犯罪意图，即实施非法控制，且其只实施了一个行为（非法控制），只是这个行为同时涉及了不同类型的计算机信息系统。这种情况下，行为同时触犯了非法侵入计算机信息系统罪和非法控制计算机信息系统罪，属于想象竞合犯。按照想象竞合犯的处罚原则，应从一重罪论处，即按非法控制计算机信息系统罪定罪，并从重处罚。在司法实践中，对于涉及国家事务等敏感领域计算机信息系统的非法控制行为，往往需要根据具体情况进行区分。如果行为仅针对国家事务等计算机信息系统实施非法控制，那么定罪处罚相对明确。但若行为同时涉及国家事务和普通单位的计算机信息系统，则罪数的选择成为实务中的争议焦点。

我国《刑法》第二百八十五条第一款、第二款将非法侵入和非法控制计算机信息系统的犯罪对象明确进行了划分，前者为国家事务、国防建设、尖端科学技术领域的计算机信息系统，后者为除国家事务、国防建设、尖端科学技术领域以外的计算机信息系统。有观点认为，两罪的对象法条划分很明确，是并列不相容的关系；按照罪刑法定原则，侵入国家事务、国防建设、尖端科学技术领域的计算机信息系统的，应当以非法侵入计算机信息系统罪定罪处罚。我们认为，这种理解过于机械和片面。首先，从两罪的犯罪情节和社会危害性来看，非法控制的行为要比非法侵入的行为更进一步，犯罪情节更恶劣，危害后果更大。其次，从刑罚的严厉程度来看，刑法规定非法侵入计算机信息系统罪仅仅设置了一格，法定最高刑只有三年有期徒刑；而对于非法控制计算机信息系统罪等罪名却规定了两格，法定最高刑可达七年有期徒刑，由此可见，对非法控制计算机信息系统罪的处罚要比非法侵入计算机信息系统罪的处罚更重，符合我国的罪责刑相适应原则。国家事务、国防建设、尖端科学技术领域计算机信息系统肩负着保护国家安全、民生大计等公共利益的重要职责，对其实施犯罪所产生的危害后果远比普通计算机信息系统要大得多，处罚和打击必定更加严厉。最后，从重罪

吸收轻罪的基本原则来看，侵入是非法控制的前提，非法控制首先要实施侵入，两者具有牵连关系，但也可各自独立成罪，应按照牵连犯择一重罪的原则处罚，而非数罪并罚。非法控制计算机信息系统罪比非法侵入计算机信息系统罪处罚更重，故选择一重罪处罚，也有其理论根据。综上所述，应以非法控制计算机信息系统罪一罪予以处罚。①

【思考题】

(1) 任何数据都能成为破坏计算机信息系统罪的犯罪对象吗？
(2) "非法控制"必须达到"完全控制"的程度吗？

案例二　陈某、陈某1、赵某某开设赌场案②

【基本案情】

一、案件经过

2016年6月，北京龙汇联创教育科技有限公司（以下简称龙汇公司）设立，负责为龙汇网站的经营提供客户培训、客户维护、客户发展服务，幕后实际控制人为周某某。龙汇网站以经营二元期权交易为业，通过招揽会员以买涨或买跌的方式参与赌博。会员在龙汇网站注册充值后，下载安装市场行情接收软件和龙汇网站自制插件，选择某一外汇交易品种，并选择1M（分钟）到60M不等的到期时间，下单交易金额，并点击"买涨"或"买跌"按钮完成交易。买定离手之后，不可更改交易内容，不能止损止盈。若买对涨跌方向即可盈利交易金额的76%~78%，若买错涨跌方向则本金全亏，盈亏情况不与外汇实际涨跌幅度挂钩。龙汇网站建立了等级经纪人制度及对应的佣金制度，等级经纪人包括SB银级至PB铂金三星级6个等级。截至案发，龙汇网站在全国约有10万会员。

2017年1月，陈某被周某某聘请为顾问、市场总监，从事日常事务协调管理，维系龙汇网站与高级经纪人之间的关系，出席培训会、说明会并进行宣传，发展会员，拓展市场。2016年1月，陈某1在龙汇网站注册账号，通过发展会员一度成为PB铂金一星级经纪人，下有1.7万余个会员账号。2016年2月，赵某某在龙汇网站注册账号，通过发展会员一度成为PB铂金级经纪人，下有8000余个会员账号。经江西大众司法

---

① 王燕，石磊.《张竣杰等非法控制计算机信息系统案》的理解与参照：对计算机信息系统功能或有价值数据实施增加、修改，未造成该系统功能实质性破坏或不能正常运行的行为，应认定为非法控制计算机信息系统罪[J]. 人民司法，2022（14）：22-25.
② 案例来源：最高人民检察院第146号指导性案例。

鉴定中心司法会计鉴定，2017年1月1日至2017年7月5日，陈某1从龙汇网站提款180975.04美元，赵某某从龙汇网站提款11598.11美元。2017年7月5日，陈某、陈某1和赵某某被抓获归案。陈某归案后，于2017年8月8日退缴35万元违法所得。

二、诉讼经过

吉安市中级人民法院根据上述事实，于2019年3月22日作出（2018）赣08刑初21号刑事判决，以被告人陈某犯开设赌场罪，判处有期徒刑三年，并处罚金50万元，驱逐出境；被告人陈某1犯赌博罪，判处有期徒刑两年，并处罚金30万元；被告人赵某某犯赌博罪，判处有期徒刑一年十个月，并处罚金20万元；继续追缴被告人陈某1和赵某某的违法所得。

宣判后，陈某、陈某1提出上诉。江西省高级人民法院于2019年9月26日作出（2019）赣刑终93号刑事判决，以上诉人陈某犯开设赌场罪，改判有期徒刑两年六个月，并处罚金50万元，驱逐出境；上诉人陈某1犯开设赌场罪，判处有期徒刑两年，并处罚金30万元；被告人赵某某犯开设赌场罪，判处有期徒刑一年十个月，并处罚金20万元；继续追缴陈某1和赵某某的违法所得。

【主要法律问题】

（1）如何理解开设赌场罪的空间要素？
（2）开设赌场罪的特征有哪些？
（3）利用二元期权网站组织赌博可否构成开设赌场罪？

【主要法律依据】

1.《中华人民共和国刑法》（2017）

第三百零三条　以营利为目的，聚众赌博或者以赌博为业的，处三年以下有期徒刑、拘役或者管制，并处罚金。

开设赌场的，处三年以下有期徒刑、拘役或者管制，并处罚金；情节严重的，处三年以上十年以下有期徒刑，并处罚金。

2.《最高人民检察院、公安部关于公安机关管辖的刑事案件立案追诉标准的规定（一）》（2008）

第四十四条　开设赌场的，应予立案追诉。

在计算机网络上建立赌博网站，或者为赌博网站担任代理，接受投注的，属于本条规定的"开设赌场"。

3.《最高人民法院、最高人民检察院关于办理赌博刑事案件具体应用法律若干问题的解释》（2005）

第二条　以营利为目的，在计算机网络上建立赌博网站，或者为赌博网站担任代理，接受投注的，属于刑法第三百零三条规定的"开设赌场"。

第四条 明知他人实施赌博犯罪活动，而为其提供资金、计算机网络、通讯、费用结算等直接帮助的，以赌博罪的共犯论处。

4.《最高人民法院、最高人民检察院、公安部关于办理利用赌博机开设赌场案件适用法律若干问题的意见》(2014)

一、关于利用赌博机组织赌博的性质认定

设置具有退币、退分、退钢珠等赌博功能的电子游戏设施设备，并以现金、有价证券等贵重款物作为奖品，或者以回购奖品方式给予他人现金、有价证券等贵重款物（以下简称设置赌博机）组织赌博活动的，应当认定为刑法第三百零三条第二款规定的"开设赌场"行为。

三、关于共犯的认定

明知他人利用赌博机开设赌场，具有下列情形之一的，以开设赌场罪的共犯论处：

（一）提供赌博机、资金、场地、技术支持、资金结算服务的；

（二）受雇参与赌场经营管理并分成的；

（三）为开设赌场者组织客源，收取回扣、手续费的；

（四）参与赌场管理并领取高额固定工资的；

（五）提供其他直接帮助的。

5.《最高人民法院、最高人民检察院、公安部办理跨境赌博犯罪案件若干问题的意见》(2020)

二、关于跨境赌博犯罪的认定

（二）以营利为目的，利用信息网络、通讯终端等传输赌博视频、数据，组织中华人民共和国公民跨境赌博活动，有下列情形之一的，属于刑法第三百零三条第二款规定的"开设赌场"：

1. 建立赌博网站、应用程序并接受投注的；
2. 建立赌博网站、应用程序并提供给他人组织赌博的；
3. 购买或者租用赌博网站、应用程序，组织他人赌博的；
4. 参与赌博网站、应用程序利润分成的；
5. 担任赌博网站、应用程序代理并接受投注的；
6. 其他利用信息网络、通讯终端等传输赌博视频、数据，组织跨境赌博活动的。

三、关于跨境赌博共同犯罪的认定

（一）三人以上为实施开设赌场犯罪而组成的较为固定的犯罪组织，应当依法认定为赌博犯罪集团。对组织、领导犯罪集团的首要分子，按照集团所犯的全部罪行处罚。对犯罪集团中组织、指挥、策划者和骨干分子，应当依法从严惩处。

（二）明知他人实施开设赌场犯罪，为其提供场地、技术支持、资金、资金结算等服务的，以开设赌场罪的共犯论处。

（三）明知是赌博网站、应用程序，有下列情形之一的，以开设赌场罪的共犯论处：

1. 为赌博网站、应用程序提供软件开发、技术支持、互联网接入、服务器托管、网络存储空间、通讯传输通道、广告投放、会员发展、资金支付结算等服务的；

2. 为赌博网站、应用程序担任代理并发展玩家、会员、下线的。

为同一赌博网站、应用程序担任代理，既无上下级关系，又无犯意联络的，不构成共同犯罪。

（四）对受雇佣为赌场从事接送参赌人员、望风看场、发牌坐庄、兑换筹码、发送宣传广告等活动的人员及赌博网站、应用程序中与组织赌博活动无直接关联的一般工作人员，除参与赌场、赌博网站、应用程序利润分成或者领取高额固定工资的外，可以不追究刑事责任，由公安机关依法给予治安管理处罚。

四、关于跨境赌博关联犯罪的认定

（一）使用专门工具、设备或者其他手段诱使他人参赌，人为控制赌局输赢，构成犯罪的，依照刑法关于诈骗犯罪的规定定罪处罚。

网上开设赌场，人为控制赌局输赢，或者无法实现提现，构成犯罪的，依照刑法关于诈骗犯罪的规定定罪处罚。部分参赌者赢利、提现不影响诈骗犯罪的认定。

（二）通过开设赌场或者为国家工作人员参与赌博提供资金的形式实施行贿、受贿行为，构成犯罪的，依照刑法关于贿赂犯罪的规定定罪处罚。同时构成赌博犯罪的，应当依法与贿赂犯罪数罪并罚。

（三）实施跨境赌博犯罪，同时构成组织他人偷越国（边）境、运送他人偷越国（边）境、偷越国（边）境罪等罪的，应当依法数罪并罚。

（四）实施赌博犯罪，为强行索要赌债，实施故意杀人、故意伤害、非法拘禁、故意毁坏财物、寻衅滋事等行为，构成犯罪的，应当依法数罪并罚。

（五）为赌博犯罪提供资金、信用卡、资金结算等服务，构成赌博犯罪共犯，同时构成非法经营罪、妨害信用卡管理罪、窃取、收买、非法提供信用卡信息罪、掩饰、隐瞒犯罪所得、犯罪收益罪等罪的，依照处罚较重的规定定罪处罚。

为网络赌博犯罪提供互联网接入、服务器托管、网络存储、通讯传输等技术支持，或者提供广告推广、支付结算等帮助，构成赌博犯罪共犯，同时构成非法利用信息网络罪、帮助信息网络犯罪活动罪等罪的，依照处罚较重的规定定罪处罚。

为实施赌博犯罪，非法获取公民个人信息，或者向实施赌博犯罪者出售、提供公民个人信息，构成赌博犯罪共犯，同时构成侵犯公民个人信息罪的，依照处罚较重的规定定罪处罚。

6.《期货交易管理条例》（2017）

第一条 为了规范期货交易行为，加强对期货交易的监督管理，维护期货市场秩序，防范风险，保护期货交易各方的合法权益和社会公共利益，促进期货市场积极稳妥发展，制定本条例。

第四条 期货交易应当在依照本条例第六条第一款规定设立的期货交易所、国务院批准的或者国务院期货监督管理机构批准的其他期货交易场所进行。

禁止在前款规定的期货交易场所之外进行期货交易。

第六条 设立期货交易所，由国务院期货监督管理机构审批。

未经国务院批准或者国务院期货监督管理机构批准，任何单位或者个人不得设立期货交易场所或者以任何形式组织期货交易及其相关活动。

【理论分析】

一、开设赌场罪的概念和构成

开设赌场罪，是指以营利为目的，为赌博提供实体或者虚拟场所、赌具等，主宰和控制赌场营运活动的行为。[1] 具体来讲，就是为赌博提供场所，设定赌博方式，提供赌具、筹码、资金等组织赌博的行为[2]，即开设以行为人为中心，在其支配下供他人赌博的场所的行为[3]。开设赌场罪侵犯的客体是国家对社会风尚的管理秩序，不仅侵害了以劳动或其他合法行为取得财产的经济生活方式与秩序，而且会导致不特定他人的财产陷入危险。

开设赌场，也可谓经营赌场，行为人不仅提供赌博的场所或者空间，而且支配或控制赌博的场所或者空间。行为人不一定是该场所的所有人，而是在一定连续的时间内对该场所进行实际控制，对于设立和经营赌场有主导作用，是赌场规则和程序的制定者和设计者。开设赌场的行为一般表现为为赌博提供场所，设定赌博方式，提供赌具、筹码、资金等组织赌博的行为。提供棋牌室等娱乐场所只收取正常的场所和服务费用的经营行为，不属于开设赌场行为。至于行为人开设的是临时性的赌场还是长期性的赌场，不影响本罪的成立。开设赌场，既可能是在现实空间开设赌场，也可能是在网络空间开设赌场。

根据 2005 年 5 月 11 日《最高人民法院、最高人民检察院关于办理赌博刑事案件具体应用法律若干问题的解释》（法释〔2005〕3 号），以营利为目的，在计算机网络上建立赌博网站，或者为赌博网站担任代理，接受投注的，属于我国《刑法》第三百零三条规定的"开设赌场"。根据 2010 年 8 月 31 日《最高人民法院、最高人民检察院、公安部关于办理网络赌博犯罪案件适用法律若干问题的意见》（公通字〔2010〕40 号），利用互联网、移动通讯终端等传输赌博视频、数据，组织赌博活动，具有下列情形之一的，属于"开设赌场"行为：（1）建立赌博网站并接受投注的；（2）建立赌博网站并提供给他人组织赌博的；（3）为赌博网站担任代理并接受投注的；（4）参与赌

---

[1] 《刑法学》编写组. 刑法学（下册·各论）[M]. 北京：高等教育出版社，2023：247.
[2] 高铭暄. 刑法学 [M]. 10 版. 北京：北京大学出版社，2021：560.
[3] 张明楷. 刑法学 [M]. 6 版. 北京：法律出版社，2021：1416.

博网站利润分成的。

依照 2014 年 3 月 26 日《最高人民法院、最高人民检察院、公安部关于办理利用赌博机开设赌场案件适用法律若干问题的意见》（公通字〔2014〕17 号）的规定，设置具有退币、退分、退钢珠等赌博功能的电子游戏设施设备，并以现金、有价证券等贵重款物作为奖品，或者以回购奖品方式给予他人现金、有价证券等贵重款物（以下简称设置赌博机）组织赌博活动的，应当认定为开设赌场行为。设置赌博机组织赌博活动，具有下列情形之一的，应当按照开设赌场罪定罪处罚：（1）设置赌博机 10 台以上的；（2）设置赌博机 2 台以上，容留未成年人赌博的；（3）在中小学校附近设置赌博机 2 台以上的；（4）违法所得累计达到 5000 元以上的；（5）赌资数额累计达到 5 万元以上的；（6）参赌人数累计达到 20 人以上的；（7）因设置赌博机被行政处罚后，2 年内再设置赌博机 5 台以上的；（8）因赌博、开设赌场犯罪被刑事处罚后，5 年内再设置赌博机 5 台以上的；（9）其他应当追究刑事责任的情形。

依照 2020 年 10 月 15 日《最高人民法院、最高人民检察院、公安部办理跨境赌博犯罪案件若干问题的意见》（公通字〔2020〕14 号）的规定，在跨境赌博犯罪中，以营利为目的，有下列情形之一的，属于"开设赌场"：（1）境外赌场经营人、实际控制人、投资人，组织、招揽中华人民共和国公民赴境外赌博的；（2）境外赌场管理人员，组织、招揽中华人民共和国公民赴境外赌博的；（3）受境外赌场指派、雇佣，组织、招揽中华人民共和国公民赴境外赌博，或者组织、招揽中华人民共和国公民赴境外赌博，从赌场获取费用、其他利益的；（4）在境外赌场包租赌厅、赌台，组织、招揽中华人民共和国公民赴境外赌博的；（5）其他在境外以提供赌博场所、提供赌资、设定赌博方式等，组织、招揽中华人民共和国公民赴境外赌博的。在境外赌场通过开设账户、洗码等方式，为中华人民共和国公民赴境外赌博提供资金担保服务的，也以"开设赌场"论处。以营利为目的，利用信息网络、通讯终端等传输赌博视频、数据，组织中华人民共和国公民跨境赌博活动，有下列情形之一的，亦属于"开设赌场"：（1）建立赌博网站、应用程序并接受投注的；（2）建立赌博网站、应用程序并提供给他人组织赌博的；（3）购买或者租用赌博网站、应用程序，组织他人赌博的；（4）参与赌博网站、应用程序利润分成的；（5）担任赌博网站、应用程序代理并接受投注的；（6）其他利用信息网络、通讯终端等传输赌博视频、数据，组织跨境赌博活动的。根据《刑法修正案（十一）》的规定，组织中华人民共和国公民参与国（境）外赌博，数额巨大或者有其他严重情节的，构成组织参与国（境）外赌博罪，依照开设赌场罪的规定处罚。

二、开设赌场罪共同犯罪的认定

根据《最高人民法院、最高人民检察院关于办理赌博刑事案件具体应用法律若干问题的解释》（法释〔2005〕3 号）的规定，明知他人实施赌博犯罪活动，而为其提供资金、计算机网络、通讯、费用结算等直接帮助的，以赌博罪的共犯论处。

根据《最高人民法院、最高人民检察院、公安部关于办理网络赌博犯罪案件适用法律若干问题的意见》（公通字〔2010〕40号）的规定，明知是赌博网站，而为其提供下列服务或者帮助的，属于开设赌场罪的共同犯罪，依照《刑法》第三百零三条第二款的规定处罚：（1）为赌博网站提供互联网接入、服务器托管、网络存储空间、通讯传输通道、投放广告、发展会员、软件开发、技术支持等服务，收取服务费数额在2万元以上的；（2）为赌博网站提供资金支付结算服务，收取服务费数额在1万元以上或者帮助收取赌资20万元以上的；（3）为10个以上赌博网站投放与网址、赔率等信息有关的广告或者为赌博网站投放广告累计100条以上的。实施上述行为，具有下列情形之一的，应当认定行为人"明知"，但是有证据证明确实不知道的除外：（1）收到行政主管机关书面等方式的告知后，仍然实施上述行为的；（2）为赌博网站提供互联网接入、服务器托管、网络存储空间、通讯传输通道、投放广告、软件开发、技术支持、资金支付结算等服务，收取服务费明显异常的；（3）在执法人员调查时，通过销毁、修改数据、账本等方式故意规避调查或者向犯罪嫌疑人通风报信的；（4）其他有证据证明行为人明知的。

依据《最高人民法院、最高人民检察院、公安部关于办理利用赌博机开设赌场案件适用法律若干问题的意见》（公通字〔2014〕17号）的规定，明知他人利用赌博机开设赌场，具有下列情形之一的，以开设赌场罪的共犯论处：（1）提供赌博机、资金、场地、技术支持、资金结算服务的；（2）受雇参与赌场经营管理并分成的；（3）为开设赌场者组织客源，收取回扣、手续费的；（4）参与赌场管理并领取高额固定工资的；（5）提供其他直接帮助的。

依照《最高人民法院、最高人民检察院、公安部办理跨境赌博犯罪案件若干问题的意见》（公通字〔2020〕14号）的规定，三人以上为实施开设赌场犯罪而组成的较为固定的犯罪组织，应当依法认定为赌博犯罪集团。对组织、领导犯罪集团的首要分子，按照集团所犯的全部罪行处罚。对犯罪集团中组织、指挥、策划者和骨干分子，应当依法从严惩处。明知他人实施开设赌场犯罪，为其提供场地、技术支持、资金、资金结算等服务的，以开设赌场罪的共犯论处。明知是赌博网站、应用程序，有下列情形之一的，以开设赌场罪的共犯论处：（1）为赌博网站、应用程序提供软件开发、技术支持、互联网接入、服务器托管、网络存储空间、通讯传输通道、广告投放、会员发展、资金支付结算等服务的；（2）为赌博网站、应用程序担任代理并发展玩家、会员、下线的。

三、开设赌场罪与关联犯罪的认定

1. 开设赌场罪与赌博罪

赌博罪，是指以营利为目的，聚众赌博或者以赌博为业的行为。赌博罪的客观方面表现为行为人实施了聚众赌博或者以赌博为业的行为。成立赌博罪，仅限于两种类型。一是聚众赌博，是指纠集多人从事赌博。根据《最高人民法院、最高人民检察院关于办理赌博刑事案件具体应用法律若干问题的解释》（法释〔2005〕3号），以营利为目的，有下列情形之一的，属于"聚众赌博"：（1）组织3人以上赌博，抽头渔利数额累计达到5000元以上的；（2）组织3人以上赌博，赌资数额累计达到5万元以上的；（3）组织3人以上赌博，参赌人数累计达到20人以上的。明知他人实施赌博犯罪活动，而为其提供资金、计算机网络、通讯、费用结算等直接帮助的，以赌博罪的共犯论处。二是以赌博为业，是指以赌博为常业，即嗜赌成性，以赌博所得为主要生活来源或挥霍来源。或虽有正当职业，却不务正业，把主要精力放在赌博上，长期在工余时间从事赌博活动，输赢数额巨大的，也视为以赌博为业。赌博罪的主观方面为故意，并且行为人具有营利的目的。对于不以营利为目的，进行带有少量财物输赢的娱乐活动的，不以赌博论处。而开设赌场罪，是指为赌博提供场所，设定赌博方式，提供赌具、筹码、资金等组织赌博的行为。虽然他人在赌场进行赌博的行为以开设赌场的行为人为中心，但开设赌场者并不必然参与赌博行为。同时，根据刑法的规定，赌博罪为目的犯，犯罪人必须以营利为目的；而刑法并没有将"以营利为目的"规定为开设赌场罪的必要要件。

2. 开设赌场罪与诈骗罪

诈骗罪，是指以非法占有为目的，以虚构事实或者隐瞒真相的方法，骗取公私财物，数额较大的行为。诈骗罪的主要特征在于"骗"，赌博犯罪中往往也伴有欺骗活动，但这种欺骗不同于诈骗罪中的欺骗，诈骗罪中的欺骗即虚构事实或者隐瞒真相，使对方陷入处分财产的错误认识中，从而达到非法占有他人财物的目的。而赌博活动本身是凭偶然的事实决定输赢，行为人是以通过赌博达到营利为目的，而不是以非法占有为目的。根据《最高人民法院、最高人民检察院、公安部办理跨境赌博犯罪案件若干问题的意见》（公通字〔2020〕14号）的规定，使用专门工具、设备或者其他手段诱使他人参赌，人为控制赌局输赢，构成犯罪的，依照刑法关于诈骗犯罪的规定定罪处罚。网上开设赌场，人为控制赌局输赢，或者无法实现提现，构成犯罪的，依照刑法关于诈骗犯罪的规定定罪处罚。部分参赌者赢利、提现不影响诈骗犯罪的认定。

3. 开设赌场罪与非法经营罪

非法经营罪，是指违反国家规定，未经许可经营法律、行政法规规定的专营、专卖物品或者其他限制买卖的物品的，买卖进出口许可证、进出口原产地证明以及其他法律、行政法规规定的经营许可证或者批准文件的，未经国家有关主管部门批准非法经营证券、期货、保险业务的，或者非法从事资金支付结算业务的，或者其他扰乱市场秩序，情节严重的行为。非法经营罪存在违反国家规定的非法经营行为，其侵犯的客体为国家的市场交易管理秩序。开设赌场罪的行为方式主要是以行为人为中心，在行为人支配下设立、承包、租赁专门用于赌博的场所或者建立赌博网站并接受投注的、建立赌博网站并提供给他人组织赌博的、为赌博网站担任代理并接受投注的、参与赌博网站利润分成的等利用互联网、移动通讯终端等传输赌博视频、数据，组织赌博活动的行为。开设赌场罪的行为主要是为他人提供专门用于赌博的场所或平台，其侵犯的客体是国家对社会的正常管理秩序。

四、开设赌场罪的罪数

通过开设赌场或者为国家工作人员参与赌博提供资金的形式实施行贿、受贿行为，构成犯罪的，依照刑法关于贿赂犯罪的规定定罪处罚。同时构成赌博犯罪的，应当依法与贿赂犯罪数罪并罚。实施赌博犯罪，为强行索要赌债，实施故意杀人、故意伤害、非法拘禁、故意毁坏财物、寻衅滋事等行为，构成犯罪的，应当依法数罪并罚。为赌博犯罪提供资金、信用卡、资金结算等服务，构成赌博犯罪共犯，同时构成非法经营罪，妨害信用卡管理罪，窃取、收买、非法提供信用卡信息罪，掩饰、隐瞒犯罪所得、犯罪收益罪等罪的，依照处罚较重的规定定罪处罚。为网络赌博犯罪提供互联网接入、服务器托管、网络存储、通信传输等技术支持，或者提供广告推广、支付结算等帮助，构成赌博犯罪共犯，同时构成非法利用信息网络罪、帮助信息网络犯罪活动罪等罪的，依照处罚较重的规定定罪处罚。为实施赌博犯罪，非法获取公民个人信息，或者向实施赌博犯罪者出售、提供公民个人信息，构成赌博犯罪共犯，同时构成侵犯公民个人信息罪的，依照处罚较重的规定定罪处罚。

五、开设赌场罪的处罚

根据我国现行《刑法》第三百零三条第二款的规定，犯开设赌场罪的，处五年以下有期徒刑、拘役或者管制，并处罚金；情节严重的，处五年以上十年以下有期徒刑，并处罚金。

根据《最高人民法院、最高人民检察院、公安部关于开展集中打击赌博违法犯罪活动专项行动有关工作的通知》（公通字〔2005〕2号），对具有教唆他人赌博、组织未成年人聚众赌博或者开设赌场吸引未成年人参与赌博以及国家工作人员犯赌博罪等情形的，应当依法从严处理。对实施贪污、挪用公款、职务侵占、挪用单位资金、挪用特定款物、受贿等犯罪，并将犯罪所得的款物用于赌博的，分别依照刑法有关规定从重处罚；同时构成赌博罪的，应依照刑法规定实行数罪并罚。要充分运用没收财产、罚金等财产刑，以及追缴违法所得、没收用于赌博的本人财物和犯罪工具等措施，从经济上制裁犯罪分子，铲除赌博犯罪行为的经济基础。

根据《最高人民法院、最高人民检察院、公安部关于办理利用赌博机开设赌场案件适用法律若干问题的意见》（公通字〔2014〕17号）的规定，办理利用赌博机开设赌场的案件，应当贯彻宽严相济刑事政策，重点打击赌场的出资者、经营者。对受雇佣为赌场从事接送参赌人员、望风看场、发牌坐庄、兑换筹码等活动的人员，除参与赌场利润分成或者领取高额固定工资的以外，一般不追究刑事责任，可由公安机关依法给予治安管理处罚。对设置游戏机，单次换取少量奖品的娱乐活动，不以违法犯罪论处。

根据《最高人民法院、最高人民检察院、公安部办理跨境赌博犯罪案件若干问题的意见》（公通字〔2020〕14号）的规定，三人以上为实施开设赌场犯罪而组成的较为固定的犯罪组织，应当依法认定为赌博犯罪集团。对组织、领导犯罪集团的首要分子，按照集团所犯的全部罪行处罚。对犯罪集团中组织、指挥、策划者和骨干分子，应当依法从严惩处。但是，对受雇佣为赌场从事接送参赌人员、望风看场、发牌坐庄、兑换筹码、发送宣传广告等活动的人员及赌博网站应用程序中与组织赌博活动无直接关联的一般工作人员，除参与赌场、赌博网站、应用程序利润分成或者领取高额固定工资的以外，可以不追究刑事责任，由公安机关依法给予治安管理处罚。

【实操分析】

利用网络从事赌博和开设赌场等行为近些年愈演愈烈，二元期权交易网站频频出现，其打着"交易简单、即时收入、回报快"等充满诱惑的口号，利用互联网招揽投资者。根据某二元期权网站的解释，二元期权属于"简化的金融工具"，也称"数字期权"，是近些年在欧美兴起的。投资者可以选择平台上的股票、指数、外汇、商品期货进行期权投资，只需要判断是涨是跌就可以交易，不需要考虑涨跌的幅度。而且门槛很低，甚至投资100元就可以开户操作。而国内那些受监管的期权产品，则需要高额的保证金。二元期权实际上从境外博彩业演变而来，打着"外汇期权""新型衍生金融工具"的幌子，欺骗广大投资者参与其中。二元期权的外观上具有"互联网+"与金融工具相碰撞、金融衍生品与博彩业杂交的表现，对投资者具有很强的欺骗性。其以互联网为传播媒介，行为手段隐蔽（将终端服务器设置在域外，一旦实现获利目的或有不利后果可能，则关闭境外服务器，给侦查机关电子数据取证带来挑战），导致许多投资者血本无归，涉众面极广、社会危害性极大。本案中龙汇二元期权及龙汇网站就是其中的典型，其会员最多时达到约10万人。

本案的裁判要点在于：以二元期权交易的名义，在法定期货交易场所之外利用互联网招揽"投资者"，以未来某时间段内外汇品种的价格走势为交易对象，按照买涨、买跌确定盈亏，买对涨跌方向的"投资者"得利，买错涨跌方向的本金归网站（庄家）所有，盈亏结果不与价格实际涨跌幅度挂钩的，属不属于赌博犯罪行为？相关网站可否认定为赌博网站？行为人的行为可否认定为开设赌场罪？

一、二元期权不是我国法律规定的期权

随着我国金融改革的深入，金融衍生品不断丰富。在欧美国家方兴未艾的二元期权，搭乘金融创新的快车，在国内场外交易市场如雨后春笋般冒出。二元期权以其交易简便、操作快捷、收益及时、回报率高的宣传广受投资者青睐，借助网络平台，打破时空限制，发展态势迅猛，掀起了一股投资热潮。然而，二元期权名为期权，其实质并不同于期权及金融衍生品，理由如下。

1. 从形式上讲，二元期权不符合期权的法定形式

根据我国《期货交易管理条例》（以下简称《条例》）的规定，期货交易包括以

期货合约或期权合约为标的的交易两类。期权是一种精细的风险管理工具，从字面意义理解，是一种选择的权利，期权的购买方通过支付费用，获取在未来某时刻买入或者卖出期权合约所约定的标的物权利。期权合约是指期货交易场所统一制定的、规定买方有权在将来某一时间以特定价格买入或者卖出约定标的物的标准化合约。

《条例》第一条、第四条、第六条规定，期权交易应当在期货交易所等法定期货交易场所进行，禁止在期货交易场所之外进行。未经国务院或者国务院期货监督管理机构批准，任何单位或者个人不得以任何形式组织期货交易（含期权）。根据中国证券监督管理委员会相关规定，期权交易应当在沪深交易所或者郑州商品交易所、上海期货交易所、大连商品交易所、中国金融期货交易所进行。超出法定交易市场范围、不受证监会监管的交易均为场外交易，场外交易与场内交易的区别在于是否有标准合约并被监管。网络上的二元期权经纪商基本上为海外场外交易，交易平台既不受中国监管，亦不受所在国监管。本案中，龙汇二元期权的交易平台即设在新加坡，未依法获得我国或其他国家批准，在法定期货交易场所之外进行交易，游离于期货监管机构监管之外，存在透明度低、风险高、不受监管、欺诈投资者的极大风险。

2. 从实质上讲，二元期权不具有期权的实质内容

期权作为金融产品，其本质是带有射幸性质的合法商事合约，但二元期权与期权交易存在实质不同：

（1）二元期权不具有权利转移和行使环节。期权是一种以股票、期货等品种的价格为标的，在期货交易场所进行交易的金融产品，在交易过程中需完成买卖双方权利的转移，具有规避价格风险、服务实体经济的功能。是否能够行权或间接行权，是期权最根本的功能和属性。期权的买方有权在约定时间内，按照约定的价格买进或卖出一定数量相关资产；期权的出卖方收取期权费用，承担着在未来某个时间按照合约买入或者卖出标的物的义务。期权分为看涨期权与看跌期权两个基本类型，看涨期权的买方有权在某一确定时间以确定价格买进相关资产，看跌期权的买方有权在某一确定时间以确定价格出售相关资产。

应当注意的是，本案中的买涨、买跌与看涨、看跌期权不同，看涨、看跌期权以一定数量相关资产为标的，以行使权利（按约定价格买进或卖出）或放弃行使权利为内容，期权合约由合约标的、合约类型、报价单位、执行价格等要素组成，收益随着执行价格和市场价格而变动。而龙汇二元期权并无真实的交易对象，也没有权利转移、行使或放弃的环节。

（2）从功能上讲，二元期权不具有价格发现和风险管理功能。期权可以使市场交易体系更完善、供求关系更透明、市场资源更高效流动，可以精准、量化对冲市场风险，但二元期权仅是对涨跌的简单判断，以涨跌方向决定其投注的盈亏，盈亏不与涨跌幅度挂钩，并不具备金融服务实体的功能，缺乏对接的实际资产基础，仅仅是以外汇等金融产品风险为外衣，经营者通过设计相应的赔率来进行套利，其本质为创设风险供投资者进行投机，与合法的期权有本质差别。更严重的是，游离在监管之外的场外二元期权公正性、透明度低,存在市场操纵和交易欺诈的极大风险。

二、二元期权交易本质上系赌博行为

1. 赌博行为具有投机性、射幸性和偶然性

《现代汉语词典》认为,赌博是用斗牌、掷骰子等形式,以财物作注比输赢的游戏;《牛津法律大辞典》指出,赌博是将钱或其他有价值之物在游戏、竞赛或不确定事件结果上所做的冒险,其结果取决于机会或技巧。日本刑法学家西田典之认为,赌博是指根据偶然的胜负而争夺财物或财产性利益之得失的行为[①],即基于偶然的事情而决定利益之得丧者也。随着社会的发展,赌博的形式不断翻新,种类逐渐增多,新的赌博形式已经不限于采用牌、骰子等形式,只要以营利为目的,以财物下注,以偶发事件决定输赢或使用赌博工具参赌的行为,都属于广义上的赌博。

关于赌博行为的偶然性,学界有两种观点,一种观点认为完全只有偶然因素,无人为因素干预,无须参与者使用任何技术和发挥智慧,彩票和老虎机即属此类;另一种观点认为只要最终结果不会被参与者的技能完全操控,不可能只赢不输,也认为具有偶然性,如利用扑克牌和麻将进行的游戏亦可能是赌博。我们同意第二种观点。

2. 二元期权系国家不予许可的赌博行为

网络技术的普及和电子金融业务的发展,使赌博从现实社会蔓延到网络空间成为可能,网络赌博是赌博在互联网时代的全新形态。与传统开设赌场犯罪相比,网络赌场打破了物理空间和时间的限制,在人群规模、内容规模和资金规模上都具有明显的优势,具有方便、快捷的特征,轻点鼠标就能完成投注、资金交割。二元期权借助网络平台的传播,演变成对标的资产价格走势进行上涨或下跌的简单判断,其本质是"押大小、赌输赢",是披着期权交易外衣的赌博行为。

龙汇二元期权的玩法是下载MT4市场行情接收软件和龙汇网站自制插件,会员选择外汇品种和时间段,点击"买涨"或"买跌"按钮完成交易。换言之,其是对"未来某段时间的外汇等品种的价格走势涨跌的'二选一'的选择题",买对涨跌方向即可盈利交易金额的76%~78%,买错涨跌方向则本金即归网站(庄家)所有,盈亏结果与外汇交易品种涨跌幅度无关。龙汇二元期权是以未来某段时间内外汇、股票等品种的价格走势为交易对象,以标的价格走势的涨跌决定交易者的财产损益,交易价格与收益事前确定,收益损失结果与价格实际涨跌幅度不挂钩,交易者没有权利行使和转移环节,交易结果具有偶然性、投机性和射幸性。龙汇二元期权的实质是创造风险供投资者进行投机,不具备规避价格风险、服务实体经济的功能,与押大小、赌输赢的赌博行为本质相同,实为网络平台与投资者之间的对赌。而这种赌博未经过国家批准或许可,亦未受到相关机构监督。2016年4月18日,我国证监会还警示了二元期权的风险,指出:"这些网络平台交易的二元期权是从境外博彩业演变而来,……与我会监

[①] [日] 西田典之. 刑法各论 [M]. 6版. 王昭武,刘明祥,译. 北京:法律出版社,2013:414.

管的期权及金融衍生品交易有着本质区别,其交易行为类似于赌博。"可见,无论是场内还是场外二元期权,均未得到国家批准成为合法的金融衍生品。

综上,龙汇二元期权交易是披着期权外表的赌博行为,龙汇网站属于赌博网站。陈某在龙汇公司担任中国区域市场总监,从事日常事务协调管理,维护公司与经纪人关系,参加各地说明会、培训会并宣传龙汇二元期权,发展新会员和开拓新市场,系明知是赌博网站,而为其提供投放广告、发展会员等服务的行为,构成开设赌场罪。陈某1、赵某某面向社会公众招揽赌客参加赌博,属于为赌博网站担任代理并接受投注行为,且行为具有组织性、持续性、开放性,构成开设赌场罪,三人的犯罪金额均达到情节严重。原判认定陈某1、赵某某的罪名不当,二审依法改变其罪名,但根据上诉不加刑原则,维持一审对其的量刑。

三、二元期权案件定性与相关罪名辨析

1. 认为无罪的观点不能成立

《条例》禁止场外交易期货期权,二元期权已被宣告为非法;罪刑法定原则是指法无明文规定不为罪,但并不需要二元期权明确写入刑法才能予以打击,二元期权交易只是纷繁复杂的现实中的行为表现,只要二元期权符合赌博特征,建立二元期权网站等行为符合开设赌场罪的构成要件,对其进行惩处就不违反罪刑法定原则。

2. 认为构成非法经营罪的观点不能成立

本案中若要成立非法经营应指没有取得从事证券、期货或者保险业务主体资格的单位或者个人非法经营证券、期货或者保险业务,或者有主体资格者非法兼营证券、期货或者保险业务等其他金融业务的行为,其客体必须是期货。但正如前所析,二元期权本质上属于披着期权或短期外汇交易外衣的赌博行为,与真正的期货有根本区别,不符合非法经营罪的行为对象,本案不能认定为非法经营罪。

3. 认为构成诈骗罪的观点不能成立

本案认定构成诈骗罪的证据不充分,被告人和同案人认为龙汇网站存在部分操纵价格走势的行为属于猜测,网站的服务器也设在国外,没有客观证据证实可以操纵价格走势;且被告人供述证实价格操纵的范围和幅度都有限,只是为了提高讲师带单操作的成功率,从而吸引更多的会员参与赌博,不能证实价格操纵的目的是非法占有他人财产。因此,本案中被告人不构成诈骗罪。

四、国内外二元期权的发展现状和趋势

在国外,二元期权也受到了严格的监管和规范。2008年,美国证券交易所(AMEX)和芝加哥期权交易所(CBOE)均将二元期权列为正式交易品种。借由网络平台的便捷性,二元期权在全球范围内掀起了投资热潮,遍及欧洲、北美、中东和亚太地区,但由于其监管缺失严重,暴露出不公平、不透明、风险高、存在欺诈等问题,各国近年来通过制定政策法规、发布风险警示和采取执法行动,收紧了对二元期权的政

策监管。如塞浦路斯证券交易委员会陆续处罚了 3 家无牌经营的二元期权经纪商和 1 家未获批准开展二元期权业务的经纪商；美国证券交易委员会通过网站发布"二元期权和欺诈"的警示，提醒投资者不要参与；英国金融行为监管局也在其官网宣布二元期权是对金融监管的潜在威胁；法国金融市场管理局公布了超 300 个网站的黑名单；澳大利亚证券和投资委员会宣布 Opteck、Banc de Binary 未经当地授权等；加拿大证券管理局表示目前没有任何一家二元期权平台在加拿大注册并获授权，因此所有二元期权平台可视为非法。2018 年 9 月，国际证监会组织（IOSCO）通过声明警示二元期权目前主要通过互联网平台或社交媒体交易，监管难度较大；IOSCO 成员已通 IOSCO 多边备忘录开展基于个案的跨境合作，各辖区采取的措施包括进行风险警示、禁止二元期权销售和加强相关 App 管理等。

我国证监会在其官方网站对二元期权网站平台进行过警示，指出："这些网络平台交易的二元期权是从境外博彩业演变而来，其交易对象为未来某段时间外汇、股票等品种的价格趋势，交易双方为网络平台与投资者，交易价格与收益事前确定，其实质是创造风险供投资者进行投机，不具备规避价格风险、服务实体经济的功能，与我会监管的期权及金融衍生品交易有着本质区别，其交易行为类似于赌博。"我国应当在明确界定二元期权法律属性的同时，加大对场外二元期权的整治和取缔力度，在以赌博和开设赌场犯罪规制严重的二元期权交易行为的同时，尽可能地通过行政管理遏制此类违法犯罪的蔓延，以实现对公民财产和经济发展的提前保护。

综上，本案生效裁判宣告了二元期权的违法性，强调其系从境外博彩业演变而来，其交易行为实际上就是"押大小"的赌博游戏。二元期权网络平台就是赌博网站，利用二元期权网络平台经营"金融产品"就是开设赌场。依法打击二元期权违法犯罪交易，对于引导公众依法进行投资、保护公民合法财产权具有重要意义，有利于打击赌博犯罪和防止公民受骗。

【思考题】

（1）以营利为目的，通过邀请人员加入微信群的方式招揽赌客，根据竞猜游戏网站的开奖结果等方式进行赌博，设定赌博规则，利用微信群进行控制管理，在一段时间内持续组织网络赌博活动的，构成赌博罪还是开设赌场罪？

（2）以营利为目的，通过邀请人员加入微信群，利用微信群进行控制管理，以抢红包方式进行赌博，在一段时间内持续进行该行为的，应当如何定性？

案例三 郑某寻衅滋事案[①]

【基本案情】

一、案件经过

2017年1月14日18时许,在北京市朝阳区威斯汀酒店外面,被告人郑某酒后欲搭乘葛某驾驶的出租车时,对出租车进行踢踹,后趁葛某下车不备之机将出租车开走。郑某驾驶葛某的出租车行至朝阳区三元桥机场高速路口处时,与杨某驾驶的汽车相撞,仍继续驾车前行。当郑某行至朝阳区曙光里时,又与李某驾驶的汽车相撞,后仍驾车继续前行。郑某行至朝阳区太阳宫公园外,于路边将其驾驶的出租车遗弃。随后,郑某来到朝阳区三元桥中航工业北门路边,对吴某停放在此处的汽车进行拍打踢踹,并坐进汽车内欲将吴某的汽车开走,后被赶来的警察当场抓获。经检测,郑某血液中酒精含量为204.9mg/100ml。后郑某在亲属的帮助下赔偿了葛某、杨某、李某和吴某的经济损失,四人对郑某的行为表示谅解。

二、诉讼经过

公诉机关:北京市朝阳区人民检察院。

被告人:郑某,德国国籍。

北京市朝阳区人民法院经审理查明上述事实后认为,被告人郑某醉酒后驾驶机动车,发生交通事故后未停车而继续驾车前行,以致再次发生交通事故,后仍然继续驾车行使,最终在马路边撞停。其行为危害了公共安全,触犯了刑法,已构成以危险方法危害公共安全罪,依法应予惩处。鉴于郑某归案后坦白交代自己的罪行,悔罪态度较好,当庭自愿认罪,事发后积极赔偿了被害人的经济损失并取得了被害人的谅解,故对其所犯罪行依法予以从轻处罚。据此判决,被告人郑某犯以危险方法危害公共安全罪,判处有期徒刑三年。

一审宣判后,被告人郑某不服,提出上诉。郑某及其辩护人提出:原判认定事实不清,现有证据不足以证明其和李某所驾车辆发生交通事故;郑某的行为不构成以危险方法危害公共安全罪,而应当以寻衅滋事罪对其定罪处罚。

北京市第三中级人民法院经开庭审理后认为,上诉人郑某酒后无故滋事,强行将他人车辆占用开走,在行驶过程中发生交通事故造成了他人财产损失,此后又任意损毁他人财物,情节严重,其行为扰乱了公共秩序,已构成寻衅滋事罪,依法应予惩处。对上诉人郑某所提的上诉理由及其辩护人所提的辩护意见,予以采纳。上诉人郑某明

[①] 案例来源:(2017)京0105刑初1014号;(2018)京03刑终307号。

知醉酒可能出现行为失控的后果，仍放任自己醉酒的行为，且醉酒后无故滋事，在城区交通干道和交通繁忙时段驾车，给他人的合法财产造成了损失，故其应当承担相应的刑事责任。鉴于上诉人郑某自愿认罪悔罪，案发后赔偿被害人的经济损失并取得了被害人的谅解，依法可对其酌情予以从轻处罚。原审人民法院认定本案部分事实的证据不足，适用法律有误，量刑失当，在查清事实的基础上依法予以改判。据此判决：

（1）撤销北京市朝阳区人民法院（2017）京0105刑初1014号刑事判决；

（2）上诉人郑某犯寻衅滋事罪，判处有期徒刑两年六个月。

【主要法律问题】

（1）醉酒后无故滋事，强行将他人车辆占用开走，在行驶过程中发生交通事故造成他人财产损失的，应当如何定性？

（2）寻衅滋事罪和相关犯罪如何区分？

【主要法律依据】

1. 《中华人民共和国刑法》（2015）

第一百一十四条 放火、决水、爆炸以及投放毒害性、放射性、传染病病原体等物质或者以其他危险方法危害公共安全，尚未造成严重后果的，处三年以上十年以下有期徒刑。

第一百三十三条之一 在道路上驾驶机动车，有下列情形之一的，处拘役，并处罚金：

（一）追逐竞驶，情节恶劣的；

（二）醉酒驾驶机动车的；

（三）从事校车业务或者旅客运输，严重超过额定乘员载客，或者严重超过规定时速行驶的；

（四）违反危险化学品安全管理规定运输危险化学品，危及公共安全的。

机动车所有人、管理人对前款第三项、第四项行为负有直接责任的，依照前款的规定处罚。

有前两款行为，同时构成其他犯罪的，依照处罚较重的规定定罪处罚。

第二百九十三条 有下列寻衅滋事行为之一，破坏社会秩序的，处五年以下有期徒刑、拘役或者管制：

（一）随意殴打他人，情节恶劣的；

（二）追逐、拦截、辱骂、恐吓他人，情节恶劣的；

（三）强拿硬要或者任意损毁、占用公私财物，情节严重的；

（四）在公共场所起哄闹事，造成公共场所秩序严重混乱的。

纠集他人多次实施前款行为，严重破坏社会秩序的，处五年以上十年以下有期徒刑，可以并处罚金。

2.《最高人民检察院、公安部关于公安机关管辖的刑事案件立案追诉标准的规定（一）的补充规定》（2017）

八、⋯⋯⋯⋯

强拿硬要或者任意损毁、占用公私财物，破坏社会秩序，涉嫌下列情形之一的，应予立案追诉：

（一）强拿硬要公私财物价值1千元以上，或者任意损毁、占用公私财物价值2千元以上的；

（二）多次强拿硬要或者任意损毁、占用公私财物，造成恶劣社会影响的；

（三）强拿硬要或者任意损毁、占用精神病人、残疾人、流浪乞讨人员、老年人、孕妇、未成年人的财物，造成恶劣社会影响的；

（四）引起他人精神失常、自杀等严重后果的；

（五）严重影响他人的工作、生活、生产、经营的；

（六）其他情节严重的情形。

3.《最高人民法院、最高人民检察院关于办理寻衅滋事刑事案件适用法律若干问题的解释》（2013）

第一条　行为人为寻求刺激、发泄情绪、逞强耍横等，无事生非，实施刑法第二百九十三条规定的行为的，应当认定为"寻衅滋事"。

行为人因日常生活中的偶发矛盾纠纷，借故生非，实施刑法第二百九十三条规定的行为的，应当认定为"寻衅滋事"，但矛盾系由被害人故意引发或者被害人对矛盾激化负有主要责任的除外。

行为人因婚恋、家庭、邻里、债务等纠纷，实施殴打、辱骂、恐吓他人或者损毁、占用他人财物等行为的，一般不认定为"寻衅滋事"，但经有关部门批评制止或者处理处罚后，继续实施前列行为，破坏社会秩序的除外。

第四条　强拿硬要或者任意损毁、占用公私财物，破坏社会秩序，具有下列情形之一的，应当认定为刑法第二百九十三条第一款第三项规定的"情节严重"：

（一）强拿硬要公私财物价值一千元以上，或者任意损毁、占用公私财物价值两千元以上的；

（二）多次强拿硬要或者任意损毁、占用公私财物，造成恶劣社会影响的；

（三）强拿硬要或者任意损毁、占用精神病人、残疾人、流浪乞讨人员、老年人、孕妇、未成年人的财物，造成恶劣社会影响的；

（四）引起他人精神失常、自杀等严重后果的；

（五）严重影响他人的工作、生活、生产、经营的；

（六）其他情节严重的情形。

【理论分析】

一、寻衅滋事罪的概念与构成

根据我国《刑法》第二百九十三条的规定，寻衅滋事罪是指随意殴打他人，情节恶劣的；或者追逐、拦截、辱骂、恐吓他人，情节恶劣的；或者强拿硬要或者任意损毁、占用公私财物，情节严重的；或者在公共场所起哄闹事，造成公共场所秩序严重混乱的行为。

1. 寻衅滋事罪的客体

寻衅滋事罪的客体是社会公共秩序。寻衅滋事行为往往同时会侵犯到公民的人身权利或财产权利，但也不宜据此认为寻衅滋事罪侵犯的是复杂客体。[①] 有的学者认为，应当根据我国《刑法》第二百九十三条所规定的具体行为类型确定寻衅滋事罪的保护法益。[②]（1）"随意殴打他人"类型的保护法益，应是社会一般交往中个人的身体安全，或者说是与公共秩序相关联的个人身体安全。（2）"追逐、拦截、辱骂、恐吓他人"类型的保护法益，应是公民在公共生活、公共活动中的行动自由、名誉与意识活动自由。（3）"强拿硬要或者任意损毁、占用公私财物"类型的保护法益，是与财产有关的社会生活的安宁或平稳。（4）"在公共场所起哄闹事"类型的保护法益，是不特定人或者多数人在公共场所从事活动的自由与安全。

2. 寻衅滋事罪的客观方面

寻衅滋事罪的客观方面表现为行为人实施了寻衅滋事，情节恶劣或者情节严重，严重破坏社会秩序的行为。根据2013年7月《最高人民法院、最高人民检察院关于办理寻衅滋事刑事案件适用法律若干问题的解释》（法释〔2013〕18号）（以下简称《寻衅滋事解释》）第一条的规定，寻衅滋事，指行为人为寻求刺激、发泄情绪、逞强耍横等，无事生非，实施《刑法》第二百九十三条规定的行为的情况。该条同时规定，行为人因日常生活中的偶发矛盾纠纷，借故生非，实施《刑法》第二百九十三条规定的行为的，应当认定为"寻衅滋事"，但矛盾系由被害人故意引发或者被害人对矛盾激化负有主要责任的除外；行为人因婚恋、家庭、邻里、债务等纠纷，实施殴打、辱骂、恐吓他人或者损毁、占用他人财物等行为的，一般不认定为"寻衅滋事"，但经有关部门批评制止或者处理处罚后，继续实施前列行为，破坏社会秩序的除外。

我国《刑法》第二百九十三条规定了寻衅滋事罪的四种表现形式：

第一，随意殴打他人，情节恶劣的。这里的殴打，是指直接对他人身体行使有形力的行为，不以造成被害人伤害结果的危险性为必要，但通常认为寻衅滋事罪中的"殴打"至多只能致人轻伤，而不能造成重伤死亡的结果。这里的随意，一般意味着殴

[①] 高铭暄，马克昌. 刑法学 [M]. 10版. 北京：北京大学出版社，2022：550.
[②] 张明楷. 刑法学 [M]. 6版. 北京：法律出版社，2021：1397.

打的理由、对象、方式等明显异常。随意，意味着行为人殴打他人没有任何自我控制。一般来说，如果一般人即便从犯罪人的角度思考，也不能接受犯罪人的殴打行为时，该殴打行为便是随意的。刑法理论与司法实践上常常用是否"事出有因"来判断是否随意。殴打行为是否随意，应当基于客观事实进行判断，不仅要考虑行为人的动机，也要考虑其他相关要素。例如，行为人虽然只是殴打他人一次，但殴打的原因是他人对行为人提出了良好的建议，对此应评价为随意殴打。再如，数人中只有一人作出了对行为人不利的举动，而行为人却殴打了在场的数人，对此也应评价为随意殴打。反之，行为人殴打他人很多次，殴打的原因是他人讽刺了行为人的举动。即使殴打的原因本身或许可以被一般人"接受"，但殴打的次数不能被一般人"接受"，因而属于随意殴打。①

根据《寻衅滋事解释》第二条的规定，这里的"情节恶劣"是指下列七种情形：(1) 致 1 人以上轻伤或者 2 人以上轻微伤的；(2) 引起他人精神失常、自杀等严重后果的；(3) 多次随意殴打他人的；(4) 持凶器随意殴打他人的；(5) 随意殴打精神病人、残疾人、流浪乞讨人员、老年人、孕妇、未成年人，造成恶劣社会影响的；(6) 在公共场所随意殴打他人，造成公共场所秩序严重混乱的；(7) 其他情节恶劣的情形。

第二，追逐、拦截、辱骂、恐吓他人，情节恶劣的。追逐，是指追随、逐取，一般表现为妨碍他人停留在一定场所的行为；拦截，是指阻拦、堵截，一般表现为阻止他人转移场所的行为。追逐与拦截可能以暴力方式实施，也可能以威胁等方式实施。辱骂，是指以言语对他人予以轻蔑的价值判断。辱骂不要求针对特定个人，针对一群人、一类人的漫骂，也可能成立寻衅滋事罪的辱骂。恐吓，是指以威胁性语言或行动吓唬他人的行为。依照 2018 年 1 月 16 日《最高人民法院、最高人民检察院、公安部、司法部关于办理黑恶势力犯罪案件若干问题的指导意见》，黑恶势力为谋取不法利益或形成非法影响，有组织地采用滋扰、纠缠、哄闹、聚众造势等手段扰乱正常的工作、生活秩序，使他人产生心理恐惧或者形成心理强制，属于《刑法》第二百九十三条第一款第（二）项规定的"恐吓"。

根据《寻衅滋事解释》第三条的规定，本项的"情节恶劣"是指下列六种情形：(1) 多次追逐、拦截、辱骂、恐吓他人，造成恶劣社会影响的；(2) 持凶器追逐、拦截、辱骂、恐吓他人的；(3) 追逐、拦截、辱骂、恐吓精神病人、残疾人、流浪乞讨人员、老年人、孕妇、未成年人，造成恶劣社会影响的；(4) 引起他人精神失常、自杀等严重后果的；(5) 严重影响他人的工作、生活、生产、经营的；(6) 其他情节恶劣的情形。

第三，强拿硬要或者任意毁损、占用公私财物，情节严重的。强拿硬要，是指无合法理由，违背他人意志强行取得他人财物的行为，既可以表现为夺取财物，也可以

---

① 张明楷. 刑法学 [M]. 6 版. 北京：法律出版社，2021：1398.

表现为迫使他人交付财物。强拿硬要行为具有一定的强制性,但不需要达到足以压制被害人反抗的程度。任意毁损占用公私财物,是指不具有合法理由与根据而随心所欲地损坏、毁灭或者占据并使用公私财物。

根据《寻衅滋事解释》第四条的规定,本项的"情节严重"是指下列六种情形:(1)强拿硬要公私财物价值一千元以上,或者任意损毁、占用公私财物价值二千元以上的;(2)多次强拿硬要或者任意损毁、占用公私财物,造成恶劣社会影响的;(3)强拿硬要或者任意损毁、占用精神病人、残疾人、流浪乞讨人员、老年人、孕妇、未成年人的财物,造成恶劣社会影响的;(4)引起他人精神失常、自杀等严重后果的;(5)严重影响他人的工作、生活、生产、经营的;(6)其他情节严重的情形。

第四,在公共场所起哄闹事,造成公共场所秩序严重混乱的。公共场所,是指不特定人或者多数人可以自由出入的供公众使用或者服务于公众的活动场所,既包括车站、码头、机场、医院、商场、公园、影剧院、展览会、运动场等传统公共场所,也包括虚拟的信息网络空间。起哄闹事,是指多人在一起用语言、举动等方式制造事端,使公共场所的活动不能顺利进行,妨碍不特定或多数人在公共场所的有序活动。起哄闹事行为,应是具有煽动性、蔓延性、扩展性的行为,而不是单纯影响公共场所局部活动的行为。① 造成公共场所秩序严重混乱,是在公共场所起哄闹事的行为构成寻衅滋事罪的法定结果要件。根据《寻衅滋事解释》第五条的规定,应根据公共场所的性质、公共活动的重要性、公共场所的人数、起哄闹事的时间、公共场所受影响的范围与程度等因素,进行综合判断。

行为人只要实行上述四种行为之一,即可构成寻衅滋事罪。根据2013年9月《最高人民法院、最高人民检察院关于办理利用信息网络实施诽谤等刑事案件适用法律若干问题的解释》第五条的规定,针对利用网络实施的寻衅滋事犯罪行为明确规定,利用信息网络辱骂、恐吓他人,情节恶劣,破坏社会秩序的,依照《刑法》第二百九十三条第一款第(二)项的规定,以寻衅滋事罪定罪处罚。编造虚假信息,或者明知是编造的虚假信息,在信息网络上散布,或者组织、指使人员在信息网络上散布,起哄闹事,造成公共秩序严重混乱的,依照《刑法》第二百九十三条第一款第(四)项的规定,以寻衅滋事罪定罪处罚。

3. 寻衅滋事罪的主体

寻衅滋事罪的主体为一般主体,即已满16周岁且有刑事责任能力的自然人均可成为寻衅滋事罪的主体。

4. 寻衅滋事罪的主观方面

寻衅滋事罪的主观方面为故意,但寻衅滋事罪的犯罪动机可能是多种多样的。

---

① 张明楷. 刑法学 [M]. 6版. 北京:法律出版社,2021:1399.

二、寻衅滋事罪与其他犯罪的关系

1. 随意殴打型寻衅滋事罪与故意伤害罪

随意殴打他人致人轻伤以上后果的行为，既符合故意伤害罪的犯罪构成，也符合寻衅滋事罪的犯罪构成，按照想象竞合采取从一重罪处罚的原则。

2. 追逐、拦截、辱骂、恐吓型寻衅滋事罪与相关犯罪

在公众场所追逐、拦截妇女的，不管出于什么动机，只要没有侵犯妇女的性行为自主权，就不可认定为《刑法》第二百三十七条规定的强制猥亵、侮辱罪，只能认定为寻衅滋事罪。追逐行为可能同时触犯过失致人重伤罪、过失致人死亡罪，拦截行为可能同时触犯非法拘禁等罪，辱骂他人造成严重结果的行为，可能同时触犯侮辱罪，均应按想象竞合采取从一重罪处罚的原则。

3. 强拿硬要或者任意毁损、占用公私财物型寻衅滋事罪与相关犯罪

强拿硬要数额较大财物的行为，可能既符合敲诈勒索罪的犯罪构成，也符合寻衅滋事罪的犯罪构成，应按照想象竞合采取从一重罪处罚的原则。

强拿硬要行为可能同时触犯寻衅滋事罪和抢劫罪，应当根据2005年6月8日《最高人民法院关于审理抢劫、抢夺刑事案件适用法律若干问题的意见》的规定来理解二者的区别："寻衅滋事罪是严重扰乱社会秩序的犯罪，行为人实施寻衅滋事的行为时，客观上也可能表现为强拿硬要公私财物的特征。这种强拿硬要的行为与抢劫罪的区别在于：前者行为人主观上还具有逞强好胜和通过强拿硬要来填补其精神空虚等目的，后者行为人一般只具有非法占有他人财物的目的；前者行为人客观上一般不以严重侵犯他人人身权利的方法强拿硬要财物，而后者行为人则以暴力胁迫等方式作为劫取他人财物的手段。司法实践中，对于未成年人使用或威胁使用轻微暴力强抢少量财物的行为，一般不宜以抢劫罪定罪处罚。其行为符合寻衅滋事罪特征的可以寻衅滋事罪定罪处罚。"如果强拿硬要行为既符合寻衅滋事罪的犯罪构成，也符合抢劫罪的犯罪构成，应按照想象竞合采取从一重罪处罚的原则。

当行为人以聚众方式强拿硬要、任意占用他人财物，可能同时符合寻衅滋事罪与聚众哄抢罪的犯罪构成，应按照想象竞合采取从一重罪处罚。

任意损毁公私财物的行为，如果既符合寻衅滋事罪的犯罪构成，也符合故意毁坏财物罪的犯罪构成，应按照想象竞合采取从一重罪处罚的原则。

4. 在公共场所起哄闹事型寻衅滋事罪与相关犯罪

当行为人以聚众方式在公共场所起哄闹事，造成公共秩序严重混乱的，既可能构成寻衅滋事罪，也可能成立聚众扰乱公共场所秩序、交通秩序罪。针对具体案件，如果认定只能构成其中一罪，则以该罪论处，如果认定其既符合寻衅滋事罪的犯罪构成，也符合聚众扰乱公共场所秩序、交通秩序罪的犯罪构成，则认定为想象竞合，从一重罪处罚。

三、寻衅滋事罪的处罚

根据《刑法》第二百九十三条的规定，犯寻衅滋事罪的，处五年以下有期徒刑、拘役或者管制。纠集他人多次实施寻衅滋事行为，严重破坏社会秩序的、处五年以上十年以下有期徒刑，可以并处罚金。

【实操分析】

本案上诉人郑某的上诉理由及其辩护人的辩护意见与一审判决结果的争议主要有两点：一是事实问题，即李某所驾车辆受损是否系郑某所为，该问题涉及本案部分事实的认定；二是定性问题，即郑某的行为如何定罪处罚，该问题涉及本案的法律适用。

一、关于本案部分事实的认定

从一审判决所引用的证据及查明的事实情况看，一审认定郑某的犯罪行为其实分为四个部分：一是酒后强行占用并开走被害人葛某的出租车，在驾驶过程中与他人发生交通事故后弃车离去；二是与被害人杨某所驾车辆发生了碰撞；三是与被害人李某所驾车辆发生了碰撞；四是踢踹并欲强行占用被害人吴某的车辆，后被警察在车内抓获。

二审判决在查明事实部分与一审不同，认为在案的证据能够证明上述第一、二、四起事实，但对第三起涉及李某的事实没有认定，主要是基于证据方面存在的如下问题：首先，李某所驾车辆发生交通事故的时间、地点与郑某所驾出租车行驶时间、路线不吻合，出现了时间差。122报警台事故电话记录表及李某电话通话记录证明，2017年1月14日18时29分至18时45分，李某8次拨打122报警。李某称自己所驾车辆被撞后直接停车报警，但涉案出租车行驶轨迹证明该车出现在事故地点附近的时间是18时07分许，18时29分许该车已经发生单方事故撞停在太阳宫北街与曙光西路的交叉路口处。其次，李某的陈述与其报警后的出警视频存在矛盾。本案案发于2017年1月14日，案发当日的报警记录中李某并未提供肇事车辆牌照。时隔两月之久的2017年4月2日，李某在公安机关的首次笔录中却提及了郑某所驾出租车的车牌号。李某在笔录中称："交警到了现场后带我去了另一个现场，说是撞我的人可能在另外的现场，让我过去确认一下。"由此可见，若李某当时提供了车牌号，则完全没有辨认对方车辆的必要。而二审庭审中检察机关出具的交警大队出警视频印证了上述合理怀疑。根据此份录像反映的情况，李某案发时未记住肇事车牌号，郑某所驾出租车的颜色为上蓝下黄，而李记忆中剐蹭其车的出租车颜色为上红下黄（车的颜色是大面积，会形成直接的视觉记忆，李记错车颜色的可能性不大）。另外民警指出，该出租车车身有擦痕和黑色车漆，与李某所驾车辆的受损位置及车漆颜色大致吻合，但该判断仅系个人推测，无相关鉴定意见予以佐证。再次，本起事实就在案证据而言并未形成完整的证据链。如前所述，李某的陈述与在案客观证据存在矛盾，若想消除矛盾，应当再补充相关证据尤其是客观证据，如调取案发地的监控录像、对两车的微量物质进行提取做鉴定，以证明两车是否发生过碰撞等。一审对上述证据均未要求检察机关补强，且二审期间调取此类证据已经缺乏实际操作性。在无法排除其他车辆刮撞李某所驾车辆的合理怀疑的情况下，二审基于当前在案证据不予认定李某所驾车辆受损系郑某所为。

以上是本案的事实认定问题，一审判决对部分事实的认定存在重大瑕疵，没有达到证据确实、充分的程度，二审判决对此依法予以改判。

二、关于本案行为性质的认定

在排除与被害人李某所驾车辆发生碰撞的事实后，对上诉人郑某的行为应如何定性，是本案讨论的重点问题。要正确评价郑某的行为，须解决两个问题：一是郑某的醉驾行为是否完全符合以危险方法危害公共安全罪的犯罪构成；二是以危险方法危害公共安全罪能否全面评价郑某的行为。

一审判决考虑到本案中郑某醉酒驾车发生了两次碰撞事故，且醉酒驾车行为发生在交通繁忙时段、城市主干道、车辆较多路段等因素，认定郑某的行为已经将不特定多数人的生命健康、重大公私财产的安全置于高度危险之下，进而认定其构成以危险方法危害公共安全罪。

实际上，将郑某的行为定性为以危险方法危害公共安全罪并不恰当，理由如下：

第一，郑某的行为尚未达到以危险方法危害公共安全的严重程度。以危险方法危害公共安全罪中的危险方法应当与放火、决水、爆炸以及投放毒害性、放射性、传染病病原体等物质的行为性质相当、损害程度相近，具有同等的破坏性、危险性。2009年《最高人民法院关于醉酒驾车犯罪法律适用问题的意见》（以下简称《意见》）第一条明确了醉酒驾车行为以以危险方法危害公共安全罪定罪的认定标准，即"行为人明知酒后驾车违法、醉酒驾车会危害公共安全，却无视法律醉酒驾车，特别是在肇事后继续驾车冲撞，造成重大伤亡，说明行为人主观上对持续发生的危害结果持放任态度，具有危害公共安全的故意。对此类醉酒驾车造成重大伤亡的，应依法以以危险方法危害公共安全罪定罪"。据此，醉酒驾车行为以以危险方法危害公共安全罪必须满足以下条件：（1）客观行为上，行为人醉酒驾车对不特定人员或财物实施了连续冲撞；（2）结果上，这种连续冲撞造成了不特定人员重大伤亡或财物的重大损失；（3）主观心态上，行为人表现出对这种连续冲撞行为导致的危害结果持希望或放任态度。这三者的结合，才能认定醉酒驾车行为符合以危险方法危害公共安全罪的构成要件。

一审考虑到本案有两次撞击行为，但所造成的后果尚未达到不特定人员或财物重大伤亡或损失的程度，故选择适用《刑法》第一百一十四条的规定，认为郑某的行为已经对不特定多数人的生命和财产安全产生了危险，符合以危险方法危害公共安全罪的构成要件。但在案证据表明，无论是对杨某的车辆还是对李某的车辆，郑某醉酒驾车是碰撞而非将他人的生命财产置于高度危险之中的冲撞。"碰撞"与"冲撞"不同，二者侵犯的客体是危害公共安全和妨害社会管理秩序的区别。郑某的行为就强度而言很难说是达到了危害公共安全的强度,更难以与放火、决水、爆炸等行为相提并论。

对肇事次数的考量中,需要正确看待两次肇事之间的关系。实践中交通肇事后逃逸的案件中往往会出现二次肇事的情形,由此形成的肇事后果能否达到危害公共安全类犯罪的程度,则需要具体分析。一般而言,如果行为人肇事后在逃逸的途中发生了轻微交通事故,根据其逃逸时驾驶情形如果难以认定具有与放火、决水等行为程度相当的危险性、破坏性,则不宜仅以发生两次碰撞为由认定为以危险方法危害公共安全罪。本案中,即使认定郑某驾车与两辆车发生了碰撞,但两次事故均无人员伤亡,车辆损失也很有限,其醉酒驾车的行为无论从行为的严重程度还是与发生事故之间联系的紧密程度看,均远远低于放火、决水、爆炸等引发危害后果的危险性。

那么,除了《意见》所述的连续冲撞发生严重后果的醉驾行为以以危险方法危害公共安全罪定性外,可否认定其他未发生严重后果的醉驾行为构成危险驾驶罪呢?《刑法》第一百一十四条的量刑幅度为三年以上十年以下有期徒刑,第一百三十三条之一的量刑幅度为拘役并处罚金,二者之间存在一个巨大的间隙,过于简单区分难免出现罪责刑不相适应的情况。如何准确界分危险驾驶罪与以危险方法危害公共安全罪呢?通常而言,在道路上驾驶机动车追逐竞驶或者在道路上醉酒驾驶机动车,如果因醉酒而基本丧失驾驶能力后在车流量大、行人多的道路上驾驶机动车高速行驶的,如因超过醉酒标准数倍而丧失控制机动车的能力后在闹市区驾驶机动车的,其对公共安全造成的危险程度与放火、决水、爆炸、投放危险物质行为基本相当,这里,超过醉酒标准数倍与丧失控制机动车的能力是需要并列考量的两个要件。本案中,郑某的血液中酒精含量为204.9mg/100ml,超过醉酒标准数倍,达到了严重醉酒状态,但是否已经丧失控制机动车的能力,需要在案证据予以证实。本案既没有客观证据证明郑某具有直接危及不特定多数人生命、健康或重大财产安全的高度危险的违章驾驶操作,诸如超速行驶、逆向行驶、违规变道、闯红灯等高度危险性驾驶行为,也没有证人证言证明郑某的驾驶行为给其他驾车者或者行人造成了恐慌,引发了交通秩序混乱的后果,特别是由于没有交通事故责任书、现场录像、交通事故现场勘验检查笔录、交通事故现场图等,对于是否由于郑某驾车违章才导致交通事故发生的事实无法认定。因此,根据在案证据难以认定郑某的醉驾行为已产生了危害公共安全的具体危险。

第二,在案证据不足以证明郑某有危害公共安全的故意。行为人醉酒驾车时,主观上明知存在潜在的危险而为之,因此行为人对危险驾驶行为本身而言均是故意。根据我国刑法的规定,犯罪故意是指明知自己的行为会发生危害社会的结果,而希望或者放任该危害结果的发生,行为人的罪过最终指向为自己的行为所造成的危害后果。行为人对危险驾驶行为持希望或者放任的态度,不等于其对危险驾驶行为造成的结果也持希望或者放任的态度。在判断醉酒状态的行为人的主观心态这个问题上,《意见》采取了从客观到主观的判断逻辑,根据行为人的客观行为表现推定其主观心态。如前所述,郑某醉驾的行为从强度到后果均不符合《意见》的规定,因此,不能根据该《意见》认定郑某主观上对可能发生的重大伤亡后果持放任态度。醉酒驾车的情况下,既有可能发生本案这种撞击他人车辆的事故，也有可能发生危及自身的翻车事故，而一旦发生事故，驾驶者本人有很大可能也在事故中受到人身伤害。根据一般经验常识可以推断，郑某在醉酒驾车行为时，虽然可能意识到发生事故的可能性，但不可能希望发生事故。另外，从郑某当时驾车出行的目的看，被害人吴某的陈述中称："那人边敲我玻璃，边和管理员说他想回家。"在这种动机驱动下，郑某主观上不会放任自己的生命安全陷于高度危险中，也不会希望发生事故。在没有出现严重后果，又无法从客观行为推定其主观心态的情况下，只有在有充分证据证明被告人违章驾车的动机已经偏离了驾车本身并具有利用机动车辆实施加害行为的情形下，才可以认定被告人主观上具有危害公共安全的故意，而本案的在案证据并没有达到这一标准。

第三，整个案发过程难以用以危险方法危害公共安全罪完全覆盖。本案中不仅有醉酒驾车的行为，还有醉酒后强行占用并开走葛某出租车的行为，以及踢踹并欲强行占用吴某车辆的行为，这些行为侵害的对象是确定的，不是一旦实施危害公共安全的行为就难以控制范围的不特定多数人。因此，葛某和吴某很难认定为以危险方法危害公共安全罪的被害人。一审判决仅节选了郑某的部分行为进行评价，导致了犯罪事实与定罪之间的不对应。郑某行为实系酒后无故滋事，强行将他人（葛某）车辆占用开走，醉酒行驶过程中发生交通事故造成他人（杨某及葛某所在出租汽车公司）财产损失，此后又有任意损毁他人（吴某）财物的行为。对郑某的行为如何完全、正确地评价，二审在合议时出现了两种意见：第一种意见认为应当以寻衅滋事罪与危险驾驶罪数罪并罚，第二种意见则认为应当以寻衅滋事罪一罪定罪处罚。

我们认为第二种意见更为妥当，理由如下：

第一，本案检察院未抗诉，在仅有被告人上诉的情况下，二审改判受到"上诉不加刑"原则的限制。《最高人民法院关于适用〈中华人民共和国刑事诉讼法〉的解释》（2012）第三百二十五条并未提及一罪改数罪的情况是否违背了该原则，如何正确理解该原则并在本案中予以应用，是保证二审改判合法性的基础。该条第一款第（三）项规定："原判对被告人实行数罪并罚的，不得加重决定执行的刑罚，也不得加重数罪中某罪的刑罚。"适用举重以明轻的原则，加重其中某罪的刑罚已系违背该原则，增加一个罪名及增加一种刑罚更加缺乏合法的基础，且检察机关并未起诉两个罪名，二审当庭控辩双方对罪名意见一致，未就增加罪名进行法庭辩论的情况下，亦不应直接改判数罪。

第二，综合现有在案证据，郑某的行为是连续不断的整体，可以纳入寻衅滋事中任意损毁、占用公私财物的行为范畴（财物价值达2000元以上）。其中驾驶车辆发生交通事故的行为（包括碰撞杨某的车和撞停葛某的出租车）符合危险驾驶罪的构成要件，任意损毁他人财物的行为（包括损毁葛某的出租车和吴某的车辆）符合故意毁坏财物罪的构成要件，但这两项行为从案情发生发展的顺序来看，系先前占用他人车辆行为的延续和结果，与先前行为构成了不可分割的整体，不宜割裂开来单独评价。

第三，从刑法学理论角度出发，在确定罪名时，既要正确处理此罪与彼罪的关系，又要善于运用想象竞合犯、包括的一罪等罪数理论，妥当处理行为人同时触犯两个以上罪名的案件。《刑法》第一百三十三条之一第三款规定："有前两款行为，同时构成其他犯罪的，依照处罚较重的规定定罪处罚。"本案中郑某虽有酒驾行为，但系在寻衅滋事的主观故意支配下实施的，属于想象竞合犯，应当按照从一重罪处罚的原则，认定郑某酒后无故滋事行为妨害了社会管理秩序，构成寻衅滋事罪。

综上所述，醉酒后无故滋事，强行将他人车辆占用开走，行驶过程中发生交通事故造成他人财产损失的，应以寻衅滋事罪整体评价，此酒驾行为不宜认定为以危险方法危害公共安全罪。本案二审在查明上诉人郑某的犯罪事实的基础上，综合考量其犯罪的客观行为、主观目的及罪数问题，对一审判决依法予以改判，明确了寻衅滋事罪与以危险方法危害公共安全罪以及危险驾驶罪的区分，避免了实践中不当扩大以危险方法危害公共安全罪的适用范围，为类似案件的判决提供了裁判思路。

【思考题】

（1）驾车毁损他人财物的行为应当如何定性？
（2）酒后驾车的行为可能涉嫌哪些犯罪？

第二节　破坏环境资源保护罪

案例四　山东潍坊某公司、张某某污染环境案[①]

【基本案情】

一、案件经过

山东潍坊某公司（以下简称某公司）系中外合资企业，是中国溴系阻燃剂产能最大的企业之一。犯罪嫌疑人张某某系该公司副总经理、生产经理。

2020年5月，张某某雇佣人员在厂区土地挖掘沟渠后填埋某公司生产过程中产生的溴系阻燃剂落地料4.8吨。经山东省环境保护领域专业司法鉴定中心认定，上述倾倒特征物为危险废物。某公司违反国家规定，非法填埋危险废物4.8吨，涉嫌污染环境犯罪，张某某系某公司直接负责的主管人员，应予追究刑事责任。案发后，张某某被依法传唤到案，如实供述了犯罪事实。

[①] 最高人民检察院网站. 涉案企业合规典型案例（第四批）[EB/OL].（2023-01-16）[2024-04-14]. https://www.spp.gov.cn/spp/xwfbh/wsfbt/202301/t20230116_598548.shtml#2.

二、诉讼经过

2021年8月5日,公安机关以某公司、张某某涉嫌污染环境罪移送潍坊市滨海经济技术开发区检察院(以下简称滨海经开区检察院)审查起诉。某公司、张某某非法处置危险废物4.8吨,构成污染环境罪,其中张某某作为负责生产经营的副总经理,决定实施倾倒废物的行为,代表了单位意志且单位从倾倒废物行为中获益,某公司成立单位犯罪。某公司与张某某均认罪认罚,犯罪嫌疑人张某某犯罪情节相对轻微,刑期为一年以下有期徒刑,并处罚金,可适用缓刑。

审查起诉期间,检察办案人员先后多次前往某公司实地调查,了解到某公司是中国溴系阻燃剂产能最大的企业之一,某公司的外资投资方H集团在其国内外同时上市,入选富时社会责任指数系列(FTSE4Good Index Series,旨在识别根据全球公认标准,在环境、社会和治理方面表现良好的公司,并对其成绩进行表彰)。如果对某公司进行刑事处罚,将在全球范围对H集团造成重大负面影响,严重影响H集团富时社会责任指数成员的地位以及Eco Vaidis(全球公认的企业社会责任权威评价机构)金牌评级。考虑到某公司的产品主要以出口为主,失去众多国际订单,将严重影响企业的融资及生产运营的能力,进而可能导致企业大规模裁员。另发现某公司虽然设立了各种制度,但仍然存在生态环保制度不健全、生态环境观念欠缺、操作规程执行不到位等问题。在确认某公司已与当地政府达成赔偿协议,支付相关费用且将非法填埋物妥善处置,非法倾倒危险废物的行为对生态环境质量未造成重大影响的情况下,滨海经开区检察院经初步审查认定该公司符合企业合规适用条件,遂层报山东省人民检察院审批。

2021年10月,当地生态环境部门委托专业机构进行了生态环境损害鉴定评估工作。经评估,某公司在厂区土地挖掘沟渠非法填埋危险废物的行为,导致沟渠内的土壤被污染,案发后该部分被污染土壤已经全部挖掘用于计算溴系阻燃剂落地料的数量。经检测,除被污染土壤外,周围土壤环境质量未受到本次事件的损害,无须生态环境损害修复,遂要求某公司支付土壤环境监测、现场调查、环境损害评估等费用8万元。

2022年4月12日,山东省人民检察院同意对某公司启动涉案企业合规考察。

2022年7月28日,滨海经开区人民检察院组织人民监督员、第三方组织成员、公安机关侦查人员、生态环境部门工作人员进行公开听证,一致认为,某公司已经全面、有效完成了合规整改,并形成了长效合规管理机制,企业经营状况大为改观,同意检察机关作不起诉处理。

2022年8月5日,滨海经开区人民检察院对某公司、张某某作出不起诉决定并公开宣告。同时,滨海经开区人民检察院提出检察意见,对于办案中发现的涉行政处罚的事由,建议区生态环境局结合某公司已经进行企业合规整改的具体情况从宽处罚。

【主要法律问题】

(1)本案中,某公司和张某某在已构成污染环境罪的前提下为何能获得不起诉待遇？

（2）我国《刑法》中是否存在企业合规不起诉的正当化根据？

【主要法律依据】

1. 《中华人民共和国刑法》（2020）

第十三条 一切危害国家主权、领土完整和安全，分裂国家、颠覆人民民主专政的政权和推翻社会主义制度，破坏社会秩序和经济秩序，侵犯国有财产或者劳动群众集体所有的财产，侵犯公民私人所有的财产，侵犯公民的人身权利、民主权利和其他权利，以及其他危害社会的行为，依照法律应当受刑罚处罚的，都是犯罪，但是情节显著轻微危害不大的，不认为是犯罪。

第三十条 公司、企业、事业单位、机关、团体实施的危害社会的行为，法律规定为单位犯罪的，应当负刑事责任。

第三十一条 单位犯罪的，对单位判处罚金，并对其直接负责的主管人员和其他直接责任人员判处刑罚。本法分则和其他法律另有规定的，依照规定。

第三百三十八条 违反国家规定，排放、倾倒或者处置有放射性的废物、含传染病病原体的废物、有毒物质或者其他有害物质，严重污染环境的，处三年以下有期徒刑或者拘役，并处或者单处罚金；情节严重的，处三年以上七年以下有期徒刑，并处罚金；有下列情形之一的，处七年以上有期徒刑，并处罚金：

（一）在饮用水水源保护区、自然保护地核心保护区等依法确定的重点保护区域排放、倾倒、处置有放射性的废物、含传染病病原体的废物、有毒物质，情节特别严重的；

（二）向国家确定的重要江河、湖泊水域排放、倾倒、处置有放射性的废物、含传染病病原体的废物、有毒物质，情节特别严重的；

（三）致使大量永久基本农田基本功能丧失或者遭受永久性破坏的；

（四）致使多人重伤、严重疾病，或者致人严重残疾、死亡的。

有前款行为，同时构成其他犯罪的，依照处罚较重的规定定罪处罚。

2. 《最高人民法院、最高人民检察院关于办理环境污染刑事案件适用法律若干问题的解释》（2016）

第一条 实施刑法第三百三十八条规定的行为，具有下列情形之一的，应当认定为"严重污染环境"：

（一）在饮用水水源一级保护区、自然保护区核心区排放、倾倒、处置有放射性的废物、含传染病病原体的废物、有毒物质的；

（二）非法排放、倾倒、处置危险废物三吨以上的；

（三）排放、倾倒、处置含铅、汞、镉、铬、砷、铊、锑的污染物，超过国家或者地方污染物排放标准三倍以上的；

（四）排放、倾倒、处置含镍、铜、锌、银、钒、锰、钴的污染物，超过国家或者地方污染物排放标准十倍以上的；

（五）通过暗管、渗井、渗坑、裂隙、溶洞、灌注等逃避监管的方式排放、倾倒、处置有放射性的废物、含传染病病原体的废物、有毒物质的；

（六）二年内曾因违反国家规定，排放、倾倒、处置有放射性的废物、含传染病病原体的废物、有毒物质受过两次以上行政处罚，又实施前列行为的；

（七）重点排污单位篡改、伪造自动监测数据或者干扰自动监测设施，排放化学需氧量、氨氮、二氧化硫、氮氧化物等污染物的；

（八）违法减少防治污染设施运行支出一百万元以上的；

（九）违法所得或者致使公私财产损失三十万元以上的；

（十）造成生态环境严重损害的；

（十一）致使乡镇以上集中式饮用水水源取水中断十二小时以上的；

（十二）致使基本农田、防护林地、特种用途林地五亩以上，其他农用地十亩以上，其他土地二十亩以上基本功能丧失或者遭受永久性破坏的；

（十三）致使森林或者其他林木死亡五十立方米以上，或者幼树死亡二千五百株以上的；

（十四）致使疏散、转移群众五千人以上的；

（十五）致使三十人以上中毒的；

（十六）致使三人以上轻伤、轻度残疾或者器官组织损伤导致一般功能障碍的；

（十七）致使一人以上重伤、中度残疾或者器官组织损伤导致严重功能障碍的；

（十八）其他严重污染环境的情形。

【理论分析】

一、单位犯罪概述

1. 单位犯罪的概念

单位犯罪是相对于自然人犯罪而言的概念。我国1979年《刑法》中没有单位犯罪的规定，1987年第六届全国人大常委会第十九次会议通过的《海关法》第四十七条第四款[①]首次在我国法律中确认了单位可以成为犯罪主体。1988年全国人大常委会《关于惩治贪污罪贿赂罪的补充规定》和《关于惩治走私罪的补充规定》，分别规定有关企业事业单位、机关、团体可以成为受贿罪、行贿罪、走私罪、逃汇套汇罪和投机倒把罪犯罪的主体，第一次在专门的刑事法律中承认了单位犯罪。尔后，由全国人大常委

---

① 《海关法》第四十七条第四款规定："企业事业单位、国家机关、社会团体犯走私罪的，由司法机关对其主管人员和直接责任人员依法追究刑事责任；对该单位判处罚金，判处没收走私货物、物品、走私运输工具和违法所得。"

会通过的《铁路法》和十余部单行刑法中，也有了单位犯罪的规定。

我国 1997 年修订的《刑法》确立了单位犯罪及其刑事责任，其中总则第二章第四节"单位犯罪"用两个条文规定了单位犯罪的总则性问题。根据其规定，单位犯罪的两个基本特征是：

第一，单位犯罪的主体包括公司、企业、事业单位、机关及团体。按照 1999 年《最高人民法院关于审理单位犯罪案件具体应用法律若干问题的解释》中的界定，"公司、企业、事业单位"不仅涵盖了国有、集体所有的组织，还囊括了依法设立的合资、合作经营企业，以及具备法人资格的独资、私营企业等。值得注意的是，对于个人出于非法目的而设立的公司、企业、事业单位，若其主要活动为实施犯罪，则不应以单位犯罪论处。此外，若犯罪行为系盗用单位名义进行，且违法所得由个人私自分配，则应依据刑法中关于自然人犯罪的相关规定进行定罪和处罚。

第二，在探讨单位犯罪时，必须明确指出，单位承担刑事责任的情形仅限于那些法律明文规定单位可作为犯罪主体的犯罪，并非所有犯罪行为都可由单位构成。这里所指的"法律"，包括《刑法》分则及随后国家立法机关根据实际需求制定的特别刑法，如单行刑法和附属刑法规范。根据《刑法》分则的规定，单位犯罪普遍存在于诸如危害公共安全、破坏社会主义市场经济秩序、侵犯公民人身权利与民主权利、妨害社会管理秩序、危害国防利益以及贪污贿赂等多个犯罪章节中，具体涉及的罪种达到一百四十余种。这些单位犯罪主要基于故意，但其中也不乏少数属于过失性质的犯罪。

此外，需要特别指出的是，当公司、企业、事业单位、机关、团体等单位实施刑法分则和其他法律规定的危害社会的行为，但未明文规定为单位犯罪的，也应当按照其触犯的刑法条文对实施犯罪行为的单位成员追究刑事责任。

2. 单位犯罪的处罚原则

对单位犯罪的处罚，世界各国刑事立法和刑法理论上主要有两种原则：一是双罚制，即单位犯罪的，对单位和单位直接责任人员（代表人、主管人员及其他有关人员）均予以刑罚处罚；二是单罚制，即单位犯罪的，只处罚单位或只处罚单位的直接责任人员。

我国《刑法》第三十一条为单位犯罪处罚原则的规定，即通常采取双罚制。这一原则明确指出，当单位犯罪时，不仅单位本身会被处以罚金，同时直接负责的主管人员和其他直接责任人员也将受到刑罚的制裁。在双罚制的框架下，针对直接责任人员的刑罚存在两种情形：首先，当他们的罪行与自然人犯同类罪行时，所受的刑罚相同，如《刑法》第一百四十条、第一百五十条规定的生产、销售伪劣产品罪；其次，在某些情况下，直接责任人员的刑罚会轻于自然人犯同类罪行时的刑罚，如《刑法》第一百五十三条规定的走私普通货物、物品罪，自然人犯此罪最重可判无期徒刑，而单位犯罪的直接责任人员最重仅可判处十五年有期徒刑。然而，需要特别注意的是，《刑法》分则及其他法律（特别刑法）中可能存在例外规定，即采取单罚制而非双罚制。这是因为单位犯罪的情况复杂多样，其社会危害程度各异，单一的双罚制原则可能无法全面准确地体现罪责刑相适应原则，并对单位犯罪产生足够的警戒作用。在《刑法》分则中，部分单位犯罪即采取单罚制，如《刑法》第一百六十二条规定的妨害清算罪，仅对直接责任人员进行处罚，而不对作为犯罪主体的公司、企业实施处罚。

二、但书概述

我国《刑法》第十三条规定的后半段"但是情节显著轻微危害不大的，不认为是犯罪"即是我国刑事立法关于但书的规定。作为犯罪概念的有机组成部分，但书的理解与适用对于罪与非罪的界定意义重大。这一规范由前后两段组成，根据法律规范的逻辑结构，可将"情节显著轻微危害不大的"作为规范适用的条件（或称为假定），则"不认为是犯罪"即为行为模式（或称为处理）。在适用但书条款时，必须既满足"情节显著轻微"又要满足"危害不大"的双重标准。然而，由于这两项判断要素都具有一定的模糊性，对于情节的内涵，显著轻微程度标准如何判断，危害不大与情节显著轻微二者具体关系又是怎样，"不认为是犯罪"应该怎样理解等问题的判断容易模棱两可，需要对其进行厘清。

1. 对"情节显著轻微"的理解

"情节"，即"犯罪情节"，作为一个刑法专业术语，其内涵在学界受到广泛探讨。对于"情节"包含与犯罪行为直接相关的罪中情节，学者们的意见相对统一。然而，对于"情节"是否应延伸至犯罪行为发生之前和之后的阶段，即罪前情节与罪后情节，学界则存在不同观点。储槐植教授认为，"情节显著轻微"中的情节应是定罪情节和概括情节，既包括罪中情节，也包括罪前情节和罪后情节。[①] 而张明楷教授则持不同看法，他认为情节是指行为过程中影响行为的法益侵犯性与非难可能性的各种情况，如法益的性质、行为的方法、行为的结果、行为人的故意、过失内容、动机与目的等，但不应包括行为前后的表现。[②] 张明楷教授认为这里的"情节"仅指客观情节，而陈兴良教授则明确阐明主观情节也应被包括在内。另外，王华伟博士认为"情节"仅指定罪情节，[③] 而刘宪权教授、周舟博士则认为应将量刑情节也囊括在内。[④]

考虑到犯罪的成立条件及其考量因素涵盖了客观与主观方面要素，且有些要素同时具备主客观的特性，对这些要素的判断与"情节"的判定均紧密相连。因此，在"但书"的语境下，"情节"应当综合考量行为人与行为两个维度的因素。其中，对行为人的评价侧重于其主观恶性的评估，正如陈兴良教授所述，这涉及犯罪人及其主观恶性程度的事实或状况；而对行为的评价则更侧重于对其社会危害性的评估。陈兴良

[①] 储槐植，张永红. 善待社会危害性观念：从我国刑法第13条但书说起[J]. 法学研究，2002（03）：87-99.
[②] 张明楷. 刑法学[M]. 6版. 北京：法律出版社，2021.
[③] 王华伟. 刑法知识转型与"但书"的理论重构[J]. 法学评论，2016，34（01）：69-78.
[④] 刘宪权，周舟.《刑法》第13条"但书"司法适用相关问题研究：兼论醉驾应否一律入罪[J]. 现代法学，2011，33（06）：99-106.

教授在《"但书"规定的规范考察》一文中详细阐述了这一点。在界定"但书"规定中的"情节"时，我们应当坚持对行为的社会危害性和行为人的主观恶性的综合评价。只有当各种客观与主观的考量因素同时满足这两种评价标准时，它们才应被视为"但书"规定中的"情节"。[①] 可以将但书的"情节"界定为独立于犯罪构成要件事实的，单纯反映社会危害程度及行为人的人身危险性，从而影响定罪的一系列事实情况。

"显著轻微"这一表述，实质上是对犯罪情节各要素进行细致评价后的结果，它着重关注社会危害性的程度差异，即其大小而非其存在与否。依据我国《刑法》的规定，犯罪情节从轻到重被划分为多个等级，这些等级包括显著轻微、轻微、较轻、严重、特别严重、恶劣以及特别恶劣。在这一系列等级中，显著轻微是唯一一个不视为犯罪的情节，其法律后果是免于刑事追究，这一设定在刑法体系中具有显著的界限意义，因此，准确判断显著轻微至关重要。

从质变与量变的哲学视角来看，显著轻微与构成犯罪情节的临界点在于一个"度"的把握。只有当危害程度在量的积累上超越了这个"度"，发生质的转变，才能认定为犯罪；反之，则不构成犯罪。在判断犯罪情节是否显著轻微时，应当以行为构成要件中的轻微性作为核心标准，并结合实际案件中的多种因素进行综合考量，如犯罪的目的、动机、时间、地点以及方法手段等。然而，由于这些标准存在一定的不确定性和模糊性，因此，在具体案件中，需要综合考虑案件的实际情况，作出审慎且合理的判断。

2. 对"危害不大"的理解

情节显著轻微与危害不大是两个相辅相成、紧密关联的概念。其中，情节侧重于反映行为人主观上的恶意程度，而危害则聚焦于行为所导致的客观结果。这两者相结合，共同构成了衡量社会危害性的完整维度。因此，在适用《刑法》第十三条但书条款时，需要同时考量行为情节是否显著轻微以及行为所引发的危害是否不大，这两个条件缺一不可。

尽管但书中对于"危害不大"的界定并非意指未产生任何结果，而是强调这种结果所带来的负面影响相对较小。敦宁的观点是，但书中提及的"危害不大"主要侧重于实际损害结果的轻微性。[②] 然而，储槐植教授在其不同著作中对"危害不大"的理解有所差异。在《刑法第13条但书与刑法结构——以系统论为视角》一文中，他主张从犯罪的共同要素和全案情节综合考量"危害不大"，这里的"危害"不仅局限于实际损害结果。而在《善待社会危害性观念——从我国刑法第13条但书说起》中，他则明确指出"危害不大"是指行为产生的客观损害结果较小。

彭文华教授对"危害"的理解则更为全面，认为它是一个包含主观和客观两个方

---

① 陈兴良. "但书"规定的规范考察 [J]. 法学杂志, 2015, 36 (08)：1-13.
② 敦宁. 犯罪与治安违法行为的"但书"界分：以"法规竞合"现象为中心 [J]. 政法论坛, 2018 (02)：110-119.

面的综合评价指标。主观方面涉及罪过、主观恶性以及人身危险性；而客观方面则涵盖了行为本身及其造成的实际损害结果。因此，他认为"未造成危害后果"与"危害不大"不可简单等同，前者仅强调实际损害结果的有无，而后者则不仅包含实际损害结果，还涉及可能存在的危险结果。[1]

3. 对"不认为是犯罪"的理解

在1957年之前的刑法草案中，对于但书的概念，通常表述为"情节轻微、危害不大的，不以犯罪论处"。然而，到1979年《刑法》正式通过时，这一表述得到了修订，更为精确地表述为"但是情节显著轻微危害不大的，不认为是犯罪"，并一直沿用至今。尽管"不认为是犯罪"与"不以犯罪论处"在字面上看似相近，但二者在实质上有明显的区别。具体而言，"不以犯罪论处"意味着即使行为情节轻微、危害不大，也仍被界定为犯罪，只是不做犯罪化处理；而"不认为是犯罪"则直接从根本上排除了该行为作为犯罪的性质。"不认为是犯罪"在多个方面都具有积极意义。首先，它避免了行为人被贴上"犯罪人"的标签，有助于他们更好地融入社会。其次，从犯罪学的视角看，社会对行为人的态度往往对其心理产生深远影响，不当的标签可能导致其自暴自弃，进而增加再次犯罪的风险。而"不认为是犯罪"的处理方法则能够在一定程度上削弱这种潜在的犯罪风险，保障行为人能够正常地生活和工作，从而有助于社会的安定和谐。

三、污染环境罪构成要件

污染环境罪，是指违反国家规定，排放、倾倒或者处置有放射性的废物、含传染病病原体的废物、有毒物质或者其他有害物质，严重污染环境的行为。

污染环境罪的构成要件是：

（1）污染环境罪的客体是国家环境保护制度。所谓环境保护制度，是指我国《环境保护法》《水污染防治法》《大气污染防治法》《海洋环境保护法》以及《固体废物污染环境防治法》等一系列法律、法规中所确立的环境保护制度。

（2）污染环境罪在客观方面表现为行为人违反国家规定，排放、倾倒或者处置有放射性的废物、含传染病病原体的废物、有毒物质或者其他有害物质，严重污染环境的行为。具体包括三个方面的内容：第一，必须违反国家环境保护的规定，即国家为保护环境所制定的各项法律、法规。第二，必须实施了排放、倾倒或者处置有放射性的废物、含传染病病原体的废物、有毒物质或者其他有害物质的行为。有放射性的废物，是指放射性核素含量超过国家规定限值的固体、液体和气体废物。含传染病病原体的废物，是指含有传染病病菌的污水、粪便等废弃物。有毒物质应按照《最高人民法院、最高人民检察院关于办理环境污染刑事案件适用法律若干问题的解释》（2016）（以

---

[1] 彭文华. 刑法第13条但书规定的含义、功能及其适用 [J]. 法治研究, 2018 (02)：79-93.

下简称《环境污染解释》)第十五条的规定①进行认定。在实践中,常见的有害物质包括但不限于:除工业危险废物外的其他工业固体废弃物、未经妥善处置的生活垃圾、有害的大气污染物、受控的臭氧层消耗物质以及有害水污染物。此外,还包括在利用和处理过程中可能产生有毒有害成分的其他物质,以及国务院生态环境与卫生主管部门联合公布的有毒有害污染物名录所列的物质。有害物质的"排放"通常指的是将放射性废物、含传染病病原体的废物、有毒物质或其他有害物质释放至环境中,包括但不限于泵送、溢出、泄漏、喷出和倾倒等行为。而"倾倒"则特指通过船舶、飞行器、平台或其他运输工具将上述有害物质丢弃于环境中。"处置"指的是采用与环境保护法律法规相悖的方式处理上述有害物质。若无危险废物经营许可证,以营利为目的,从危险废物中提取物质作为原材料或燃料,并造成超标排放、非法倾倒或其他违法导致环境污染的行为,均应视为非法处置危险废物。在司法实践中,对于非法排放、倾倒、处置行为的认定,需参照《固体废物污染环境防治法》及《环境污染解释》的相关规定,全面分析其行为是否违反国家法规或行业标准、污染物是否与外界环境接触、是否对环境构成潜在或实际危害等因素。对于以运输、贮存、利用为名,实则进行排放、倾倒、处置的行为,亦应视为非法行为,并依法追究其刑事责任。例如,长期贮存或搁置无利用价值的危险废物,未采取相应防护措施,导致危险废物或其有害成分大量扩散、流失、泄漏、挥发,造成环境污染的,即构成非法行为。第三,行为的严重性需根据《环境污染解释》第一条的规定进行判定,以确保对严重污染环境后果的准确认定。

(3)污染环境罪的主体是一般主体,包括已满16周岁且具有刑事责任能力的自然人和单位。

(4)污染环境罪的主观方面既可以是故意也可以是过失。污染环境罪在《刑法修正案(八)》修订前是典型的过失犯罪。但《刑法修正案(八)》将污染环境罪的成立条件修改为"严重污染环境",考虑其立法意图,显然意在扩大污染环境罪的处罚范围。因此应当将故意和过失均包含在污染环境罪主观罪过范围之内。若将污染环境罪的主观方面仅局限于故意,那么可能会产生两种结果:一是《刑法修正案(八)》将之前因过失造成的严重污染环境行为非犯罪化,这在法律逻辑和现实依据上均存在瑕疵;二是将过失造成的严重后果统一归入过失危害公共安全的犯罪,这既混淆了不同罪行的界限,也可能导致量刑上的失衡。鉴于污染环境罪的法定刑幅度具有一定的弹

---

① 《最高人民法院、最高人民检察院关于办理环境污染刑事案件适用法律若干问题的解释》(2016)第十五条:下列物质应当认定为刑法第三百三十八条规定的"有毒物质":
(一)危险废物,是指列入国家危险废物名录,或者根据国家规定的危险废物鉴别标准和鉴别方法认定的,具有危险特性的废物;
(二)《关于持久性有机污染物的斯德哥尔摩公约》附件所列物质;
(三)含重金属的污染物;
(四)其他具有毒性,可能污染环境的物质。

性，我们可以在此范围内根据行为的故意或过失性质，实施差异化的处罚。因此，我们主张污染环境罪的主观方面应涵盖过失，而在实践中，故意行为更为常见。在判断犯罪嫌疑人或被告人是否具备环境污染犯罪的故意时，应全面考虑其任职情况、职业经历、专业背景、培训经历、同类行为的行政或刑事处罚记录，以及污染物种类、污染方式、资金流向等相关证据，并结合其供述进行综合分析。在实践中，若存在以下情形之一，且犯罪嫌疑人或被告人无法给出合理解释，我们可认定其故意实施环境污染犯罪，但前提是有确凿证据证明其非因不知情而为：①企业未经环境影响评价或未获排污许可证即排放污染物，或在评价及设施验收合格后擅自改变工艺流程、原辅材料导致新污染物产生的；②不按规定使用或故意不使用验收合格的防治污染设施；③明知防治污染设施故障而不及时修复，继续生产并放任污染物排放的；④在生态环境部门责令限制生产、停产整治或行政处罚后，仍继续生产并放任污染物排放的；⑤委托第三方处置危险废物时未尽查验经营许可义务，或处置费用明显低于市场价格或成本的；⑥通过暗管、渗井、渗坑等逃避监管方式排放污染物的；⑦篡改伪造监测数据以排放污染物的；⑧其他足以被认定为故意的情形。

【实操分析】

在本案的审理过程中，关于犯罪事实确凿的张某某能否通过某公司承担高昂的合规成本而不被起诉的问题引起了较大争议。学界普遍认为，将企业合规作为刑事激励机制的初衷和动力是，在企业经营活动中发生犯罪时对企业责任和个人责任加以区分，使合规成为企业出罪的抗辩理由，因而只能适用于企业，而不得扩张适用于企业成员。

根据我国《刑法》第三十条的规定，单位犯罪就是组织体实施的具有严重社会危害性的行为，而不是其中员工所实施的行为。虽然单位犯罪案件中实施犯罪行为的是单位成员，但单位承担刑事责任是基于自身的罪过而受罚，不是基于替代责任为员工受过。作为刑法上的独立主体，单位犯罪区别于单位各成员犯罪的总和，亦区别于单位人员实施的共同犯罪。因此，在单位犯罪案件中，应厘清单位的责任和单位负责人员或直接责任人员的责任。单位承担刑事责任的根据在于其不仅创设了法律风险，而且违反了守法义务或回避风险的义务。具体而言，单位内部自然人的意志转化为单位整体意志的前提是必须符合单位的组织规章、目标宗旨及文化精神等要求，或具有希望能够推动单位的持续运营与发展的意愿。在员工基于企业理念、规章制度等与公司有关的因素实施了犯罪行为的场合，司法机关在追究单位犯罪案件的刑事责任时，不必然同时对单位及其责任人员实施刑事追责。因此，在审理单位犯罪案件时，需严格遵循法律，确保对单位和责任人员的责任界定清晰明确，以维护法律的公正与权威。在此理论基础上，单位犯罪的归责逻辑可被修正为：在判断法律责任时，首先需要审视自然人的违法行为是否在其业务范围内以及是否符合《刑法》分则所规定的犯罪客观方面要件。其次，通过对单位的组织形式、决策机制、整体环境氛围等客观因素进行考量，进而推断单位是否具备故意或过失的主观态度。在此归责逻辑下，单位责任与自然人责任得以清晰区分,单位成员承担刑事责任不再取决于单位是否构成犯罪及其相应的刑事责任。在单位犯罪场合,单位与自然人是共犯关系。故检察机关可以对涉案企业与责任人员作分案处理,对于符合合规不起诉标准的涉案企业作出不起诉决定的同时,对于企业内部构成犯罪的自然人提起公诉或者选择适用认罪认罚从宽制度,而非直接适用合规对其不起诉,从而实现"放过企业,严惩自然人"的效果。

根据《环境污染解释》的第一条第(二)项,"非法排放、倾倒、处置危险废物三吨以上的"被认定为"严重污染环境"进而构成污染环境罪。在本案中,某公司所非法填埋的溴系阻燃剂落地料为4.8吨,显然已经达到了污染环境罪的构罪标准。作为某公司负责生产经营的副总经理张某某出于集团利益的考虑决定实施倾倒危险废物,且某公司从该行为中获益,根据我国《刑法》第三十条的规定,某公司成立单位犯罪。按照《刑法》第三百三十八条的规定,对于处理的污染物的数量而言,3吨是成立污染环境罪的标准,100吨是构成污染环境罪的"情节严重"的标准。在本案中,某公司违法排放的4.8吨危险废物处于3—100吨的区间内,成立污染环境罪但不构成污染环境罪中的情节严重,应当被判处三年以下有期徒刑或者拘役,并处或者单处罚金。因此,滨海经开区检察院认为犯罪嫌疑人张某某犯罪情节相对轻微,判处一年以下有期徒刑,并处罚金,可适用缓刑是合理的。

在犯罪原因层面上,在企业经营过程中,某公司虽然要求将ESG合规标准融入管理全流程,并制定了指导性规定,但具体到每位员工应当承担的责任时出现了偏差,且在固体废物的收集和处理等环节存在漏洞,导致涉案企业危险废物处置由生产经理个人决策,未按照标准汇报公司后处理,从而发生污染环境的犯罪。在犯罪后果层面上,从某公司所造成的实际损害来看,经专业机构鉴定评估,某公司在厂区土地挖掘沟渠非法填埋危险废物的行为虽导致沟渠内的土壤被污染,但案发后该部分被污染土壤已经全部挖掘用于计算溴系阻燃剂落地料的数量,除被污染土壤外,周围土壤环境质量未受到本次事件的损害,无须生态环境损害修复。从企业影响力来看,某公司是中国溴系阻燃剂产能最大的企业之一,具有一定的社会影响力,且其产品主要以出口为主,失去众多国际订单,将严重影响企业的融资及生产运营的能力,进而可能导致企业大规模裁员。且某公司的外资投资方H集团在其国内外同时上市,如果对某公司进行刑事处罚,将在全球范围对H集团造成重大负面影响。案发后,某公司和张某某积极认罪认罚,与当地政府达成赔偿协议,支付环境损害评估等相关费用并将非法填埋物妥善处置,积极配合整改审查。滨海经开区检察院对某公司启动涉案企业合规考察之后,某公司成立专项合规建设领导小组,主动聘用外部专家及外部合规顾问(包括国家级、省级及世界银行专家库的环境专家)协助合规整改,重点对安全生产环节、危废物处置环节进行了检查整改,建立了环境安全合规管理体系,同时新设两处危废物仓库,新购置上框压滤系统用以减少落地物产生。整改考察期间,某公司补充制定了共计3200多页的修订制度目录、证据清单等专项合规整改材料,同时报送检察机关与第三方组织,并根据双方提出的意见对合规整改方案进行了补充完善。此外,某公司还建立合规风险发现、举报、监控及处理机制，建立合规绩效评价机制，推进考核与追责，并先后对企业人员开展12次全员合规培训、30多次专项合规培训，投资建立国际先进的"Go Arc"技术管理系统，企业合规文化得以重塑和深化普及。

综上所述，结合全案情节来看，某公司和张某某倾倒危险废物数量较少、未对周围土壤环境造成损害，符合《刑法》第十三条的"情节显著轻微危害不大"，可以"不认为是犯罪"。并且考虑到某公司犯罪行为的发生是由于企业管理流程存在问题，且对其进行刑事处罚会带来一系列不利的附随后果。合规整改措施相较于罚金刑而言，可以将消极的刑罚转变为积极修复社会关系，并且建立完善的企业规章制度后能够降低该企业在之后的经营活动中违法犯罪活动发生的可能性。督促其建立长效合规管理机制相较于罚金刑更有利于经济的可持续发展，并且能够预防企业刑事风险的发生，应当对其不起诉。而张某某作为某公司主管人员，在某公司中发挥极其重要的作用，需要通过其树立并践行合规理念，并且张某某事后积极认罪认罚并采取有效措施以修复受损法益，可以对其不起诉。

【思考题】

企业合规不起诉的适用范围是什么？

第三节 走私、贩卖、运输、制造毒品罪

案例五 艾某走私毒品案[①]

【基本案情】

一、案件经过

艾某因涉及走私毒品罪，于2007年5月29日被上海市第一中级人民法院依据相关法律规定，判处有期徒刑十五年，并附加没收个人财产人民币三万元及驱逐出境。该判决一经生效，即按照法定程序予以执行。在刑罚执行过程中，艾某认罪悔罪，遵守罪犯改造行为规范，接受教育改造，认真参加文化、职业技术学习，成绩良好，习艺态度端正，有悔改表现。

二、诉讼经过

2009年11月2日，上海市第一中级人民法院作出（2009）沪一中刑执字第3058

[①] 案例来源：（2015）沪一中刑执字第1107号。

号刑事裁定，对罪犯艾某减去有期徒刑一年四个月，驱逐出境不变。2012年2月22日，上海市第一中级人民法院作出（2012）沪一中刑执字第461号刑事裁定，对罪犯艾某减去有期徒刑一年三个月，驱逐出境不变。2013年9月25日，上海市第一中级人民法院作出（2013）沪一中刑执字第2554号刑事裁定，对罪犯艾某减去有期徒刑一年，驱逐出境不变。2015年6月25日，上海市第一中级人民法院作出（2015）沪一中刑执字第1107号刑事裁定，对罪犯艾某减去有期徒刑十一个月，驱逐出境不变。

【主要法律问题】

（1）驱逐出境是否有具体期限？

（2）当外国犯罪人的主刑被法院裁减时，所附加的驱逐出境是否可以减刑？

【主要法律依据】

1.《中华人民共和国刑法》（2011）

第三十五条　对于犯罪的外国人，可以独立适用或者附加适用驱逐出境。

第七十八条第一款　被判处管制、拘役、有期徒刑、无期徒刑的犯罪分子，在执行期间，如果认真遵守监规，接受教育改造，确有悔改表现的，或者有立功表现的，可以减刑；有下列重大立功表现之一的，应当减刑：

（一）阻止他人重大犯罪活动的；

（二）检举监狱内外重大犯罪活动，经查证属实的；

（三）有发明创造或者重大技术革新的；

（四）在日常生产、生活中舍己救人的；

（五）在抗御自然灾害或者排除重大事故中，有突出表现的；

（六）对国家和社会有其他重大贡献的。

2.《最高人民法院关于办理减刑、假释案件具体应用法律若干问题的规定》（1991）

六、关于有期徒刑犯附加剥夺政治权利的，其附加刑可否随主刑的减刑缩减的问题

在有期徒刑犯减刑时，对附加剥夺政治权利的刑期可以酌减，但酌减后的剥夺政治权利的期限，最短不得少于一年。

【理论分析】

驱逐出境，作为一种刑罚手段，旨在强制犯罪的外国人离开中国国（边）境。我国《刑法》第三十五条规定："对于犯罪的外国人，可以独立适用或者附加适用驱逐出境。"这一规定揭示了驱逐出境的双重适用性，驱逐出境既可以独立适用，也可以附加

适用，其作为附加刑的特性显而易见。因此，我们可将其归类为附加刑的一种。然而，需要指出的是，驱逐出境的适用对象具有特定性，仅限于犯罪的外国人（包括外国籍人士及无国籍者），这使它并不具备普遍适用的广泛性。因此，在刑法体系中，驱逐出境并未被归类为一般附加刑，而是作为特殊条款独立规定，从而确立了其作为一种特殊附加刑的法律地位。

作为一个拥有完整独立主权的国家，我国境内的所有外国籍人员均须无条件遵守我国的法律法规，且任何违背我国刑法的行为都将受到严厉禁止。针对在我国境内犯罪的外国人，除享有外交特权与豁免权须通过外交渠道解决外，其余将一律依照我国刑法进行惩处。特别是，当此类犯罪行为的外国籍人员继续在我国境内居留可能对国家、社会及人民安全构成潜在威胁时，我国人民法院将依法拥有权力，对其单独或附加判处驱逐出境的刑罚，以消除其再次犯罪的风险，确保我国国家安全和社会秩序的稳定和谐。

尽管附加刑中的驱逐出境与我国《出境入境管理法》第八十一条规定的行政处罚中的驱逐出境，两者均涉及将外国人从我国境内强制移出，但两者在核心层面存在显著差异：首先，从处罚性质与适用对象来看，附加刑中的驱逐出境是一种刑罚手段，专门适用于在我国境内犯罪的外国个体，作为对其违法行为的法律制裁；而行政处罚中的驱逐出境则是一种行政措施，针对的是在我国境内违反《出境入境管理法》规定且情节严重的外国人，旨在维护国家出入境管理的秩序。其次，两者在适用的机关和法律依据上也存在不同。附加刑中的驱逐出境由人民法院根据《刑法》和《刑事诉讼法》的相关规定进行审理和裁决，体现了司法权在刑事领域的权威；而行政处罚中的驱逐出境则由地方公安机关依据《出境入境管理法》及相关法规进行初步处理，并上报公安部最终决定，这是行政机关在出入境管理领域的职责体现。最后，从执行时间上来看，两者也存在明显的差异。人民法院判决的驱逐出境，在独立适用时，判决一旦生效即开始执行；若作为附加刑，则须在主刑执行完毕后执行。而行政处罚中的驱逐出境，一旦公安部作出决定，便会立即执行，以确保行政措施的及时性和有效性。

【实操分析】

我国《刑法》第三十五条只是简单规定，"对于犯罪的外国人，可以独立适用或者附加适用驱逐出境"，并未提及驱逐出境的时间长度。也就是说，外国人因触犯刑法构成犯罪而被驱逐出境后，在多长时间内能再次进入我国并不明确。尽管存在一种观点，该观点引用了《出境入境管理法》中关于"被驱逐出境的外国人，自被驱逐出境之日起十年内不准入境"的条款，主张驱逐出境的期限应为十年。但是，这是一种错误解读。这一规定看似明晰了驱逐出境的时限，但实质上仍是一种主要针对违法的外国人适用的行政强制措施，而非法院对驱逐出境这一刑罚时间长短的宣告。驱逐出境的法律后果在于剥夺外国犯罪分子进入我国及在我国境内居留的资格，而这种资格的取消应当设定一个明确的期限。考虑到因为刑罚作为最严厉的惩罚手段,应当比行政法相关规定严厉,而违反《出境入境管理法》都明确十年内不准入境,那么刑法中的驱逐出境应当较十年更为严厉,绝不能认为被驱逐后可以随时入境。实践中存在犯罪的外国人在被驱逐出境后一年左右,通过例如伪劣护照等方式再次回到中国的情况,因此必须明确刑法上的驱逐出境的期限,并且应当较《出境入境管理法》更为严厉。

刑法中驱逐出境的期限不明还导致了对驱逐出境这一附加刑难以减刑的问题。正如本案中罪犯艾某四次被核准减刑,但无论如何减刑,刑事裁定书中固定不变的是"驱逐出境不变"这一结论。没有驱逐出境的具体期限,减刑也就没有起点。我国目前主要针对主刑设置了减刑制度,而对于资格刑的减刑却未予以明确规定。最高人民法院在1991年发布的《最高人民法院关于减刑、假释案件具体应用法律若干问题的规定》中,规定了对剥夺政治权利这一资格刑刑期可酌定减少,但最短不得少于一年。但对同样作为资格刑的驱逐出境却一直未曾涉及其减刑问题,这导致在实务中无论外国犯罪人主刑如何递减,附加的驱逐出境都无法改变和减少。从减刑制度的初衷来看,为犯罪削减所须承受的刑罚,既是对其积极悔改、接受矫正的奖励,也是为了鼓励犯罪人更加自律自励,使其将来能更好地重返社会。因此,驱逐出境作为附加的资格刑,其轻重应当与主刑轻重相适应。所以在法院对主刑裁减时,附加的驱逐出境也应相应减轻,如此才符合刑罚配置的合理性。

【思考题】

若作为附加刑的驱逐出境也可减刑,应如何进行减刑?

案例六　马某走私、贩卖毒品案[①]

【基本案情】

一、案件经过

2018年7月11日、2018年8月13日,被告人马某先后从哈萨克斯坦国入境,受人指使,在中华人民共和国新疆维吾尔自治区霍尔果斯市国际物流中心停车场,分别将一瓶装有"药物"的红酒及两包黑色塑料袋包装的柱状物交给麦某,并获取人民币6660元及10.5430万美元。经鉴定,红酒瓶内装有被稀释的海洛因,液体净重为631.06克,海洛因含量13.4%。在执法现场,执法人员查扣了两包使用黑色塑料袋封装的柱状物品,经过称重,这两包物品的净重共计为741.84克。进一步的检测发现,这两包物品中海洛因的含量分别确定为25.3%和25.4%。

---

① 案例来源:(2020)新刑终62号。

二、诉讼经过

一审法院以走私、贩卖毒品罪判处被告人马某无期徒刑,并处没收个人全部财产,刑罚执行完毕之日驱逐出境;涉案毒品海洛因1372.9克予以销毁处理。

马某上诉称,不知道走私物品是毒品,红酒瓶内毒品称重时未在场,毒品样品提取及鉴定程序违法,量刑过重。二审法院认为一审法院综合考虑上诉人马某受他人指使走私、贩卖毒品、涉案毒品走私过程中稀释、特情介入、毒品未流入社会造成严重后果等方面予以量刑,并无不妥。但一审法院依法判处上诉人马某无期徒刑,同时附加驱逐出境不当,应予纠正。二审法院依法改判为,上诉人马某犯走私、贩卖毒品罪,判处无期徒刑,并处没收个人全部财产。

【主要法律问题】

被告人马某在被判处无期徒刑时,能否同时附加驱逐出境?

【主要法律依据】

1. 《中华人民共和国刑法》(2017)

第三十四条　附加刑的种类如下:

(一)罚金;

(二)剥夺政治权利;

(三)没收财产。

附加刑也可以独立适用。

第三十五条　对于犯罪的外国人,可以独立适用或者附加适用驱逐出境。

第三百四十七条第二款　走私、贩卖、运输、制造毒品,有下列情形之一的,处十五年有期徒刑、无期徒刑或者死刑,并处没收财产:

(一)走私、贩卖、运输、制造鸦片一千克以上、海洛因或者甲基苯丙胺五十克以上或者其他毒品数量大的;

(二)走私、贩卖、运输、制造毒品集团的首要分子;

(三)武装掩护走私、贩卖、运输、制造毒品的;

(四)以暴力抗拒检查、拘留、逮捕,情节严重的;

(五)参与有组织的国际贩毒活动的。

2. 《中华人民共和国刑事诉讼法》(2018)

第二百三十六条第一款　第二审人民法院对不服第一审判决的上诉、抗诉案件,经过审理后,应当按照下列情形分别处理:

(一)原判决认定事实和适用法律正确、量刑适当的,应当裁定驳回上诉或者抗诉,维持原判;

（二）原判决认定事实没有错误，但适用法律有错误，或者量刑不当的，应当改判；

（三）原判决事实不清楚或者证据不足的，可以在查清事实后改判；也可以裁定撤销原判，发回原审人民法院重新审判。

【理论分析】

驱逐出境，作为一种刑罚手段，旨在强制犯罪的外国人离开中国国（边）境。我国《刑法》第三十五条规定："对于犯罪的外国人，可以独立适用或者附加适用驱逐出境。"这一规定揭示了驱逐出境的双重适用性，驱逐出境既可以独立适用，也可以附加适用，其作为附加刑的特性显而易见。因此，我们可将其归类为附加刑的一种。然而，需要指出的是，驱逐出境的适用对象具有特定性，仅限于犯罪的外国人（包括外国籍人士及无国籍者），这使它并不具备普遍适用的广泛性。因此，在刑法体系中，驱逐出境并未被归类为一般附加刑，而是作为特殊条款独立规定，从而确立了其作为一种特殊附加刑的法律地位。

作为一个拥有完整独立主权的国家，我国境内的所有外国籍人员均须无条件遵守我国的法律法规，且任何违背我国刑法的行为都将受到严厉禁止。针对在我国境内犯罪的外国人，除享有外交特权与豁免权须通过外交渠道解决外，其余将一律依照我国刑法进行惩处。特别是，当此类犯罪行为的外国籍人员继续在我国境内居留可能对国家、社会及人民安全构成潜在威胁时，我国人民法院将依法拥有权力，对其单独或附加判处驱逐出境的刑罚，以消除其再次犯罪的风险，确保我国国家安全和社会秩序的稳定和谐。

尽管附加刑中的驱逐出境与我国《出境入境管理法》第八十一条规定的行政处罚中的驱逐出境，两者均涉及将外国人从我国境内强制移出，但两者在核心层面存在显著差异：首先，从处罚性质与适用对象来看，附加刑中的驱逐出境是一种刑罚手段，专门适用于在我国境内犯罪的外国个体，作为对其违法行为的法律制裁；而行政处罚中的驱逐出境则是一种行政措施，针对的是在我国境内违反《出境入境管理法》规定且情节严重的外国人，旨在维护国家出入境管理的秩序。其次，两者在适用的机关和法律依据上也存在不同。附加刑中的驱逐出境由人民法院根据《刑法》和《刑事诉讼法》的相关规定进行审理和裁决，体现了司法权在刑事领域的权威；而行政处罚中的驱逐出境则由地方公安机关依据《出境入境管理法》及相关法规进行初步处理，并上报公安部最终决定，这是行政机关在出入境管理领域的职责体现。最后，从执行时间上来看，两者也存在明显的差异。人民法院判决的驱逐出境，在独立适用时，判决一旦生效即开始执行；若作为附加刑，则须在主刑执行完毕后执行。而行政处罚中的驱逐出境，一旦公安部作出决定，便会立即执行，以确保行政措施的及时性和有效性。

【实操分析】

关于本案件中马某能否被判处驱逐出境,争议的重点就在于被判处死缓、无期徒刑的外国犯罪人能否附加适用驱逐出境。目前,学界存在两种不同的观点:

一种观点认为,对于被判处死缓或无期徒刑的外国犯罪人,应明确规定在刑罚执行完毕后"应当"驱逐出境。这一主张基于的考量是,司法实践中,无期徒刑或死刑缓期执行往往最终都会被调整为有期徒刑。若未附加驱逐出境的刑罚,则可能出现一种悖论:在刑罚执行完毕后,那些犯下严重罪行的外国人仍被允许在我国境内逗留;然而,对于犯下较轻罪行者,我国将强制其离境。然而,这一论据并非无懈可击。要应对上述悖论,我国可在此类外国犯罪人刑满释放后,依据《出境入境管理法》及其相关实施细则,通过拒绝换发居留许可、宣布居留证件失效等手段,强制其离开我国领土,从而确保法律的一致性和公正性。

另一种观点则认为,对于外国人犯罪判处无期徒刑以上刑罚的,不得附加驱逐出境。[①] 理由如下:其一,对外国籍被告人判处无期徒刑而不附加驱逐出境,并不与刑法规定相冲突。首先,从条文文义上而言,无论外国籍被告人被判处何种刑罚,均是可以附加驱逐出境,特殊情况下也可以不附加。同理,对于被判处无期徒刑的外国籍被告人,驱逐出境的附加处罚并非总是必要,而是应当根据具体情况进行考量。在某些情况下,附加驱逐出境可能是适当的,但并非所有情况都能一概而论。对于具有特殊情况的,可以不附加驱逐出境。其次,是否附加驱逐出境,要综合案件情况及国家安全、外交等方面因素综合决定。通常情况下,针对那些犯罪行为严重并被判处较重刑罚的个体,或者那些主观恶性深重、具有高度人身危险性、再犯罪可能性较大的个体,应当附加实施驱逐出境的处罚措施。最高人民法院在1997年召开的涉外、涉侨、涉港澳台刑事案件工作座谈会上指出,对于判处有期徒刑的,除个别特殊情况外,原则上应当附加驱逐出境。但对外国籍被告人是否附加驱逐出境,并不完全取决于被告人犯罪行为的严重程度和所判刑罚的轻重,更要考虑国家安全、外交等方面的因素,综合决定是否附加驱逐出境。其二,对判处无期徒刑、死缓的外国籍被告人附加驱逐出境与刑罚性质是相冲突的。一方面,对于被判处死刑缓期执行的外国被告人,即便在其后续可能因表现良好而减为无期徒刑或有期徒刑的情境下,也不应直接、无条件地附加驱逐出境的处罚。根据我国刑法的明确规定,若被告人在死刑缓期执行期间,故意犯罪并查证属实,须经最高人民法院核准后方可执行死刑。此时若再额外附加驱逐出境的处罚,实际上会排除死刑的执行可能,从而与刑罚设立的初衷相悖。因此,在决定是否附加驱逐出境时,须综合考量案件的具体情况和被告人的个人表现,确保刑罚的公正性和合理性。另一方面,对于被判处无期徒刑的外国犯罪人而言,附加驱逐出境同样不适宜。依据我国刑法,无期徒刑的犯罪人在满足特定条件时,有被减刑或假

---

① 徐翠萍. 涉外刑事审判原则及程序初探[J]. 刑侦研究, 1999 (05): 19-23.

释的可能性。这意味着，即使对于外国犯罪人，也存在不被减刑、假释而执行终身监禁的情境。若对其判处无期徒刑并附加驱逐出境，则意味着无论其在服刑期间的表现如何，都将面临减刑或假释后被驱逐出境的结果，这显然是一种忽视了罪犯在监狱中的实际表现和行为的事先预想。在实践中，尽管大多数被判处无期徒刑或死缓的外国犯罪人最终可能获得减刑或假释，但我们不能仅凭预设的假设，而无视其在服刑期间的具体行为表现。因此，在决定是否附加驱逐出境时，应当综合考虑犯罪人的具体情况和刑罚的合理性。

在本案中，一审法院以走私、贩卖毒品罪判处被告人马某无期徒刑，并处没收个人全部财产，刑罚执行完毕之日驱逐出境。无期徒刑作为我国刑罚体系中主刑的一种，是指剥夺犯罪分子终身自由，并强制劳动改造的一种刑罚方法。对于外国籍被告人而言，无期徒刑既然是剥夺其终身自由，并且由我国的监狱执行，就不存在将其驱逐出境的问题。如果判决中出现"判处无期徒刑，附加驱逐出境"的表述，就会与无期徒刑的刑罚性质相矛盾，有损我国法律的严肃和权威。因此，二审法院将其依法改判为"判处无期徒刑，并处没收个人全部财产"是合法合理的。

【思考题】

对于外国籍被告人被判处死缓和无期徒刑的，是否可以附加驱逐出境？

第七章

贪污贿赂罪

案例一 李某某贪污案[①]

【基本案情】

一、案件经过

被告人李某某,男,曾任江西省上饶市鄱阳县财政局经济建设股长。

任职期间,李某某利用其管理该县基本建设专项资金的职务便利,伙同副股长张某某、鄱阳县农村信用联社城区信用社主任徐某某等人,采取套用以往审批手续、私自开具转账支票并加盖假印鉴、制作假银行对账单等手段,骗取鄱阳县财政局基础建设专项资金共计人民币9400万元。除李某某与徐某某赌博、挥霍及同案犯分得部分赃款外,其余赃款均被李某某占有。

2009年12月,李某某利用虚假身份——景德镇市景禹(音译)新能源有限公司总经理,向一家名为第二兴趣公司(The Enterprise Fun Ⅱ)的基金公司投资150万新元(约750万元人民币),为其全家申请办理新加坡移民手续。2010年3月,澳德华信息咨询有限公司的董事Edwin Shieh根据李某某提供的资料,通过"全球投资者计划"帮助其申请新加坡永久居民。同年8月,李某某在进行移民面试时声称自己是景禹新能源发展有限公司总经理,在提交移民资料、面试及评估过程中,李某某均未提及自己中国政府官员的身份。2010年10月初,李某某及其妻子在新加坡大华银行开立多个银行账户,其中包括一些高收益账户,均用于接收来自中国的汇款,而李某某本人是该账户的唯一受益人,也是该账户全部存款的接收人。在他人的居间介绍下,李某某又结识了新加坡中央人民币汇款服务有限公司的老板王阿沈(Ong Ah Sim)。2010年10月至2011年1月,在王阿沈的安排下,通过新加坡中央人民币汇款服务有限公司在中国指定或持有的银行账户进行转账,共计2700余万元人民币被兑换成新元存入李某某

[①] 案例来源:最高人民检察院第二十批指导性案例,检例第74号。

及其妻子的大华银行账户中,供二人在新加坡购买房产及投资。2011年1月,李某某及其妻子和两个女儿一家四口均获得新加坡永久居民资格,李某某辞去鄱阳县财政局经济建设股长一职,举家移民。

二、诉讼经过

2011年2月24日,李某某遭到国际刑警通缉,并受到新加坡当局的调查、资金冻结与指控。2011年2月,鄱阳县人民检察院分别对李某某夫妇以涉嫌贪污罪立案侦查。2011年2月23日,最高人民检察院通过公安部向国际刑警组织发出对李某某夫妇发布红色通缉令的请求,同时向新加坡国际刑警发出了协查函。

2011年3月初,新加坡警方以涉嫌洗钱罪拘捕了李某某夫妇,后二人被取保候审;紧接着,新加坡法院发出三次冻结令,除二人用于项目投资的150万新元外,冻结涉案资产共计约545万新元(约人民币2600万元),包括四套房产和约260万新元存款。2012年9月,新加坡总检察署以三项"不诚实盗取赃物罪"指控李某某。2013年8月15日,新加坡法院一审判决认定对李某某的指控成立,判处其15个月监禁。

由于李某某在红色通报发布一年后不能到案,上饶市人民检察院于2013年3月6日向同级人民法院提出没收李某某违法所得的申请。2015年3月3日,上饶市中级人民法院作出一审裁定,认定李某某涉嫌重大贪污犯罪,其逃匿新加坡后被通缉,一年后未能到案;且现有证据证明,被新加坡警方扣押545万新元均系李某某的违法所得,应依法予以没收。2016年6月29日,新加坡高等法院作出判决,将扣押的李某某夫妇名下共计545万新元涉案资金全部返还中方。

为追使李某某回国投案,2011年和2013年,我国出入境管理部门先后依法吊销李某某夫妇及其两个女儿的护照,并通过司法协助的途径通知新方。2015年1月,新加坡移民局作出决定,正式取消李某某一家四人的永久居留权。2015年2月2日,李某某主动写信要求回国投案自首。2015年5月9日,李某某被遣返回国,并于同日被逮捕。2015年12月30日,上饶市人民检察院指控被告人李某某犯贪污罪,向上饶市中级人民法院提起公诉。2017年1月23日,上饶市中级人民法院以贪污罪判处李某某无期徒刑,剥夺政治权利终身,并处没收个人全部财产,扣除同案犯已被追缴的赃款以及依照违法所得没收程序裁定没收的赃款,剩余赃款继续予以追缴。

【主要法律问题】

(1) 对于外逃腐败分子,如何开展国际追逃合作和进行异地刑事追诉,并促使其回国接受审判?

(2) 对于腐败分子跨境转移涉案资产的行为如何定罪,如何适用与办理违法所得没收特别程序进行追赃?

【主要法律依据】

1. 《中华人民共和国刑法》（2023）

第五十七条第一款 对于被判处死刑、无期徒刑的犯罪分子，应当剥夺政治权利终身。

第五十九条 没收财产是没收犯罪分子个人所有财产的一部或者全部。没收全部财产的，应当对犯罪分子个人及其扶养的家属保留必需的生活费用。

在判处没收财产的时候，不得没收属于犯罪分子家属所有或者应有的财产。

第六十四条 犯罪分子违法所得的一切财物，应当予以追缴或者责令退赔；对被害人的合法财产，应当及时返还；违禁品和供犯罪所用的本人财物，应当予以没收。没收的财物和罚金，一律上缴国库，不得挪用和自行处理。

第六十七条第一款 犯罪以后自动投案，如实供述自己的罪行的，是自首。对于自首的犯罪分子，可以从轻或者减轻处罚。其中，犯罪较轻的，可以免除处罚。

第一百九十一条 为掩饰、隐瞒毒品犯罪、黑社会性质的组织犯罪、恐怖活动犯罪、走私犯罪、贪污贿赂犯罪、破坏金融管理秩序犯罪、金融诈骗犯罪的所得及其产生的收益的来源和性质，有下列行为之一的，没收实施以上犯罪的所得及其产生的收益，处五年以下有期徒刑或者拘役，并处或者单处罚金；情节严重的，处五年以上十年以下有期徒刑，并处罚金：

（一）提供资金账户的；
（二）将财产转换为现金、金融票据、有价证券的；
（三）通过转账或者其他支付结算方式转移资金的；
（四）跨境转移资产的；
（五）以其他方法掩饰、隐瞒犯罪所得及其收益的来源和性质的。

单位犯前款罪的，对单位判处罚金，并对其直接负责的主管人员和其他直接责任人员，依照前款的规定处罚。

第三百八十二条第一款 国家工作人员利用职务上的便利，侵吞、窃取、骗取或者以其他手段非法占有公共财物的，是贪污罪。

第三百八十三条第一款第（三）项 贪污数额特别巨大或者有其他特别严重情节的，处十年以上有期徒刑或者无期徒刑，并处罚金或者没收财产；数额特别巨大，并使国家和人民利益遭受特别重大损失的，处无期徒刑或者死刑，并处没收财产。

2. 《中华人民共和国刑事诉讼法》（2012）

第十七条 根据中华人民共和国缔结或者参加的国际条约，或者按照互惠原则，我国司法机关和外国司法机关可以相互请求刑事司法协助。

第二百八十条 对于贪污贿赂犯罪、恐怖活动犯罪等重大犯罪案件，犯罪嫌疑人、被告人逃匿，在通缉一年后不能到案，或者犯罪嫌疑人、被告人死亡，依照刑法规定应当追缴其违法所得及其他涉案财产的，人民检察院可以向人民法院提出没收违法所得的申请。

公安机关认为有前款规定情形的，应当写出没收违法所得意见书，移送人民检察院。

没收违法所得的申请应当提供与犯罪事实、违法所得相关的证据材料，并列明财产的种类、数量、所在地及查封、扣押、冻结的情况。

人民法院在必要的时候，可以查封、扣押、冻结申请没收的财产。

第二百八十一条　没收违法所得的申请，由犯罪地或者犯罪嫌疑人、被告人居住地的中级人民法院组成合议庭进行审理。

人民法院受理没收违法所得的申请后，应当发出公告。公告期间为六个月。犯罪嫌疑人、被告人的近亲属和其他利害关系人有权申请参加诉讼，也可以委托诉讼代理人参加诉讼。

人民法院在公告期满后对没收违法所得的申请进行审理。利害关系人参加诉讼的，人民法院应当开庭审理。

第二百八十二条　人民法院经审理，对经查证属于违法所得及其他涉案财产，除依法返还被害人的以外，应当裁定予以没收；对不属于应当追缴的财产的，应当裁定驳回申请，解除查封、扣押、冻结措施。

对于人民法院依照前款规定作出的裁定，犯罪嫌疑人、被告人的近亲属和其他利害关系人或者人民检察院可以提出上诉、抗诉。

第二百八十三条　在审理过程中，在逃的犯罪嫌疑人、被告人自动投案或者被抓获的，人民法院应当终止审理。

没收犯罪嫌疑人、被告人财产确有错误的，应当予以返还、赔偿。

3.《中华人民共和国监察法》（2018）

第四十八条　监察机关在调查贪污贿赂、失职渎职等职务犯罪案件过程中，被调查人逃匿或者死亡，有必要继续调查的，经省级以上监察机关批准，应当继续调查并作出结论。被调查人逃匿，在通缉一年后不能到案，或者死亡的，由监察机关提请人民检察院依照法定程序，向人民法院提出没收违法所得的申请。

4.《最高人民法院、最高人民检察院关于办理贪污贿赂刑事案件适用法律若干问题的解释》（2016）

第三条第一款　贪污或者受贿数额在三百万元以上的，应当认定为刑法第三百八十三条第一款规定的"数额特别巨大"，依法判处十年以上有期徒刑、无期徒刑或者死刑，并处罚金或者没收财产。

第十九条第一款　对贪污罪、受贿罪判处三年以下有期徒刑或者拘役的，应当并处十万元以上五十万元以下的罚金；判处三年以上十年以下有期徒刑的，应当并处二十万元以上犯罪数额二倍以下的罚金或者没收财产；判处十年以上有期徒刑或者无期徒刑的，应当并处五十万元以上犯罪数额二倍以下的罚金或者没收财产。

5.《最高人民法院、最高人民检察院关于适用犯罪嫌疑人、被告人逃匿、死亡案件违法所得没收程序若干问题的规定》（2017）

第一条 下列犯罪案件，应当认定为刑事诉讼法第二百八十条第一款规定的"犯罪案件"：

（一）贪污、挪用公款、巨额财产来源不明、隐瞒境外存款、私分国有资产、私分罚没财物犯罪案件；

（二）受贿、单位受贿、利用影响力受贿、行贿、对有影响力的人行贿、对单位行贿、介绍贿赂、单位行贿犯罪案件；

（三）组织、领导、参加恐怖组织，帮助恐怖活动，准备实施恐怖活动，宣扬恐怖主义、极端主义、煽动实施恐怖活动，利用极端主义破坏法律实施，强制穿戴宣扬恐怖主义、极端主义服饰、标志，非法持有宣扬恐怖主义、极端主义物品犯罪案件；

（四）危害国家安全、走私、洗钱、金融诈骗、黑社会性质的组织、毒品犯罪案件。

电信诈骗、网络诈骗犯罪案件，依照前款规定的犯罪案件处理。

第二条 在省、自治区、直辖市或者全国范围内具有较大影响，或者犯罪嫌疑人、被告人逃匿境外的，应当认定为刑事诉讼法第二百八十条第一款规定的"重大"。

第三条 犯罪嫌疑人、被告人为逃避侦查和刑事追究潜逃、隐匿，或者在刑事诉讼过程中脱逃的，应当认定为刑事诉讼法第二百八十条第一款规定的"逃匿"。

犯罪嫌疑人、被告人因意外事故下落不明满二年，或者因意外事故下落不明，经有关机关证明其不可能生存的，依照前款规定处理。

第四条 犯罪嫌疑人、被告人死亡，依照刑法规定应当追缴其违法所得及其他涉案财产的，人民检察院可以向人民法院提出没收违法所得的申请。

第五条 公安机关发布通缉令或者公安部通过国际刑警组织发布红色国际通报，应当认定为刑事诉讼法第二百八十条第一款规定的"通缉"。

第六条 通过实施犯罪直接或者间接产生、获得的任何财产，应当认定为刑事诉讼法第二百八十条第一款规定的"违法所得"。

违法所得已经部分或者全部转变、转化为其他财产的，转变、转化后的财产应当视为前款规定的"违法所得"。

来自违法所得转变、转化后的财产收益，或者来自已经与违法所得相混合财产中违法所得相应部分的收益，应当视为第一款规定的"违法所得"。

第七条 刑事诉讼法第二百八十一条第三款规定的"利害关系人"包括犯罪嫌疑人、被告人的近亲属和其他对申请没收的财产主张权利的自然人和单位。

刑事诉讼法第二百八十一条第二款、第二百八十二条第二款规定的"其他利害关系人"是指前款规定的"其他对申请没收的财产主张权利的自然人和单位"。

第十条 同时具备以下情形的，应当认定为本规定第九条规定的"有证据证明有犯罪事实"：

（一）有证据证明发生了犯罪事实；

（二）有证据证明该犯罪事实是犯罪嫌疑人、被告人实施的；

（三）证明犯罪嫌疑人、被告人实施犯罪行为的证据真实、合法。

第十九条 犯罪嫌疑人、被告人逃匿境外，委托诉讼代理人申请参加诉讼，且违法所得或者其他涉案财产所在地国（区）主管机关明确提出意见予以支持的，人民法院可以准许。

人民法院准许参加诉讼的，犯罪嫌疑人、被告人的诉讼代理人依照本规定关于利害关系人的诉讼代理人的规定行使诉讼权利。

第二十二条 违法所得或者其他涉案财产在境外的，负责立案侦查的公安机关、人民检察院等侦查机关应当制作查封、扣押、冻结的法律文书以及协助执行查封、扣押、冻结的请求函，层报公安、检察院等各系统最高上级机关后，由公安、检察院等各系统最高上级机关依照刑事司法协助条约、多边公约，或者按照对等互惠原则，向违法所得或者其他涉案财产所在地国（区）的主管机关请求协助执行。

被请求国（区）的主管机关提出，查封、扣押、冻结法律文书的制发主体必须是法院的，负责立案侦查的公安机关、人民检察院等侦查机关可以向同级人民法院提出查封、扣押、冻结的申请，人民法院经审查同意后制作查封、扣押、冻结令以及协助执行查封、扣押、冻结令的请求函，层报最高人民法院后，由最高人民法院依照刑事司法协助条约、多边公约，或者按照对等互惠原则，向违法所得或者其他涉案财产所在地国（区）的主管机关请求协助执行。

请求函应当载明以下内容：

（一）案由以及查封、扣押、冻结法律文书的发布主体是否具有管辖权；

（二）犯罪嫌疑人、被告人涉嫌犯罪的事实及相关证据，但可能妨碍正在或者即将进行的刑事侦查的证据除外；

（三）已发布公告的，发布公告情况、通知利害关系人参加诉讼以及保障诉讼参与人依法行使诉讼权利等情况；

（四）请求查封、扣押、冻结的财产的种类、数量、价值、所在地等情况以及相关法律手续；

（五）请求查封、扣押、冻结的财产属于违法所得及其他涉案财产的相关事实及证据材料；

（六）请求查封、扣押、冻结财产的理由和法律依据；

（七）被请求国（区）要求载明的其他内容。

第二十三条 违法所得或者其他涉案财产在境外，受理没收违法所得申请案件的人民法院经审理裁定没收的，应当制作没收令以及协助执行没收令的请求函，层报最高人民法院后，由最高人民法院依照刑事司法协助条约、多边公约，或者按照对等互惠原则，向违法所得或者其他涉案财产所在地国（区）的主管机关请求协助执行。

请求函应当载明以下内容：

（一）案由以及没收令发布主体具有管辖权；

（二）属于生效裁定；

（三）犯罪嫌疑人、被告人涉嫌犯罪的事实及相关证据，但可能妨碍正在或者即将进行的刑事侦查的证据除外；

（四）犯罪嫌疑人、被告人逃匿、被通缉、脱逃、死亡的基本情况；

（五）发布公告情况、通知利害关系人参加诉讼以及保障诉讼参与人依法行使诉讼权利等情况；

（六）请求没收违法所得及其他涉案财产的种类、数量、价值、所在地等情况以及查封、扣押、冻结相关法律手续；

（七）请求没收的财产属于违法所得及其他涉案财产的相关事实及证据材料；

（八）请求没收财产的理由和法律依据；

（九）被请求国（区）要求载明的其他内容。

【理论分析】

一、相关罪名概述

1. 贪污罪

贪污罪，是指国家工作人员利用职务上的便利，侵吞、窃取、骗取或者以其他手段非法占有公共财物的行为。贪污罪的构成要件是：

贪污罪的保护法益是复合法益，一是公共财产所有权，二是国家工作人员的职务廉洁性。公共财产也是贪污罪的犯罪对象，根据《刑法》第九十一条之规定，公共财产是指国有财产，劳动群众集体所有的财产，以及用于扶贫和其他公益事业的社会捐助或者专项基金的财产。另外，在国家机关、国有公司、企业、集体企业和人民团体管理、使用或者运输中的私人财产，也属于这里所要求的公共财产。

贪污罪的客观方面表现为，利用职务上的便利，侵吞、窃取、骗取或者以其他手段非法占有公共财物。首先，必须利用职务上的便利。利用职务上的便利，是指利用职务上主管、管理、经营、经手公共财物的权力及方便条件，具体包括以下三种情形：一是利用本人职务上主管、管理公共财物的职务便利；二是利用职务上有隶属关系的其他国家工作人员的职务便利；三是根源于国家机关、国有公司、企业、事业单位、人民团体的委托而产生的职务便利。若与利用职务无关，仅仅因为工作关系熟悉作案环境或易于接近作案目标的，不成立贪污罪。其次，必须以侵吞、窃取、骗取或者以其他手段非法占有公共财物。其中，"侵吞"和侵占罪中的"侵占"含义相同，是指将单位所有、自己依职权占有（主管、经管、经手）的公共财物据为己有；"窃取"和盗窃罪中的"盗窃"含义相同，即将他人占有的财物通过和平手段转移为自己占有；"骗取"和诈骗罪中的"诈骗"含义相同，即实施欺骗行为，通过虚构事实或隐瞒真相非法占有公共财物。但需要注意的是，贪污罪中的"侵吞""窃取""骗取"均比普通的侵占罪、盗窃罪和诈骗罪多了一个客观要件，即利用职务上的便利。

贪污罪的犯罪主体为国家工作人员。根据我国《刑法》第九十三条之规定，国家工作人员是指国家机关中从事公务的人员，具体包括国有公司、企业、事业单位、人民团体中从事公务的人员，国家机关、国有公司、企业、事业单位委派到非国有公司、企业、事业单位、社会团体从事公务的人员，以及其他依照法律从事公务的人员。同时根据我国《刑法》第三百八十二条第二款之规定，贪污罪的主体还包括受国家机关、国有公司、企业、事业单位、人民团体委托管理、经营国有财产的人员。这类人员不属于国家工作人员，但是此处将其法律拟制为国家工作人员，可见相较于其他贪污贿赂犯罪，贪污罪的犯罪主体范围较大。

贪污罪的主观方面表现为故意，并且要求具备非法占有目的。

2. 洗钱罪

洗钱罪，是指针对毒品犯罪、黑社会性质的组织犯罪、恐怖活动犯罪、走私犯罪、贪污贿赂犯罪、破坏金融管理秩序犯罪、金融诈骗犯罪的所得及其产生的收益，掩饰、隐瞒其资金来源和性质的行为。

洗钱罪的保护法益存在争议，有金融管理秩序说、司法管理秩序说以及两者相结合的复合法益说。但不可否认，当今的洗钱活动一般是通过金融手段完成的，非法资金在金融市场上肆意流动的确会扰乱国家的金融管理秩序。另外，作为一种事后逃避法律追究的行为，洗钱也会影响涉案资金的追查，从而侵犯国家的司法管理秩序。

洗钱罪的客观方面表现为，掩饰、隐瞒毒品犯罪、黑社会性质的组织犯罪、恐怖活动犯罪、走私犯罪、贪污贿赂犯罪、破坏金融管理秩序犯罪、金融诈骗犯罪的所得及其产生的收益的来源和性质的行为。具体而言：一是洗钱罪的犯罪对象仅限于以上七类特定上游犯罪的所得及其产生的收益；二是我国《刑法》第一百九十一条规定了四种行为方式和一个兜底款项，即提供资金账户，将财产转换为现金、金融票据、有价证券，通过转账或者其他支付结算方式转移资金，跨境转移资产，以其他方法掩饰、隐瞒犯罪所得及其收益的来源和性质。对于兜底的行为方式，2009 年《最高人民法院关于审理洗钱等刑事案件具体应用法律若干问题的解释》（已失效）第二条有细化规定，此处不再赘述。

洗钱罪的犯罪主体为一般主体，包括自然人和单位。其中，上游犯罪人（本犯）能否作为洗钱罪的犯罪主体，理论与实务界历来都有争议。以 2021 年 3 月 1 日《刑法修正案（十一）》的施行为分界点，之前洗钱罪的主体不包括上游犯罪人，之后由于删除了"明知""协助"二词，上游犯罪人也被纳入洗钱罪的主体范畴，换句话说，自洗钱已经正式入罪。

洗钱罪的主观方面是故意。一般认为，虽说《刑法修正案（十一）》删除了"明知"二字，但并不意味着过失可以构成洗钱罪。

二、腐败分子的外逃与洗钱途径

1. 人员外逃途径

腐败分子的外逃途径主要包括以下六种方式：一是伪造身份，使用伪造的身份证件或护照逃离国内，避免被边境检查机构发现；二是借助非法组织，通过向非法组织或人口走私组织寻求帮助，秘密出境；三是利用外交豁免，某些外交人员、外交官或国际组织人员可能享有外交豁免权，可以借此享受外国政府的特殊权利和待遇，并逃避司法追究；四是其他非法途径，如通过偷渡、非法入境等方式进入其他国家，逃避国内追捕；五是借助外国政府庇护，向外国政府寻求政治庇护，以避免在国内受到法律制裁；六是利用外国特殊政策，如投资移民。在具体案件中，犯罪分子往往会将两种甚至多种方式结合利用，以保证外逃的迅速性与高成功率。

2. 跨境洗钱途径

跨境洗钱是指犯罪分子为掩饰、隐瞒犯罪所得及其收益而跨境转移、转换资金的行为。当前，跨境洗钱的具体途径主要包括以下六种：一是现金走私，此种途径较为原始；二是虚假贸易或投资，通过签订虚假贸易合同或投资合同完成资金的跨境转移与支付结算；三是通过地下钱庄，实现境内外资金兑付或"对敲"[①]；四是通过网络支付平台将资金转移至境外；五是通过加密货币（虚拟货币）进行交易，利用加密货币的高隐蔽性和快捷性来规避和突破金融监管；六是通过离岸中心或利用海外避税地实现资金的境外转移。

三、跨境追逃追赃措施

1. 跨境追逃措施

目前，跨境追逃主要有引渡、遣返、劝返和异地追诉四种措施。除引渡外，其余都属于引渡的替代措施。

第一，引渡是指一国根据有关国家的请求，把在该国境内而被他国指控为犯罪或已被他国判刑的人移交给请求国予以审判或处罚的一种措施。引渡制度是一项重要的国际司法协助制度，也是国家行使司法管辖权的重要保障。我国主要依据《引渡法》、联合国国际公约、多边条约以及同他国签订的双边引渡条约开展处理中外之间的引渡问题。[②]

第二，遣返是指被请求国根据请求国提供的违法犯罪线索，将不具有合法居留身

---

① "对敲"是指境内（外）交付后境外（内）兑付，资金未实际跨境流动却实现了跨境交易目的的一种资金跨境转移模式。例如，甲从自己控制的境内账户将人民币汇入乙的境内账户后，乙按照双方事先约定的汇率，从其境外账户将相应数额的外汇转入甲指定的境外账户。

② 关于引渡，更详细的介绍与论述见本章"案例三 姚某某受贿、偷越国（边）境案"。

份的外国人强制遣返至第三国或请求国的一种措施。① 由于遣返不受制于前置条约，且只需要行政审查，实践中已成为许多国家除引渡以外最常采用的一种追逃措施。②

第三，劝返是指在逃犯发现地当局的配合下，通过发挥法律的震慑力和政策的感召力，促使外逃人员主动回国接受处理的一种措施。③ 劝返的特殊性与优越性在于其非强制性，它是通过承诺兑现自首等从宽政策，并在符合法定条件下的从轻、减轻或免除处罚处理，返回后给予公正审判和人道主义待遇并在一定限度内满足其提出的返回条件等，来促使外逃人员自愿归国接受审判。正因如此，在跨境追逃中适用劝返措施，能够极大地提高追逃效率，消除外逃人员的抵抗心理，降低国际执法与司法合作的成本。

第四，异地追诉是指请求国向被请求国提供自己掌握的证据材料，并协助被请求国依据其法律在被请求国对逃犯提起诉讼、接受刑事处罚的一种措施。开展该追逃措施具有一项重要的前提，即外逃人员必须触犯被请求国的刑事法律。在实践过程中，异地追诉具有很强的国际司法协助性质，往往伴随着调查取证、文书送达、证人传唤等司法协助请求。

2. 跨境追赃措施

跨境追赃措施主要有五种：一是依据双边刑事司法协助条约或引渡条约，直接向赃物所在国提出财产返还请求；二是按照赃款赃物所在国国内法对涉案财产予以查封、扣押、冻结后，再进行后续返还程序；三是以财产受到侵犯为由，直接向涉案财产所在地提起境外民事诉讼，要求其予以返还或者赔偿损失；四是通过法律震慑或政策感化，促使犯罪嫌疑人或其亲属自动退赃；五是由国内司法机关启动特别程序——违法所得没收程序，作出强制没收的裁定，再通过司法协助的方式请求他国承认并执行该裁定内容。

四、刑事缺席审判制度

此外，我国《刑事诉讼法》（2018）第二百九十一条新设的刑事缺席审判制度，也是我国在反腐败国际追逃追赃工作中的重要利器。此项制度确立后，我国法院有权依法对潜逃境外的腐败分子进行审理并作出刑事判决。另外，还可以根据《联合国反腐败公约》的规定要求被请求缔约国履行相关义务、返还没收财产，这是对违法所得没收程序的补强，极大地促进了国际追逃追赃工作的顺利开展。④ 2022年1月，郑州市中级人民法院

---

① 王秀梅，宋玥婵. 新时代我国反腐败追逃的经验与完善：聚焦于"百名红通"[J]. 北京师范大学学报（社会科学版），2018（05）：6.

② 李林. 遣返成为引渡外的追逃方式研究[J]. 西北政法大学学报，2016（10）：29-30.

③ 王秀梅，宋玥婵. 新时代我国反腐败追逃的经验与完善：聚焦于"百名红通"[J]. 北京师范大学学报（社会科学版），2018（05）：6.

④ 陈光中，肖沛权. 刑事诉讼法修正草案：完善刑事诉讼制度的新成就和新期待[J]. 中国刑事法杂志，2018（03）：6-9.

公开宣判的"程某昌案"是我国首起适用刑事缺席审判程序审理的外逃被告人贪污案件。

五、对本案的分析

1. 案件事实部分

本案中，被告人李某某在实施贪污犯罪后，有计划地通过隐瞒真实的国家工作人员身份、伪造虚假身份，在目标国家新加坡进行投资，将涉案资金转移至其实际控制的新加坡银行账户，从而为自己和家人获得了移民身份。这是非常典型的通过投资移民方式实现人员与资金双重出逃的涉外腐败案例。

投资移民，是指个人通过在目标国家进行投资，从而获得移民身份或永久居留权的一种方式。投资移民通常需要符合目标国家设定的投资条件和要求，一般包括以下几种形式：一是投资创造就业，通过在目标国家投资兴办企业或项目，创造就业机会，从而获得移民身份；二是购买房产，通过购买目标国家的房产，达到一定金额，可以获得永久居留权或移民身份；三是投资创业，在目标国家进行创业投资，符合相关政策要求，可以获得移民身份；四是购买国债或证券，购买目标国家的国债、股票等证券，达到一定金额，可以获得移民身份或永久居留权。投资移民对目标国家可以带来资金流入、促进经济发展和创造就业机会等好处，但也可能存在滥用、虚假申报等问题。因此，目标国家通常会设定严格的条件和审查机制，以确保投资移民项目的合法性和真实性。

事实上，新加坡法律对投资移民的申请人的投资背景制定了较为严格的审核标准，即申请人应提交近3年公司经营的证明材料，且这些材料须由合法的会计师事务所提供。但新加坡当局没有在资金来源合法性说明方面（包括资金转移途径）作出明确要求，也没有做到谨慎监管，这给腐败分子提供了极大的非法操作空间。在本案中，被告人李某某一方面隐瞒自己作为国家工作人员的真实身份，声称自己是景德镇市景禹新能源有限公司总经理；另一方面掩饰资金的真实来源，通过中介公司、打着"合法"投资的名号将赃款转移到新加坡，并借此为自己和家人获得了投资移民身份。

2. 司法适用部分

本案中对于被告人李某某的贪污犯罪行为的认定没有争议，其利用管理鄱阳县基础建设专项资金的职务便利，伙同他人采取套用以往审批手续、私自开具转账支票并加盖假印鉴、制作假银行对账单等手段，骗取鄱阳县财政局基建专项资金共计人民币9400万元，属于我国刑法规定的"贪污数额特别巨大"，应处十年以上有期徒刑或者无期徒刑，并处罚金或者没收财产。最终，结合本案的人员与资金双重外逃等其他量刑情节，人民法院依法判处李某某无期徒刑，剥夺政治权利终身，并处没收个人全部财产。

本案中值得讨论的是李某某为获得新加坡居民身份，多次向境外转移贪污犯罪所得并用于投资、购买房产的行为，是否属于自洗钱行为。在客观方面，李某某作为上游贪污犯罪的行为人，不仅实施了《刑法》第一百九十一条第一款第（四）项所规定的跨境转移资产的行为，还实施了《刑法》第一百九十一条第一款第（五）项即《最高人民法院关于审理洗钱等刑事案件具体应用法律若干问题的解释》（2009）第二条第（一）项"通过典当、租赁、买卖、投资等方式，协助转移、转换犯罪所得及其收益"的行为；在主观方面，其作为上游犯罪人显然明知资金的真实来源，并且其是基于潜逃需求跨境转移资金并将其用于投资、购买房产，主观上具有掩饰、隐瞒资金来源和性质的强烈意志。因此，李某某的行为属于现行刑法规定的自洗钱行为，新加坡警方也曾以洗钱罪拘捕李某某，后新加坡法院又认定李某某犯三项"不诚实盗取赃物罪"，判处其15个月监禁。但是，由于本案发生在《刑法修正案（十一）》生效之前，彼时我国未将自洗钱入罪，故无法按照洗钱罪定罪处罚，只能对其贪污犯罪行为作出刑法评价，按贪污罪一罪定罪处罚。但在具体量刑时，可将自洗钱行为作为量刑情节予以考量。

【实操分析】

红色通缉令是由国际刑警组织发布的国际通报，其通缉对象是有关国家法律部门已发出逮捕令、要求成员国引渡的在逃犯。"百名红通人员"是指按照"天网"行动统一部署，国际刑警组织中国国家中心局集中公布的针对100名涉嫌犯罪、证据确凿的外逃国家工作人员、重要腐败案件涉案人等人员的红色通缉令。据中央纪委官方网站统计，"百名红通人员"中：男性77人，女性23人；在党政机关和企事业单位担任"一把手"的多达48人，其余人员还包括支队民警、公司会计、办公室出纳、银行信贷员等；涉嫌贪污贿赂犯罪的比例超过总人数的60%，其中贪污罪和受贿罪占绝对比重；案发地点在广东、浙江、江苏等东南沿海、中部省份的相对较多；外逃时间上溯至1996年，下迄2014年，且2011年至2014年外逃人数超过40人；逃往美国的最多，有40人，加拿大次之，为26人，另相对集中地逃往新西兰、澳大利亚、泰国、新加坡等地。截至2023年6月，已有62名"红通人员"归案。本案被告人李某某是"百名红通人员"名单中的第二号人物，案件典型性较强、影响力较大，是我国反腐败国际追逃追赃工作中适用违法所得没收程序促成追逃并成功追赃的第一案。

本案的重要时间线如下：2011年1月，李某某一家四口获得新加坡永久居民资格，举家移民；2011年2月，李某某被国际刑警通缉，并受到中新两国调查；2011年3月，新加坡当局拘捕李某某夫妇并冻结涉案资产；2013年8月，新加坡法院认定李某某构成三项"不诚实盗取赃物罪"，判处其15个月监禁；2015年1月，新加坡移民局取消李某某一家四口的新加坡永久居留权；2015年2月，李某某主动写信要求回国投案自首；2015年3月，上饶市中级人民法院作出违法所得没收裁定；2015年5月，李某某被遣返回国并执行逮捕；2016年6月，新加坡高等法院判决将545万新元涉案财产全部返还中方；2017年1月，上饶市中级人民法院以贪污罪判处李某某无期徒刑，剥夺政治权利终身，并处没收个人全部财产，继续追缴剩余赃款。可以发现，在跨境追逃追赃的实践工作中，追逃与追赃之间、各种追逃与追赃措施之间往往关系密切、交错进行，且相互影响、相互促进，有时为保证国际合作的顺利开展，一个案件常常会综合运用两种及以上措施。

本案所采用的追逃措施是遣返，但在此之前被告人李某某已经被新加坡法院定罪判刑，且我国法院也作出了违法所得没收裁定，这些均对李某某形成了震慑、强制和感召，迫使其最终主动写信，要求回国投案自首并接受审判。

本案所采用的追赃措施是违法所得没收程序。根据《刑事诉讼法》第二百九十八条之规定，对于贪污贿赂犯罪案件，犯罪嫌疑人、被告人逃匿，在通缉一年后不能到案，依照刑法规定应当追缴其违法所得及其他涉案财产的，人民检察院可以向人民法院提出没收违法所得的申请。本案被告人李某某潜逃新加坡，在红色通报发布一年后不能到案，上饶市人民检察院便向同级人民法院提出没收违法所得申请，随后法院作出一审裁定，认定李某某涉嫌重大贪污犯罪，被新加坡警方扣押的545万新元均系李某某的违法所得，应依法予以没收。一年多后，新加坡高等法院作出判决，将扣押的李某某夫妇名下共计545万新元涉案财产全部返还中方。至此，我国首次通过违法所得没收程序成功完成了跨境追赃。

【思考题】

（1）涉外腐败案件中，如何有针对性地选择合理恰当的国际追逃追赃措施？
（2）腐败分子的自洗钱行为如何处断？
（3）违法所得没收程序的适用条件是什么？

案例二　许某某贪污、挪用公款案[①]

【基本案情】

一、案件经过

被告人许某某，男，曾任中国银行开平支行行长、中国银行广东省分行公司业务处处长。

自1993年始，许某某利用职务便利，伙同他人采用办理虚假贷款套取银行资金、占有公司正常还贷资金或直接转款等手段贪污公款美元6221.73万余元、港币1.29亿余元，挪用公款人民币3.55亿余元、港币2000万元、美元1.24亿余元。

二、诉讼经过

许某某于2001年畏罪外逃，2002年1月被国际刑警组织发布红色通报，2004年

[①] 案例来源：（2019）粤07刑初36号。

10月在美国被逮捕，2018年7月11日被美国联邦执法机构遣返中国，并于当日被逮捕。广东省江门市人民检察院指控被告人许某某犯贪污罪、挪用公款罪，向江门市中级人民法院提起公诉。被告人许某某提出，其已因本案所涉犯罪行为在美国被定罪处罚，所判刑罚已经执行完毕。后其选择回国投案，具有自首情节，请求法庭在量刑时充分考量其被羁押的情节，对其宽大处理。

广东省江门市中级人民法院于2021年10月13日作出刑事判决：（1）被告人许某某犯贪污罪，判处有期徒刑13年，并处罚金人民币200万元；犯挪用公款罪，判处有期徒刑11年，决定执行有期徒刑13年，并处罚金人民币200万元。（2）继续追缴被告人许某某涉案款物及孳息，发还被害单位或上缴国库。宣判后，被告人许某某未上诉，检察机关未抗诉，判决已发生法律效力。

【主要法律问题】

（1）如何区分贪污罪和挪用公款罪？

（2）对于在国外已接受审判并服刑的犯罪人，回国后是否还可以按照我国刑法追究其刑事责任？

【主要法律依据】

1.《中华人民共和国刑法》（2023）

第三百八十二条第一款　国家工作人员利用职务上的便利，侵吞、窃取、骗取或者以其他手段非法占有公共财物的，是贪污罪。

第三百八十三条第一款第（三）项　贪污数额特别巨大或者有其他特别严重情节的，处十年以上有期徒刑或者无期徒刑，并处罚金或者没收财产；数额特别巨大，并使国家和人民利益遭受特别重大损失的，处无期徒刑或者死刑，并处没收财产。

第三百八十四条第一款　国家工作人员利用职务上的便利，挪用公款归个人使用，进行非法活动的，或者挪用公款数额较大、进行营利活动的，或者挪用公款数额较大、超过三个月未还的，是挪用公款罪，处五年以下有期徒刑或者拘役；情节严重的，处五年以上有期徒刑。挪用公款数额巨大不退还的，处十年以上有期徒刑或者无期徒刑。

2.《最高人民法院关于审理挪用公款案件具体应用法律若干问题的解释》（1998）

第六条　携带挪用的公款潜逃的，依照刑法第三百八十二条、第三百八十三条的规定定罪处罚。

3.《最高人民法院、最高人民检察院关于办理贪污贿赂刑事案件适用法律若干问题的解释》（2016）

第五条　挪用公款归个人使用，进行非法活动，数额在三万元以上的，应当依照刑法第三百八十四条的规定以挪用公款罪追究刑事责任；数额在三百万元以上的，应当认定为刑法第三百八十四条第一款规定的"数额巨大"。具有下列情形之一的，应当认定为刑法第三百八十四条第一款规定的"情节严重"：

（一）挪用公款数额在一百万元以上的；

（二）挪用救灾、抢险、防汛、优抚、扶贫、移民、救济特定款物，数额在五十万元以上不满一百万元的；

（三）挪用公款不退还，数额在五十万元以上不满一百万元的；

（四）其他严重的情节。

第六条 挪用公款归个人使用，进行营利活动或者超过三个月未还，数额在五万元以上的，应当认定为刑法第三百八十四条第一款规定的"数额较大"；数额在五百万元以上的，应当认定为刑法第三百八十四条第一款规定的"数额巨大"。具有下列情形之一的，应当认定为刑法第三百八十四条第一款规定的"情节严重"：

（一）挪用公款数额在二百万元以上的；

（二）挪用救灾、抢险、防汛、优抚、扶贫、移民、救济特定款物，数额在一百万元以上不满二百万元的；

（三）挪用公款不退还，数额在一百万元以上不满二百万元的；

（四）其他严重的情节。

【理论分析】

一、相关罪名概述

1. 挪用公款罪

挪用公款罪，是指国家工作人员利用职务上的便利，挪用公款归个人使用，进行非法活动的，或者挪用公款数额较大、进行营利活动的，或者挪用公款数额较大、超过3个月未还的行为。

挪用公款罪的保护法益是复合法益，既包括国家工作人员职务行为的廉洁性，也包括公款所有权的部分权能，即公款的占有权、使用权、收益权。

挪用公款罪的客观方面表现为三种不同类型的挪用公款行为，它们既有共同的成立条件，也有不同的构成要件和判断标准。三种挪用行为的共同成立条件是，利用职务上的便利，挪用公款归个人使用。具体而言，第一，利用职务上的便利，即必须利用职务权力与地位所形成的主管、管理、经手、经营公款或特定款物的便利条件实施挪用行为。既可以是利用本人直接管理、经手公款的职务权力，也可以是利用因本人的职务权力与地位而享有的支配、调拨、使用公款的便利条件。第二，挪用，指未经合法批准，或者违反财经纪律，擅自改变公款用途、使公款脱离单位的行为。而脱离后是否实际使用该公款，并不影响挪用公款罪的成立。第三，行为对象是公款，即公共财产中呈现货币或者有价证券形态的部分。根据我国《刑法》第三百八十四条第二款，挪用用于救灾、抢险、防汛、优抚、扶贫、移民、救济款物归个人使用的，从重处罚。根据相关司法解释，挪用有价证券、金融凭证、公有或本单位的国库券、失业保险基金和下岗职工基本生活保障资金归个人使用的行为，构成犯罪的，以挪用公款罪追究刑事责任。第四，归个人使用。根据2002年《全国人民代表大会常务委员会关于〈中华人民共和国刑法〉第三百八十四条第一款的解释》，将公款供本人、亲友或者其他自然人使用，以个人名义将公款供其他单位使用，个人决定以单位名义将公款供其他单位使用且谋取个人利益的，均属于挪用公款"归个人使用"。这意味着，经单位领导集体研究决定将公款给个人使用，或者单位负责人为了单位的利益，决定将公款给个人使用的，均不属于这里的"归个人使用"，不构成挪用公款罪。三种挪用行为的构成要件和判断标准如表1所示。

表1 三种挪用行为的不同之处

挪用行为	共同条件	活动条件	数额条件	时间条件
行为一	挪用公款归个人使用	进行非法活动	3万元	/
行为二	挪用公款归个人使用	进行营利活动	数额较大（500万元）	/
行为三	挪用公款归个人使用	/	数额较大（500万元）	超过3个月未还

需要进一步明确：第一，非法活动是指国家法律、法规所禁止的活动，包括犯罪活动和一般违法活动，如贩毒、走私、赌博等。虽然《刑法》第三百八十四条未对此类挪用行为作出数额要求，但《最高人民法院、最高人民检察院关于办理贪污贿赂刑事案件适用法律若干问题的解释》（以下简称《贪贿案件解释》）第五条却规定以3万元作为追究刑事责任的数额起点。第二，营利活动是指国际法律、法规允许的谋利活动，如开商店、办工厂等生产经营活动以及存入银行、用于集资、购买股票和国债等投资营利活动。第三，超过3个月未还，是指行为人挪用公款的时间超过了3个月，在被司法机关、主管部门或者有关单位发现前未还。根据《贪贿案件解释》第六条，后两类挪用行为所要求的"数额较大"均是指500万元以上。

挪用公款罪的犯罪主体是特殊主体，只能由国家工作人员构成。但挪用公款罪的主体范围小于贪污罪，仅指我国《刑法》第九十三条规定的，国有公司、企业、事业单位、人民团体中从事公务的人员，国家机关、国有公司、企业、事业单位委派到非国有公司、企业、事业单位、社会团体从事公务的人员，以及其他依照法律从事公务的人员。而对受国家机关、国有公司、企业、事业单位、人民团体委托，管理、经营国有财产人员的非国家工作人员，利用职务上的便利，挪用国有资金归个人使用构成犯罪的，只能按我国《刑法》第二百七十二条挪用资金罪定罪处罚。

挪用公款罪的主观方面表现为故意，即明知是公款而有意违反有关规定进行挪用，但其目的只是暂时性地使用公款，不具有非法占有目的。

另外，《最高人民法院关于审理挪用公款案件具体应用法律若干问题的解释》（以下简称《办理挪用案件解释》）第二条规定了三种在案发前部分或全部归还本金可以从宽处理的情形：一是挪用正在生息或者需要支付利息的公款归个人使用，数额较大，超过3个月但在案发前全部归还本金的,可以从轻处罚或者免除处罚;二是挪用公款数额巨大,超过3个月,案发前全部归还的,可以酌情从轻处罚;三是挪用公款数额较大,归个人进行营利活动的,在案发前部分或者全部归还本息的,可以从轻处罚,情节轻微的,可以免除处罚。

2. 贪污罪与挪用公款罪的关系

两罪的共同点在于:所保护的法益都是复合法益,均包括职务廉洁性与公共财产(部分)所有权;犯罪对象均包括公款;客观方面均要求利用职务上的便利;犯罪主体均包括国家工作人员;主观方面均表现为故意。两罪的区别如表2所示。

表2 贪污罪与挪用公款罪的区别

	保护法益	犯罪对象	行为方式	主体范围	主观目的
贪污罪	职务廉洁性+公共财产所有权	公共财物(公款+其他公共财物)	利用职务上的便利+以侵吞、窃取、骗取或者以其他手段非法占有公共财物	国家工作人员+受国家机关、国有公司、企业、事业单位、人民团体委托,管理、经营国有财产人员的非国家工作人员	非法占有公共财物
挪用公款罪	职务廉洁性+公共财产的占有、使用、收益权	公款+特定物	利用职务上的便利+三种类型挪用公款行为	国家工作人员	暂时使用公款

二、对本案的分析

本案被告人许某某利用本人职务便利,伙同他人采用办理虚假贷款套取银行资金、占有公司正常还贷资金或直接转款等手段贪污和挪用公款,人民法院分别以贪污罪和挪用公款罪对相应的公款数额予以认定,并判处了相应刑罚。其中,贪污罪与挪用公款罪的关系问题值得深入探讨。

实际上,贪污罪与挪用公款罪并不是对立关系,贪污公款的行为一般也可以评价为挪用公款罪。当行为人将公款转移给个人占有时,即使无法查明行为人是否具有归还的意思,在符合其他构成要件的前提下,也能够认定为挪用公款罪;相反,若查明行为人具有非法占有公款的目的,就应认定为贪污罪。[①] 比如,根据《办理挪用案件解释》第六条之规定,携带挪用的公款潜逃的,按贪污罪定罪处罚。本案被告人许某某的贪污与挪用公款行为持续数十年,一开始仅是小额挪用银行公款用于其个人投资,后来又伙同他人大量敛财,并于2001年外逃至美国。在本案中,对于不能查明许某某是否具有归还的意思,即不能查明其是否具有非法占有公款目的的部分,应认定为挪

[①] 张明楷. 刑法学[M]. 北京:法律出版社,2021:1570.

用公款罪；而许某某在外逃期间携带的公款，或转移至境外的公款，就应当计入贪污罪的涉罪数额之中。

另外需注意，若出现以下三种情形，也能够反映出行为人具有非法占有目的，应按贪污罪论处：一是挪用公款后采取虚假发票平账、销毁有关账目等手段，使所挪用的公款已难以反映在单位财务账目上，且没有归还行为的；二是截取单位收入不入账，使所挪用的公款已难以反映在单位财务账目上，且没有归还行为的；三是有证据证明行为人有能力归还所挪用的公款而拒不归还，并隐瞒挪用的公款去向的。

【实操分析】

本案被告人许某某 2001 年外逃后，2004 年便在美国被逮捕，并于 2009 年在美被判处有期徒刑 25 年，在中美两国的通力合作下，其在美刑罚尚未执行完毕时，便于 2018 年被强制遣返回国。那么，被告人许某某在美国已经接受刑事审判并服刑，是否会影响其回国后继续接受刑事审判与处罚呢？

首先，被告人在境外接受刑事审判并服刑，并不影响回国后继续对其犯罪行为进行追诉。本案被告人许某某在国内实施贪污和挪用公款的犯罪行为时，其身份仍是中国公民，无论按照属地管辖抑或属人管辖的规定，我国刑法均能够对其进行追诉。

其次，被告人在境外被先行羁押的时间能否依照我国《刑法》第四十七条的规定折抵刑期不能一概而论。基于司法主权原则，境外羁押期间可以而非必然折抵刑期。只有被告人在境外被羁押的原因行为与正在审理的犯罪行为具有同一性时，被告人在境外羁押期间才可以折抵刑期。在国际追逃追赃案件中，被告人主动回国投案是刑期折抵的先决条件。如我国与其他国家的条约规定刑期折抵或有外交承诺折抵刑期，应当遵守条约和承诺。

最后，被告人许某某自愿回国投案，到案后如实供述自己的罪行，具有自首情节，且其认罪、悔罪态度较好，故人民法院依法对其减轻处罚，贪污罪与挪用公款罪并罚后决定执行有期徒刑十三年，并处罚金人民币 200 万元。在国际追逃追赃工作实践中，人民法院对具有法定从轻、减轻情节人员的量刑充分体现了宽严相济刑事政策，这也是对其他外逃分子的震慑与感召。

【思考题】

如何理解贪污罪与挪用公款罪的关系？

案例三 姚某某受贿、偷越国（边）境案①

【基本案情】

一、案件经过

姚某某，男，曾任浙江省新昌县长诏水库管理局党委书记、局长，新昌县财政局（地税局）党委书记、局长、国资局局长，新昌县县委常委、常务副县长。

1991 年至 2005 年，被告人姚某某利用其职务上的便利，为有关单位和个人在企业转制、资金周转、项目开发等事项上提供帮助。1996 年至 2017 年，姚某某单独或伙同他人多次收受上述单位负责人、个人所送财物，共计折合人民币 5210.395 万元和港币 10 万元。

二、诉讼经过

2005 年 12 月，浙江省人民检察院对姚某某受贿案立案侦查，被告人姚某某在案发后潜逃，在他人帮助下非法获得虚假身份骗领护照，并多次使用该护照非法出入我国（边）境。2018 年 10 月 3 日，国际刑警组织对其发布红色通报，同年 10 月 17 日，保加利亚警方在该国首都索非亚市抓获姚某某，并于同月 19 日根据我国国家监察委员会提出的请求将其临时羁押。2018 年 10 月 26 日，姚某某在我国驻保加利亚大使馆对其领事探视时书面表达了回国投案意愿，并主动配合完成简易引渡，后于同年 11 月 30 日被引渡回国。归案后，姚某某除如实供述已被掌握的 142.5 万元受贿犯罪事实外，还坦白了其余受贿犯罪事实。

浙江省新昌县原县委常委、副县长姚某某涉嫌受贿罪、偷越国（边）境罪一案，由绍兴市监察委员会立案调查。调查终结后，2019 年 1 月 29 日，移送绍兴市人民检察院审查起诉。2019 年 3 月 14 日，绍兴市人民检察院以被告人姚某某犯受贿罪、偷越国（边）境罪，向绍兴市中级人民法院提起公诉。

2020 年 8 月 27 日，绍兴市中级人民法院作出一审刑事判决：以受贿罪判处被告人姚某某有期徒刑六年，并处罚金人民币 300 万元；扣押在案的赃物、赃款转化物、赃款孳息、被告人家属代为退缴的款项、被告人姚某某的个人财产等分别予以没收或折抵罚金。一审宣判后，被告人姚某某未上诉，检察机关未抗诉，判决已发生法律效力。

【主要法律问题】

（1）在国际追逃工作中，如何开展引渡合作？

---

① 案例来源：（2019）浙 06 刑初 10 号。

（2）在涉外腐败案件中，如何认定和处理外逃人员主动投案自首、立功和积极退缴的行为？

【主要法律依据】

1. 《中华人民共和国刑法》（2023）

第六十四条　犯罪分子违法所得的一切财物，应当予以追缴或者责令退赔；对被害人的合法财产，应当及时返还；违禁品和供犯罪所用的本人财物，应当予以没收。没收的财物和罚金，一律上缴国库，不得挪用和自行处理。

第六十七条第一款　犯罪以后自动投案，如实供述自己的罪行的，是自首。对于自首的犯罪分子，可以从轻或者减轻处罚。其中，犯罪较轻的，可以免除处罚。

第六十八条　犯罪分子有揭发他人犯罪行为，查证属实的，或者提供重要线索，从而得以侦破其他案件等立功表现的，可以从轻或者减轻处罚；有重大立功表现的，可以减轻或者免除处罚。

第三百二十二条　违反国（边）境管理法规，偷越国（边）境，情节严重的，处一年以下有期徒刑、拘役或者管制，并处罚金；为参加恐怖活动组织、接受恐怖活动培训或者实施恐怖活动，偷越国（边）境的，处一年以上三年以下有期徒刑，并处罚金。

第三百八十三条　对犯贪污罪的，根据情节轻重，分别依照下列规定处罚：

（一）贪污数额较大或者有其他较重情节的，处三年以下有期徒刑或者拘役，并处罚金。

（二）贪污数额巨大或者有其他严重情节的，处三年以上十年以下有期徒刑，并处罚金或者没收财产。

（三）贪污数额特别巨大或者有其他特别严重情节的，处十年以上有期徒刑或者无期徒刑，并处罚金或者没收财产；数额特别巨大，并使国家和人民利益遭受特别重大损失的，处无期徒刑或者死刑，并处没收财产。

对多次贪污未经处理的，按照累计贪污数额处罚。

犯第一款罪，在提起公诉前如实供述自己罪行、真诚悔罪、积极退赃，避免、减少损害结果的发生，有第一项规定情形的，可以从轻、减轻或者免除处罚；有第二项、第三项规定情形的，可以从轻处罚。

犯第一款罪，有第三项规定情形被判处死刑缓期执行的，人民法院根据犯罪情节等情况可以同时决定在其死刑缓期执行二年期满依法减为无期徒刑后，终身监禁，不得减刑、假释。

第三百八十五条　国家工作人员利用职务上的便利，索取他人财物的，或者非法收受他人财物，为他人谋取利益的，是受贿罪。

国家工作人员在经济往来中，违反国家规定，收受各种名义的回扣、手续费，归个人所有的，以受贿论处。

第三百八十六条 对犯受贿罪的,根据受贿所得数额及情节,依照本法第三百八十三条的规定处罚。索贿的从重处罚。

第三百八十八条 国家工作人员利用本人职权或者地位形成的便利条件,通过其他国家工作人员职务上的行为,为请托人谋取不正当利益,索取请托人财物或者收受请托人财物的,以受贿论处。

2.《中华人民共和国引渡法》(2000)

第三条 中华人民共和国和外国在平等互惠的基础上进行引渡合作。

引渡合作,不得损害中华人民共和国的主权、安全和社会公共利益。

第四条 中华人民共和国和外国之间的引渡,通过外交途径联系。中华人民共和国外交部为指定的进行引渡的联系机关。

引渡条约对联系机关有特别规定的,依照条约规定。

第四十七条 请求外国准予引渡或者引渡过境的,应当由负责办理有关案件的省、自治区或者直辖市的审判、检察、公安、国家安全或者监狱管理机关分别向最高人民法院、最高人民检察院、公安部、国家安全部、司法部提出意见书,并附有关文件和材料及其经证明无误的译文。最高人民法院、最高人民检察院、公安部、国家安全部、司法部分别会同外交部审核同意后,通过外交部向外国提出请求。

第四十八条 在紧急情况下,可以在向外国正式提出引渡请求前,通过外交途径或者被请求国同意的其他途径,请求外国对有关人员先行采取强制措施。

第四十九条 引渡、引渡过境或者采取强制措施的请求所需的文书、文件和材料,应当依照引渡条约的规定提出;没有引渡条约或者引渡条约没有规定的,可以参照本法第二章第二节、第四节和第七节的规定提出;被请求国有特殊要求的,在不违反中华人民共和国法律的基本原则的情况下,可以按照被请求国的特殊要求提出。

第五十条 被请求国就准予引渡附加条件的,对于不损害中华人民共和国主权、国家利益、公共利益的,可以由外交部代表中华人民共和国政府向被请求国作出承诺。对于限制追诉的承诺,由最高人民检察院决定;对于量刑的承诺,由最高人民法院决定。

在对被引渡人追究刑事责任时,司法机关应当受所作出的承诺的约束。

第五十一条 公安机关负责接收外国准予引渡的人以及与案件有关的财物。

对于其他部门提出引渡请求的,公安机关在接收被引渡人以及与案件有关的财物后,应当及时转交提出引渡请求的部门;也可以会同有关部门共同接收被引渡人以及与案件有关的财物。

3.《最高人民法院、最高人民检察院关于办理贪污贿赂刑事案件适用法律若干问题的解释》(2016)

第三条第一款 贪污或者受贿数额在三百万元以上的,应当认定为刑法第三百八十三条第一款规定的"数额特别巨大",依法判处十年以上有期徒刑、无期徒刑或者死刑，并处罚金或者没收财产。

第十八条 贪污贿赂犯罪分子违法所得的一切财物，应当依照刑法第六十四条的规定予以追缴或者责令退赔，对被害人的合法财产应当及时返还。对尚未追缴到案或者尚未足额退赔的违法所得，应当继续追缴或者责令退赔。

第十九条 对贪污罪、受贿罪判处三年以下有期徒刑或者拘役的，应当并处十万元以上五十万元以下的罚金；判处三年以上十年以下有期徒刑的，应当并处二十万元以上犯罪数额二倍以下的罚金或者没收财产；判处十年以上有期徒刑或者无期徒刑的，应当并处五十万元以上犯罪数额二倍以下的罚金或者没收财产。

对刑法规定并处罚金的其他贪污贿赂犯罪，应当在十万元以上犯罪数额二倍以下判处罚金。

4.《最高人民法院、最高人民检察院关于办理职务犯罪案件认定自首、立功等量刑情节若干问题的意见》（2009）

一、关于自首的认定和处理

根据刑法第六十七条第一款的规定，成立自首需同时具备自动投案和如实供述自己的罪行两个要件。犯罪事实或者犯罪分子未被办案机关掌握，或者虽被掌握，但犯罪分子尚未受到调查谈话、讯问，或者未被宣布采取调查措施或者强制措施时，向办案机关投案的，是自动投案。在此期间如实交代自己的主要犯罪事实的，应当认定为自首。

二、关于立功的认定和处理

对于具有立功情节的犯罪分子，应当根据犯罪的事实、性质、情节和对于社会的危害程度，结合立功表现所起作用的大小、所破获案件的罪行轻重、所抓获犯罪嫌疑人可能判处的法定刑以及立功的时机等具体情节，依法决定是否从轻、减轻或者免除处罚以及从轻、减轻处罚的幅度。

四、关于赃款赃物追缴等情形的处理

受贿案件中赃款赃物全部或者大部分追缴的，视具体情况可以酌定从轻处罚。

5.《最高人民法院、最高人民检察院关于办理妨害国（边）境管理刑事案件应用法律若干问题的解释》（2012）

第五条 偷越国（边）境，具有下列情形之一的，应当认定为刑法第三百二十二条规定的"情节严重"：

（一）在境外实施损害国家利益行为的；

（二）偷越国（边）境三次以上或者三人以上结伙偷越国（边）境的；

（三）拉拢、引诱他人一起偷越国（边）境的；

（四）勾结境外组织、人员偷越国（边）境的；

（五）因偷越国（边）境被行政处罚后一年内又偷越国（边）境的；

（六）其他情节严重的情形。

第六条 具有下列情形之一的，应当认定为刑法第六章第三节规定的"偷越国（边）境"行为：

（一）没有出入境证件出入国（边）境或者逃避接受边防检查的；

（二）使用伪造、变造、无效的出入境证件出入国（边）境的；

（三）使用他人出入境证件出入国（边）境的；

（四）使用以虚假的出入境事由、隐瞒真实身份、冒用他人身份证件等方式骗取的出入境证件出入国（边）境的；

（五）采用其他方式非法出入国（边）境的。

【理论分析】

一、相关罪名概述

1. 受贿罪

受贿罪，是指国家工作人员利用职务上的便利，索取他人财物，或者非法收受他人财物，为他人谋取利益的行为。另有我国《刑法》第三百八十五条第二款规定，国家工作人员在经济往来中，违反国家规定，收受各种名义的回扣、手续费，归个人所有的，以受贿论处；以及第三百八十八条规定，国家工作人员利用本人职权或者地位形成的便利条件，通过其他国家工作人员职务上的行为，为请托人谋取不正当利益，索取请托人财物或者收受请托人财物的，以受贿论处。受贿罪的构成要件是：

受贿罪保护的法益存在较大争议。在国外，以职务行为的不可收买性和职务行为的纯洁性（或公正性）为基础，衍生出了诸多学说，主要包括以下四种：一是信赖说，认为受贿罪保护的法益是国民对职务行为公正性的信赖，贿赂行为会使国民对职务行为的公正性产生怀疑，进而导致对国家政权的不信任；二是纯洁性（或公正性）说，认为职务行为的本质在于服务国民，其纯洁性、公正性不应当被侵犯；三是国家意志篡改说，认为受贿罪的法益保护目的是使国家意志不受无端阻挠与违法篡改；四是不可收买性说，认为职务行为执行过程中，不得收取任何报酬，而贿赂行为则破坏了这种无报酬性。在我国，对于受贿罪法益的争论也从未停止，主要有国家机关正常管理秩序说、职务行为的廉洁性说、公职不可谋私利说等。实际上，无论采取何种学说，在对其进行解释时都离不开职务行为的不可收买性和廉洁（或纯洁性、公正性），而这两种性质恰好相互交叉融合。申言之，只要国家工作人员要求、收受或约定收受了不应接受的利益，就意味着职务行为被收买，从而破坏了职务行为的廉洁公正。

受贿罪的客观方面一般表现为，利用职务上的便利，索取他人财物，或者非法收受他人财物，为他人谋取利益的行为。但同时我国刑法还规定了在经济往来中受贿和斡旋受贿两种特殊类型。根据国家工作人员所起的作用以及交易时间、主动索取或被动收受、是否事先约定等因素，受贿行为可分为不同类型，如表3所示。

表3 受贿行为的不同类型

一般受贿	事前交易型	索取贿赂：国家工作人员提出收取贿赂的要约，不要求"为他人谋取利益"
		收受贿赂：请托人提出要约，国家工作人员承诺为其谋取利益或者双方达成约定即可。不要求利益是否实现，也不关注利益是否正当，国家工作人员收到财物后受贿罪既遂
	事后交易型	构成受贿罪：在职期间约定好离退休之后送出并接收财物
		不构成受贿罪：在职期间无约定，离退休之后请托方出于感激或其他原因送出财物
在经济往来中受贿	经济往来是指国家工作人员参与的国家经济管理活动和因职务关系而参与的普通交易活动，要求同其职务有关。要求回扣、手续费归个人所有，上交单位的不构成犯罪	
斡旋受贿	要求间接利用职权和谋取不正当利益；间接利用职权是指利用本人职权或地位形成的便利条件，通过其他国家工作人员职务上的行为为请托人实现利益；谋取不正当利益是指违反法律、政策的利益，即利益本身非法或利益的获取途径非法	

受贿罪的犯罪主体为国家工作人员。根据我国《刑法》第九十三条之规定，国家工作人员是指国家机关中从事公务的人员，包括国有公司、企业、事业单位、人民团体中从事公务的人员，国家机关、国有公司、企业、事业单位委派到非国有公司、企业、事业单位、社会团体从事公务的人员，以及其他依照法律从事公务的人员。并且，不仅包括在职在岗人员，离退休人员也可能成为受贿罪的犯罪主体。根据2000年7月13日《最高人民法院关于国家工作人员利用职务上的便利为他人谋取利益离退休后收受财物行为如何处理问题的批复》，国家工作人员利用职务上的便利为请托人谋取利益，并与请托人事先约定，在其离退休后收受请托人财物，构成犯罪的，以受贿罪定罪处罚。

受贿罪的主观方面表现为故意，并且要求具备非法占有目的。司法实践中，受贿故意的重要判断标准是行为人认识到索取、收受财物的行为与职务行为的关联性。

2. 偷越国（边）境罪

偷越国（边）境罪，是指违反国（边）境管理法规，偷越国（边）境，情节严重的行为。偷越国（边）境罪的构成要件是：

偷越国（边）境罪的保护法益是国家出入境管理秩序。这也是其所在的第六章"妨害社会管理秩序罪"第三节"妨害国（边）境管理罪"中所有罪名保护的法益。

偷越国（边）境罪的客观方面表现为，违反国（边）境管理法规，偷越国（边）境，情节严重的行为。首先，行为必须违反国（边）境管理法规。其次，行为必须属于偷越，根据《最高人民法院、最高人民检察院关于办理妨害国（边）境管理刑事案件应用法律若干问题的解释》第六条，"偷越"的判断核心在于其非法性，包括没有出入境证件或逃避接受边防检查，使用伪造、变造、无效、他人的或骗取的出入境证件出入国（边）境。最后，成立偷越国（边）境罪必须达到情节严重的程度，即符合前述司法解释第五条之规定，或符合 2016 年 8 月 1 日《最高人民法院关于审理发生在我国管辖海域相关案件若干问题的规定（二）》第三条之规定。

偷越国（边）境罪的犯罪主体为一般主体。既可以是中国公民，也可以是外国公民。

偷越国（边）境罪的主观方面表现为故意。

二、引渡的基础理论

引渡是指一国根据有关国家的请求，把在该国境内而被他国指控为犯罪或已被他国判刑的人移交给请求国予以审判或处罚。引渡制度是一国主权的重要体现，是国家和地区间开展国际刑事司法合作的重要形式之一。

1. 引渡的原则

根据我国《引渡法》和有关国际公约、条约，开展引渡合作时一般要符合以下四个原则：

第一，互惠原则和条约前置主义，这是开展引渡合作的前提条件。第一种模式要求以平等互惠为基础。互惠的形式分为互惠实践和互惠承诺两种，前者是指司法实践中已有事实上的引渡合作关系或先例，后者是指无互惠实践的情况下提供关于未来互惠实践的保证。第二种模式要求以存在双边引渡条约关系为基础，即请求国与本国缔结了专门的引渡条约。显然，第一种模式更加灵活开放，第二种模式则相对机械保守。

第二，双重犯罪原则，是指引渡请求所指行为依照请求国和被请求国法律均构成犯罪。在适用该原则时，需要根据被请求国法律来审查引渡请求所针对的行为是否构成犯罪，但对于审查的内容和程度存在不同理解。一般认为，这是一种形式上的法律审查，只要符合被请求国法律为该犯罪规定的所有构成要件即可。

第三，特定性原则，是指请求国只能针对引渡请求所明确列举的并且得到被请求国引渡准予的特定犯罪对被引渡人进行追诉或执行刑罚，不得擅自将被引渡人再引渡给任何第三国，而且应当严格遵守自身就定罪和量刑问题向被请求国作出的承诺。不过，这一原则的适用可通过再获取被请求国关于补充引渡或再引渡的同意而被排除。

第四，或起诉或引渡原则，是指被请求国在接到引渡请求时，必须作出或对被请求引渡人实行引渡，或将其移交本国司法机关进行追诉的选择。但这一原则也存在适用前提，即被请求引渡人犯有或者被指控犯有国际条约中确定的可引渡犯罪。

2. 引渡的种类

根据各国关于引渡制度的立法、有关国际条约和引渡理论，可对引渡作出以下分类：

主动引渡和被动引渡。二者的行为主体分别是请求国和被请求国，是引渡问题中的一对概念，用来表述请求引渡和被请求引渡的对向司法活动。

诉讼引渡和执行引渡。二者的区别在于被请求引渡人所处的司法阶段，前者针对处于侦查、预审或审判阶段的犯罪嫌疑人或被告人，后者针对已经被判处刑罚或正在执行刑罚的人。

简易引渡是指在被请求引渡人同意自愿接受引渡的条件下，省略一般的引渡程序，快速将该人移交给请求国。这一引渡方式不仅极大地节省了司法资源，提高了追逃效率，而且体现了对被请求引渡人诉讼权利和意愿的尊重。

补充引渡是指被请求国作出引渡决定后，又根据请求国的新请求，允许该国就原引渡决定外其他未准予引渡的罪行对被引渡人追究刑事责任。这是特定性原则的例外之一。

再引渡是指逃犯被引渡到请求国进行审判或执行刑罚之后，又向原被请求国提出申请，经同意后再将被引渡人引渡到第三国进行审判或执行刑罚。这是特定性原则的例外之二。

暂缓引渡是指被请求国同意引渡申请后，因需要对被请求引渡人在本国进行刑事审判或者执行刑罚而推迟向请求国移交该人。这本质上是一种针对被请求引渡人的、在请求国和被请求国同时存在刑事诉讼的特殊情形，并且两国所追究的行为应当不同，否则被请求国有权根据或起诉或引渡原则拒绝引渡。

事实引渡是指未经一般引渡程序，但在客观上形成了与引渡相同的效果，包括遣返和驱逐出境等方式。启动遣返程序的前提是外国入境者不再具有合法的居留地位或移民身份，接受国可以向该国提供该入境者入境前的相关犯罪证据，以促进遣返程序的启动与执行。驱逐出境则是一国为了维护本国利益，勒令外国人离开本国领域并强制执行，但并不对该外国人驱逐出境的目的地国家予以限制，可以是被驱逐者的国籍国，也可以由被驱逐者自愿选择，只要该国愿意接受即可。以上两种事实引渡方式都是一国依据自己的国内法所作出的决定，本质上都是引渡替代措施。

此外，还有部分引渡、附条件引渡、附带引渡、重新引渡、临时引渡、过境引渡、伪装引渡等引渡方式。

3. 拒绝引渡的理由

在国际条约和各国国内法中，均列明了引渡的排除条件，即可以由被请求国援引成为拒绝引渡的理由。其中，在世界范围内被广泛承认的有：本国国民不引渡，政治犯不引渡，军事犯不引渡，死刑犯不引渡，等等。此外，有损人权的不公正待遇、酷刑，以及财税犯罪、一事不再理、欠缺管辖权、超过追诉时效等也是各国经常援引用来拒绝引渡的理由。

三、对本案的分析

被告人姚某某的受贿行为属于一般受贿中的收受贿赂，即利用本人的职务便利，非法收受他人贿赂，为他人谋取利益。本案中，姚某某利用其任职期间管理、经手各项公共事务的便利，单独或伙同他人多次收受有关单位负责人和个人的财物共计人民币5210.395万元和港币10万元,并为有关单位和个人在企业转制、资金周转、项目开发等事项上提供帮助。这些利益本身合法抑或非法,不是收受贿赂中成立犯罪所要考虑的客观要件,因为无论如何,该国家工作人员均通过职务行为获得了不正当报酬,侵害了职务行为的廉洁性和不可收买性。

另外,被告人姚某某为逃避法律追究,还通过虚构身份骗领护照,并多次使用该护照非法出入我国(边)境,属于我国《刑法》第三百二十二条规定的偷越国(边)境行为。其一,姚某某的行为属于《最高人民法院、最高人民检察院关于办理妨害国(边)境管理刑事案件应用法律若干问题的解释》第六条第(四)项规定的"使用以虚假的出入境事由、隐瞒真实身份、冒用他人身份证件等方式骗取的出入境证件出入国(边)境的"。其二,姚某某偷越国(边)境的行为达到了前述司法解释第五条第(二)项规定的情节严重标准,即"偷越国(边)境三次以上"。

综上,被告人姚某某的受贿行为与偷越国(边)境行为分别触犯了我国《刑法》第三百八十五条和第三百二十二条,二者属于异种数罪,应当并罚。

【实操分析】

一、引渡程序的适用

本案在我国开展反腐败追逃工作的进程中具有重要意义,是国家监察委员会成立以来的引渡第一案,也是我国从欧盟国家成功引渡外逃贪官的第一案。

本案中我国与保加利亚开展引渡合作的依据是两国于1997年签订的双边引渡条约——《中华人民共和国和保加利亚共和国引渡条约》。根据该条约第一条,缔约双方有义务根据本条约的规定和条件,经适当请求,相互引渡在缔约一方境内发现而被缔约另一方司法机关通缉的人员,以便对其进行刑事诉讼或者根据已生效的判决执行监禁。

本案采取的引渡方式是简易引渡,即在被引渡人姚某某同意自愿接受引渡的前提条件下,省略了一般的引渡申请与同意程序,由被请求国保加利亚快速将姚某某移交我国。也正因如此,从通过国际刑警组织对姚某某发布红色通缉令,到姚某某书面表达回国投案意愿,再到其最后被成功引渡回国,不到两个月的时间便完成了通常需要数月甚至数年的引渡法律程序。这一成功跨境追逃实践的背后,是国家监察委员会、最高人民法院、最高人民检察院、外交部、公安部等多方部门和工作人员的共同努力。

二、量刑情节的适用

另外,值得注意的是,本案对于被告人姚某某的最终判决结果。依据《最高人民法院、最高人民检察院关于办理贪污贿赂刑事案件适用法律若干问题的解释》第三条第一款,本案属于受贿"数额特别巨大",应依法判处十年以上有期徒刑、无期徒刑或者死刑,并处罚金或者没收财产。然而人民法院最终仅对其判处六年有期徒刑,在该司法解释第二条第一款规定的下一档法定刑（"数额巨大"）即三年以上十年以下有期徒刑之内。这里对被告人姚某某从轻处罚的理由在于，其同时具备了自首、立功以及积极退赃三项法定从轻情节：

其一，被告人姚某某在我国驻保加利亚大使馆对其领事探视时书面表达了自己主动回国投案的意愿，配合完成了我国与保加利亚之间的简易引渡，而且如实供述了所有受贿事实，可视为自首，根据我国《刑法》第六十七条之规定，可以从轻或者减轻处罚；

其二，被告人姚某某检举揭发他人犯罪经查证属实，根据我国《刑法》第六十八条之规定，可以从轻或减轻处罚；

其三，本案受贿赃款赃物及其孳息已被全部追缴或由亲属代为退缴，根据《最高人民法院、最高人民检察院关于办理职务犯罪案件认定自首、立功等量刑情节若干问题的意见》之规定，视具体情况可以酌定从轻处罚。

姚某某的自首、立功以及由其亲属代为退缴的积极退赃行为，使本案在追逃追赃过程中节省了大量人力、物力、财力，尤其是仅历时一个多月便完成了引渡工作，故综合上述考虑，人民法院依法对被告人姚某某在法定刑幅度以下大幅度减轻处罚。

【思考题】

（1）引渡的适用条件是什么？

（2）在反腐败国际追逃追赃案件中，如何贯彻宽严相济的刑事政策？

案例四　奚某某、周某某对外国公职人员行贿案[①]

【基本案情】

一、案件经过

被告人奚某某，男，曾任中铁隧道局集团有限公司新加坡分公司总经理、国际事业部副总经理。

被告人周某某，男，曾任中铁隧道局集团有限公司新加坡分公司副总经理、国际事业部项目管理部副部长。

2017年至2019年，奚某某伙同周某某，为谋取不正当商业利益，三次向新加坡公职人员行贿22万新元。奚某某还于2003年至2009年，利用担任中铁隧道集团一处有限公司平钟项目经理部经理、大别山隧道出口项目经理部经理等职务便利，在承揽工

[①] 中国法院网. 被告人奚某某、周某某对外国公职人员行贿、奚某某受贿案一审宣判[EB/OL]. （2023-10-24）[2024-03-10]. https://www.chinacourt.org/article/detail/2023/10/id/7593584.shtml.

程、款项结算等事项上为他人谋取利益，非法收受财物 192 万元人民币。

二、诉讼经过

2023 年 10 月 24 日，广东省广州市中级人民法院公开宣判中铁隧道局集团有限公司国际事业部原副总经理奚某某、国际事业部项目管理部原副部长周某某对外国公职人员行贿、奚某某受贿一案，以对外国公职人员行贿罪，判处被告人奚某某有期徒刑二年，并处罚金人民币 10 万元；以受贿罪，判处被告人奚某某有期徒刑四年，并处罚金人民币 20 万元，决定执行有期徒刑五年，并处罚金人民币 30 万元。以对外国公职人员行贿罪，判处被告人周某某有期徒刑二年，并处罚金人民币 10 万元。

【主要法律问题】

如何理解和适用对外国公职人员、国际公共组织官员行贿罪？

【主要法律依据】

《中华人民共和国刑法》（2023）

第七条 中华人民共和国公民在中华人民共和国领域外犯本法规定之罪的，适用本法，但是按本法规定的最高刑为三年以下有期徒刑的，可以不予追究。

中华人民共和国国家工作人员和军人在中华人民共和国领域外犯本法规定之罪的，适用本法。

第一百六十四条 为谋取不正当利益，给予公司、企业或者其他单位的工作人员以财物，数额较大的，处三年以下有期徒刑或者拘役，并处罚金；数额巨大的，处三年以上十年以下有期徒刑，并处罚金。

为谋取不正当商业利益，给予外国公职人员或者国际公共组织官员以财物的，依照前款的规定处罚。

单位犯前两款罪的，对单位判处罚金，并对其直接负责的主管人员和其他直接责任人员，依照第一款的规定处罚。

行贿人在被追诉前主动交待行贿行为的，可以减轻处罚或者免除处罚。

【理论分析】

一、对外国公职人员、国际公共组织官员行贿罪概述

对外国公职人员、国际公共组织官员行贿罪，是指为谋取不正当商业利益，给予外国公职人员或者国际公共组织官员以财物，数额较大的行为。关于对外国公职人员、国际公共组织官员行贿罪，需要注意以下三点：

一是如何理解"为谋取不正当商业利益"。对外国公职人员、国际公共组织官员行

贿罪被规定在《刑法》第二编第三章"破坏社会主义市场经济秩序罪"第三节"妨害对公司、企业的管理秩序罪"当中，因此对外国公职人员、国际公共组织官员行贿罪不同于《刑法》第二编第八章"贪污贿赂罪"中行贿罪的犯罪构成，不仅要求意图谋取的利益具有不正当性，还要求必须具有商业性质，即该不正当利益必须是与国际商务有关的经济利益或商业机会。但是否实际谋取到了该利益，则不影响对外国公职人员、国际公共组织官员行贿罪的成立。

二是如何界定"外国公职人员"和"国际公共组织官员"的范围。目前，我国法律和司法解释没有明确这两类人员的定义和范围，但我国于2006年批准生效的《联合国反腐败公约》第二条对其作出了规定：外国公职人员系指外国无论是经任命还是经选举而担任立法、行政、行政管理或者司法职务的任何人员，以及为外国，包括为公共机构或者公营企业行使公共职能的任何人员；国际公共组织官员系指国际公务员或者经此种组织授权代表该组织行事的任何人员。可以发现，国际公约中对公职人员的界定，关键点在于是否行使公共职能。而我国《刑法》第九十三条对国家工作人员的解释重心在于是否从事公务，二者实际上是相通的。

三是如何看待对外国公职人员、国际公共组织官员行贿罪与对非国家工作人员行贿罪的关系。我国《刑法》第一百六十四条第一款和第二款分别规定了对非国家工作人员行贿罪和对外国公职人员、国际公共组织官员行贿罪，可以发现，两罪的区别在于行贿对象的不同，那么要想厘清两罪之间的关系，就必须先明确"非国家工作人员"和"外国公职人员、国际公共组织官员"之间的关系。有观点指出，我国《刑法》第一百六十四条第一款对"非国家工作人员"的阐释，即"公司、企业或者其他单位的工作人员"，并不限于国内的公司、企业与其他单位，而是包括外国公司、企业与其他单位，以及国际组织，因此"非国家工作人员"的外延大于"外国公职人员、国际公共组织官员"，二者是包含与被包含的关系。[①] 按照这一说法，两罪应属于一般法条与特别法条的关系。若行为人对具有中国国籍的国际公共组织官员行贿，应遵循特别法条优于一般法条的原则，以对外国公职人员、国际公共组织官员行贿罪定罪处罚；而收受贿赂的具有中国国籍的国际公共组织官员，也能够被评价为非国家工作人员，从而依据我国《刑法》第一百六十三条，按非国家工作人员受贿罪处理。

另外，对外国公职人员、国际公共组织官员行贿罪的保护法益是外国公职人员或国际公共组织官员职务行为的正当性与不可收买性；犯罪主体是一般主体，既可以是自然人，也可以是单位；主观方面表现为故意。

二、对本案的分析

本案中，被告人奚某某伙同周某某，为谋取不正当商业利益，三次向新加坡公职人员行贿22万新元（约合117万元人民币），符合对外国公职人员行贿罪的构成要件，

---

① 张明楷. 刑法学 [M]. 北京：法律出版社，2021：977.

达到了数额较大的立案标准（3万元人民币），且二人成立共同犯罪，最终人民法院分别以对外国公职人员行贿罪对二人处以有期徒刑二年，并处罚金10万元。

另外，本案被告人奚某某和周某某均是国有企业中从事公务的工作人员，属于我国刑法规定的国家工作人员。奚某某还利用其职务便利，在承揽工程、款项结算等事项上为他人谋取利益，非法收受他人财物192万元人民币，符合我国《刑法》第三百八十五条受贿罪的构成要件，在《最高人民法院、最高人民检察院关于办理贪污贿赂刑事案件适用法律若干问题的解释》第二条规定的"数额巨大"（20万元以上不满300万元）范畴中，应依法判处三年以上十年以下有期徒刑，并处罚金或者没收财产。最终，人民法院以受贿罪，判处被告人奚某某有期徒刑四年，并处罚金人民币20万元，同对外国公职人员行贿罪数罪并罚后，决定执行有期徒刑五年，并处罚金人民币30万元。

【实操分析】

在我国，关于"对外国公职人员、国际公共组织官员行贿罪"的立法规定是受国际立法影响和推动的产物。我国1997年《刑法》颁布之时，第一百六十四条仅规定了以"公司、企业的工作人员"为行贿对象的对非国家工作人员行贿罪，并没有规定对外国公职人员、国际公共组织官员行贿罪。2005年12月生效的《联合国反腐败公约》第十六条要求各缔约国将贿赂外国公职人员或者国际公共组织官员的行为犯罪化，我国于2006年2月12日批准该国际公约正式生效后，同年6月29日便通过《刑法修正案（六）》第八条将对非国家工作人员行贿罪的行贿对象扩大至"其他单位的工作人员"，给外国公职人员、国际公共组织官员留下了解释空间。后来，2011年《刑法修正案（八）》第二十九条又在对非国家工作人员行贿罪之后增加了一款，单独规定了对外国公职人员、国际公共组织官员行贿罪，且两罪适用相同的刑罚。

该罪"数额较大"的立案标准，也于近年被调整。2010年5月7日《最高人民检察院、公安部关于公安机关管辖的刑事案件立案追诉标准的规定（二）》[以下简称《立案标准（二）》]第十一条仅规定了对非国家工作人员行贿罪的立案标准，即个人行贿数额在1万元以上，单位行贿数额在20万元以上（此时还未设立对外国公职人员、国际公共组织官员行贿罪）；2011年11月14日《最高人民检察院、公安部关于公安机关管辖的刑事案件立案追诉标准的规定（二）的补充规定》第一条，为新设的对外国公职人员、国际公共组织官员行贿罪规定了相同的立案标准。然而，尽管该罪的定罪门槛已经很低，可其在司法实践中的适用率并不高。2022年5月15日，修订后的《立案标准（二）》正式实施，对非国家工作人员行贿罪和对外国公职人员、国际公共组织官员行贿罪的立案标准被统一调整为人民币3万元。

本案是2022年对外国公职人员、国际公共组织官员行贿罪之立案标准调整后最高人民法院公开发布的一起有关案例，在我国的海外反腐败、反商业贿赂进程中意义非凡。需要意识到，相比于《刑法》第二编第八章针对以国家工作人员的"贪污贿赂犯罪"来讲，涉外商业贿赂犯罪在我国的打击力度存在不足，特别是对外国公职人员、国际公共组织官员行贿罪有被"边缘化"的危险。比如，我国刑法仅明文规定了"国家工作人员"的定义，但尚未细化"外国公职人员"和"国际公共组织官员"的内涵与范畴；再如，该罪成立要求"为谋取不正当商业利益"，而如何理解"商业利益"，《刑法》也未规定，与《反不正当竞争法》第七条中对商业贿赂之行贿目的的阐释——"以谋取交易机会或者竞争优势"是否存在不同，仍需进一步探讨和明确。可见，我国目前为止仅根据《联合国反腐败公约》的要求将相关行为机械性地犯罪化，并未深入考量该罪设立后如何适用的问题。在当前的国际区域经济合作局势下，随着我国"一带一路"倡议的不断推进，越来越多的中国企业将"走出去"，加入全球经济的大浪潮，那么相关的涉外商业贿赂问题将不容忽视，我国也需要通过完善立法，推动司法开启中国特色的海外反腐新篇章。

【思考题】

如何理解对非国家工作人员行贿罪和对外国公职人员、国际公共组织官员行贿罪之间的关系？